全民所有
自然资源资产权益
实现机制研究

Research on the Mechanism for Interests Realization of Natural Resource Assets Owned by the Whole People

王文革 / 主编

法律出版社 | LAW PRESS

北京

图书在版编目(CIP)数据

全民所有自然资源资产权益实现机制研究 / 王文革主编. -- 北京:法律出版社,2022
(上海市高校法学一流学科环境资源法丛书)
ISBN 978 -7 -5197 -7294 -9

Ⅰ.①全… Ⅱ.①王… Ⅲ.①自然资源-产权制度-研究 Ⅳ.①F113.3

中国版本图书馆 CIP 数据核字(2022)第 211714 号

上海市高校法学一流学科环境资源法丛书	**全民所有自然资源资产权益实现机制研究** **QUANMIN SUOYOU ZIRAN ZIYUAN ZICHAN QUANYI SHIXIAN JIZHI YANJIU**	王文革 主编	策划编辑 冯雨春 责任编辑 冯雨春 张 颖 装帧设计 臧晓飞

出版发行 法律出版社
编辑统筹 法律应用出版分社
责任校对 王 丰
责任印制 刘晓伟
经 销 新华书店

开本 710 毫米×1000 毫米 1/16
印张 17 **字数** 288 千
版本 2022 年 12 月第 1 版
印次 2022 年 12 月第 1 次印刷
印刷 北京建宏印刷有限公司

地址:北京市丰台区莲花池西里 7 号(100073)
网址:www.lawpress.com.cn
投稿邮箱:info@lawpress.com.cn
举报盗版邮箱:jbwq@lawpress.com.cn
销售电话:010-83938349
客服电话:010-83938350
咨询电话:010-63939796

书号:ISBN 978-7-5197-7294-9
定价:86.00 元

编 委 会

主　　编： 王文革

副主编： 杨　红　陈耿钊　卢为民　彭秀林　将琦珺

黄敏艳

撰稿人： （按章节排序）

王文革　杨　红　卢为民　将琦珺（合作完成第一章至第四章）

冯心颖（第五章）

范子豪（第六章）

杨彩虹（第七章）

张　伦（第八章）

孙成雨（第九章）

主编简介

王文革，武汉大学环境资源法博士、华东政法大学经济法博士后、教授、高级工程师、经济师等。现任上海市重点学科环境资源法学科负责人、上海市教委重点学科经济法学科带头人、上海政法学院环境资源与能源法研究中心主任、最高人民法院国土资源司法保护研究基地（上海政法学院）主任。

主要学术兼职：兼任世界自然保护联盟生态系统管理专家组成员、环境法专家组成员，中国环境资源法研究会副会长，全国人大环境资源立法研究基地（上海社会科学院）学术委员会副主任委员，《中国环境法学评论》（中国环境资源法研究会会刊）副主编，中华环保联合会法律专家委员会委员，上海市法院系统环境资源审判专家库专家，湖州市中级人民法院环境资源审判专家库专家等。先后任美国加州大学洛杉矶分校、加拿大英属哥伦比亚大学、澳大利亚邦德大学、日本青山学院大学、复旦大学、上海交通大学、华东政法大学、上海财经大学、上海社会科学院等国内外多所高校访问教授、客座教授或兼职教授。

主要研究领域：环境资源与能源法、房地产法、经济法、行政法等。先后在《中国环境科学》《环境保护》《中国土地科学》《法商研究》《政治与法律》

《中国环境报》《中国国土资源报》《解放日报》《社会科学报》等报刊发表学术论文100多篇，其中多篇论文被人大复印资料或其他媒体全文转载；独著、主编、参编著作（教材）共20多部，其中出版《土地法学》《城市土地节约利用法律制度研究》《中国节能法律制度研究》《城市土地配置利益博弈及其法律调整》《城市土地市场供应法律问题研究》等个人专著；主持或参加国际合作、国家级、省部级及其他科研项目30多项。

主要获奖：先后荣获全国宝钢优秀教师、上海浦江学者、上海市十大优秀中青年法学家、上海市曙光学者等荣誉称号，第三届全国法学教材和科研成果奖、上海哲学社会科学优秀成果三等奖、上海高校优秀教学成果奖二等奖、上海市精品课程、上海高校优秀教材三等奖、国家环境保护部优秀科技成果奖、湖北省政府依法治理优秀成果奖、湖北省政府科技进步奖二等奖、河南省政府优秀调研成果奖二等奖等奖励。

目录

第一章　全民所有自然资源资产权益实现的基本理论

第一节　全民所有自然资源资产权益的内涵

一、自然资源

自然资源是人类生存和发展的物质基础，是生活之基、生产之要、生态之本、财富之源，是生态文明建设的根本载体。联合国环境规划署将自然资源定义为一定时间条件下，能够产生价值以提高人类当代和未来福利的自然环境因素的总和。《大英百科全书》将自然资源定义为人类可以利用的自然生成物，以及形成这些成分源泉的环境功能。《辞海》将自然资源定义为一般天然存在的自然物（不包含人类加工制造的原材料），如土地资源、矿藏资源、水利资源、生物资源、海洋资源等，是生产的原料来源和布局场所。《中国资源科学百科全书》认为自然资源是人类可以利用的、自然生成的物质与能量，是人类生存与发展的物质基础。国务院发展研究中心与环境政策研究所副所长、研究员谷树忠认为，自然资源是人类可以利用的、自然生成的物质与能量。[1]它具有有用性、可控性、区域性、系统性、更新性和时效性等基本特征或属性。

党的十八届三中全会决定辅导读本将自然资源定义为天然存在、有使用价值、可提高人类当前和未来福利的自然环境因素的总和。该定义强调自然资源的天然、有用、时间和系统等特性，比较准确和全面。

根据现行法律，完全属于全民所有的自然资源有：矿藏、水流、海域、城市土地、无线电频谱资源、无居民海岛、野生动物等资源；可以属于全民所有的自然资源有：森林、山岭、草原、荒地、滩涂、农村和城市郊区的土地、水面、林地、野生植物等资源。

二、自然资源资产

谷树忠认为，并非所有的自然资源都是自然资源资产，自然资源要想成自然资源资产，其需要具备稀缺性、能够产生可以评价且通过市场实现的经济价值、产权主体明确且边界清晰等条件。[2]封志明等认为，产权明晰且预期（现在或将来）能够为人类生产和生活带来可以计量的利益的自然资源才是自然资源资产，且取得该项自然资源的成本是可以计量的。[3]陶建格等认为，自然资源资产不但包括能产生直接经济效益的自然资源，也包括具有生态价值和公益属性的生态环境，自然资源资产应被定义为具有稀缺性和明确性产权的，并能在现在和未来给所有者带来经济收益或其他福利的自然资源。[4]

自然资源资产是自然资源的一部分，体现产权和价值特征。全民所有自然资源资产则根据产权性质对自然资源资产进行细分，其范围进一步缩小。党的十八届三中全会决定辅导读本认为自然资源资产是具有稀

〔1〕 参见谷树忠：《关于自然资源资产产权制度建设的思考》，载《中国土地》2019 年第 6 期。

〔2〕 参见谷树忠：《关于自然资源资产产权制度建设的思考》，载《中国土地》2019 年第 6 期。

〔3〕 参见封志明、杨艳昭、江东等：《自然资源资产负债表编制与资源环境承载力评价》，载《生态学报》2016 年第 22 期。

〔4〕 参见陶建格、沈镭、何利等：《自然资源资产辨析和负债、权益账户设置与界定研究——基于复式记账的自然资源资产负债表框架》，载《自然资源学报》2018 年第 10 期。

缺性、有用性（包括经济效益、社会效益、生态效益）且产权明确的自然资源。该定义拓展了仅注重经济效益的资产范畴，将具有社会效益和生态效益的自然资源也纳入其中。

基于上述定义，本书认为，全民所有自然资源资产是指具有稀缺性、有用性、产权明晰为国有的自然资源。其具备以下确认条件：一是所有权为全民所有，能有效行使所有权；二是有用性，能给产权主体带来经济、社会、生态效益；三是可控性，在当前或将来的经济技术条件下可以开发利用；四是可计量性，现阶段主要是以货币计量，也可以实物计量。

三、自然资源资产权益

全民所有自然资源资产权益是国家对某种自然资源形成的一组排他性的权利，是自然资源所有、占有、处分、收益等权利的总和。从性质上来看，它属于物权，但可以转化为债权与股权；从流动方式来看，它属于固定资产产权；从形态来看，它属于有形资产产权。

第二节　自然资源资产权益实现形式和目标

一、自然资源资产权益实现的形式

从具体实现形态来看，自然资源资产权益包括所有权、使用权、经营权、收益权与管理权等。从实现方式来看，2019 年，中共中央办公厅、国务院办公厅《关于统筹推进自然资源资产产权制度改革的指导意见》明确了自然资源资产国家所有权主要采用授权和委托代理的方式实现，即全民所有自然资源资产由国务院代表国家所有，授权自然资源部具体代表统一行使所有权。其中，部分由自然资源部直接行使，部分委托省级政府等代理行使，法律已有授权的除外。目前，土地、矿产、森林、草原、湿地、海洋、水 7 种自然资源除湿地资源没有单独的法律外，其他自然资源的单门类自然资源法已经授权的内容，按照法律已经授权的内容行使所有权。

二、全民所有自然资源资产权益实现的目标

全民所有自然资源资产权益实现的目标为：一是实现自然资源资产的保值增值，促进开发利用综合效益最大化。二是做好自然资源资产权益的保护，保障所有者权益与国家生态安全。三是对自然资源资产权益代理人实行监管评价，促进自然资源集约开发利用和生态保护修复。

第三节　全民所有自然资源资产权益实现的理论基础

一、产权理论

产权，简单来说就是权益主体占有、控制、使用财产或资源以获取利益的权利。对产权的研究最初源于外部性问题。外部性是指人们从事生产活动过程中给他人或社会带来的影响，外部性问题的产生究其根源正是权益主体的产权划分不清晰。1937 年，西方经济学家科斯在伦敦经济学院学报上发表的《企业的性质》一文标志着产权理论的形成；之后随着科斯在 1960 年提出“科斯定理”以及 1968 年哈丁发表有关“公地悲剧”的文章，西方学者逐渐将产权理论作为解决资源环境问题的有力武器。诸如德姆塞茨、佩杰威齐等具有代表性的经济学家在科斯之后都对产权进行了研究和解读，虽然各自侧重点不同，但产权的特征大致可以归纳为以下几点：首先，产权具有特定的主体和客体，没有任何一种产权是脱离主客体而单独存在的。在日常经济生活中，产权客体通常是财产、商品、资本等，而产权主体通常是国家、企业以及个人。从权利本身来说，产权规范了特定产权主体与客体之间的行为关系，是社会经济活动的基本准则。一方面，产权明确了特定主体对产权客体能做什么，不能做什么，具体有哪些行为受约束，在超出这些约束范围之后又会承担哪些后果和经济责任；另一方面，产权揭示了特定客体在这一经济行为中能为主体带来怎样的收益，这就是所谓的“权益”。其次，产权是一种独占性、排他性的权利。正是由于这种性质，产权主体才能在法律允许的范围内享有特定的经济利益并通过合法途径追求利益最大

化。最后，产权是可以平等交易的，产权的这一性质构成了市场经济的运行基础。通过交易，产权在各经济主体之间进行重新配置，这使产权客体能在市场经济中发挥更大的效用。但值得注意的是，产权的公平交易是以独占性和排他性为前提的，在法律允许的范围内购买者通过支付一定费用来换取产权主体所拥有的独占性权利，使产权交易发生。在实际经济生活中，大部分产权主体都通过产权交易的方式变换产权的物质载体以实现利益最大化。

具体到产权的内容来说，它并不是一项单一的权利，而是一种具有结构性特征的权利束。产权结构具体包括三个层次：第一层次为所有权，反映了产权客体的归属问题，它是产权结构的基础；所有权归属于国家还是个人，直接决定了产权制度的性质是私有还是公有；确定了归属就可以将产权的责任和收益进一步细化。第二层次中的占有权、使用权和转让权正是产权在经济意义上的具体表现，是所有权的衍生权利。这一层次中的权利明确界定了产权主体和客体之间的关系，规定了产权主体在经济活动中能在什么范围内，以何种方式对产权客体进行支配和利用，明确了各权利的边界以及超出边界所应承担的经济责任。产权的第三层次是收益权，这也是产权的最终目的，即利为谁所得。无论是私有产权还是公有产权，进行经济活动的根本目的都是确保权益主体有利可图。收益权规范了产权主体在行使占有权、使用权、转让权的过程中最终收益的分配问题，并将经济活动中造成的损失对各权益主体进行问责。

自然资源资产产权同其他产权一样，具有排他性、有限性、可分解性、可让渡性等特征。自然资源资产产权可以分解为所有权、占用权、使用权、收益权、处置权和他项权利等多种权能。这些自然资源资产产权权能是可以界定和分离的，可以在不同权益主体之间进行分割或供应，从而形成各种不同的自然资源资产产权组合和结构。其中自然资源资产所有权是自然资源资产产权权利中最充分的一项物权，由自然资源资产占用权、使用权、收益权和处置权等权能组成，这些权能都是自然资源资产所有权的派生权利；但同时又可以在一定条件下和自然资源资产所有权相分离，成为相对独立的自然资源资产产权权能。如果把自然资源资产所有权称为终极权能，那么自然资源资产占有权、使用权、收益权、处分权就是次级权能。只要次级权能者保证满足终极权能者的条件，在一定期限后将分离的次级权能回归终极权能者，则次级权能就具有相对独立性，可以在自然资源资产产权市场上进行流转、供应。在城市，自然资源资产使用权则是仅次于自然资源资产所有权的产权权能。在自然资源资产使用权和自然资源资产所有权分离之后，虽然自然资源资产使用者对权利客体没有所有权，但却具有占用权、使用权、收益权和部分处置权等，这样就形成了两个层次上的权利束。自然资源资产所有权权利束包括对权利客体的占有权、使用权、收益权和处置权。自然资源资产使用权权利束同样包括对权利客体的占有权、使用权、收益权和处置权；但自然资源资产使用者只具有部分收益权和部分处置权，不同时拥有最终处置权。因此，相对而言，前者是高层次的权利束，后者为低层次权利束。[1]

二、委托—代理理论

委托—代理理论是制度经济学契约理论的主要内容之一，由美国经济学家伯利和米恩斯于20世纪30年代提出，并在20世纪60年代末发展起来，那时一些经济学家正深入研究企业内的信息不对称和激励问题。该理论探讨的核心问题是研究在委托人、代理人双方利益相冲突，而且存在不确定性和信息不对称的情况下，委托人如何设计最优契约激励代理人，使代理人按照委托人利益最大化行事。该理论认为，委托—代理关系是随着生产力大发展和规模化大生产的出现而产生的，由于委托人和代理人目标函数的不一致性及信息不对称性，代理人可能会利用自己的信息优势，采取旨在谋求自身效用最大化却可能损害委托人利益的行动，发生道德风险和逆向选择。

委托—代理理论的中心任务是研究在委托人和代理人的利益相冲突和信息不对称的环境下，委托人如何设计最优契约激励代理人。委托—代理理论为研究企业制度、资产管理、公司治理提供了理论支撑。解决

〔1〕 参见王文革：《城市土地市场供应法律问题》，法律出版社2005年版，第117页。

“代理人问题”的关键是要建立完善的激励约束机制。在这种机制中，委托人发出的激励和约束信号必须是指向代理人的，而且这种指向越是方向明确，经过的环节越少，激励和约束信号的传递效率以及由此形成的对代理人的激励和约束作用就越大。

委托—代理理论可以指导解决全民所有自然资源资产权益在生态文明建设背景下所有者不到位、权责不明晰、权益不落实等突出问题。中共中央办公厅、国务院办公厅提出建立分级行使所有权的管理体制，要求“研究建立国务院自然资源主管部门行使全民所有自然资源资产所有权的资源清单和管理体制。探索建立委托省级和市（地）级政府代理行使自然资源资产所有权的资源清单和监督管理制度”，这是全民所有自然资源资产权益实现的重要基础。[1]

三、外部性理论

外部性也称溢出效应、毗邻影响、外部关系等。外部性是指一个生产者或消费者的生产或消费活动对其他生产者或消费者所附带产生的成本或效益的情况。外部性有正负之分。正外部性是指一个生产者或消费者的生产或活动使其他社会成员无须付出代价而得到好处；负外部性则指一个生产者或消费者的生产或活动使其他社会成员蒙受损失而未给补偿。解决外部性问题的基本原则是外部性内部化。

自然资源使用的外部性是指自然资源使用者使用自然资源所耗费的成本中的一部分或全部由他人承担，或者自然资源使用者使用自然资源所应获得的部分收益被他人获得。如果自然资源使用者的成本被他人承担，那么，这种外部性是负外部性。

以土地资源为例，某土地使用者使用土地进行某种生产时，对相邻土地造成污染，但清除污染的费用并不由造成污染的土地使用者承担，而是由受污染的土地使用者承担。这样，本应由造成污染的土地使用者承担的土地使用成本，反而由被污染的土地使用者（未获得土地使用收

---

〔1〕 中共中央办公厅、国务院办公厅《关于统筹推进自然资源资产产权制度改革的指导意见》(2019 年 4 月 14 日施行)。

益的人）承担；如果土地使用者的收益被他人获得，那么这种外部性是正外部性。在这种情况下，由于土地使用者往往不考虑某些效益或成本，因而就产生了土地资源使用的低效率。土地使用外部性按照外部效果产生的条件可分为：（1）土地使用权确定的即时外部性。一块土地或批租或有偿他用，当土地使用权人确定之际，土地的使用性质亦被确定，即土地用途的事实选定。比如，一块城市绿地被批租为商业或其他用地，土地使用权的这种重新确认随之将导致城市生态环境的外部不经济性。土地使用权的这种重新确认造成了其他土地使用性质的不可能性，这也是一种土地使用的外部性，或称土地使用的“机会成本”。（2）土地开发过程的外部性，包括开发过程的外部经济性和不经济性。开发过程的不经济性如上述的社会环境公害等。（3）土地使用过程的外部性。如建筑物的外表风格对大众的影响，建筑物过高，阻挡了毗邻建筑的部分采光、通风、接受无线电信号等形式的外部不经济，有些很难作出公正的赔偿。[1]

四、市场理论

市场理论是市场经济的基本理论。市场运行机制是调节社会经济的主要机制。市场机制是指在市场上直接发生作用的各个要素之间互为因果、互相作用的功能。主要包括价值机制、供求机制、竞争机制。价值机制可充分调节生产要责的合理分配，刺激商品生产者改进技术，降低成本，取得更多利润，提高经济效益；供求机制可通过价格的波动，促使均衡和非均衡这两类市场不断互相转化，使市场趋于稳定均衡的最佳状态；竞争机制可激发经济主体活力，促进经济效益提高，调节社会资源优化配置。市场经济的核心问题是竞争，这是不以人的意志为转移的客观规律。市场经济是指市场机制在社会资源配置中起基础和主导性作用的经济运行方式。市场机制配置资源是指使社会资源在各地区、各部门、各企业之间不断流动。这种流动是靠竞争优胜劣汰，使资源从供给过剩部门流向供不应求部门，从经济效益低的部门向经济效益高的部门

〔1〕 参见王文革：《城市土地市场供应法律问题》，法律出版社 2005 年版，第 205 页。

流动，最终达到社会资源的优化配置。社会资源优化配置的前提条件是市场主体的自主性、平等性、独立性、竞争性。[1]

自然资源资产权益的实现需要依托市场机制，充分发挥市场配置自然资源的决定性作用，畅通资源流动渠道，保障不同市场主体平等获取自然资源，推动自然资源配置依据市场规则、市场价格、市场竞争实现效益最大化和效率最优化。

第四节 全民所有自然资源资产权益实现的时代背景和挑战

一、生态文明建设的新要求

习近平总书记在《关于〈中共中央关于全面深化改革若干重大问题的决定〉的说明》中指出："健全国家自然资源资产管理体制是健全自然资源资产产权制度的一项重大改革，也是建立系统完备的生态文明制度体系的内在要求。"[2]这就需要完善自然资源监管体制，统一行使所有国土空间用途管制职责，使国有自然资源资产所有权人和国家自然资源管理者相互独立、相互配合、相互监督。中共中央、国务院《关于加快推进生态文明建设的意见》中也明确要有序推进国家自然资源资产管理体制改革。探索编制自然资源资产负债表，对领导干部实行自然资源资产和环境责任离任审计。

二、资源集约节约利用的新要求

中共中央《关于全面深化改革若干重大问题的决定》中明确健全能源、水、土地节约集约使用制度。中共中央办公厅、国务院办公厅《关于统筹推进自然资源资产产权制度改革的指导意见》指出，坚持保护优先、集约利用。正确处理资源保护与开发利用的关系，既要发挥自然资源资产产权制度在严格保护资源、提升生态功能中的基础作用，又要发

〔1〕 参见周岐：《市场经济的三大理论》，载《北方经贸》1995 年第 Z3 期。

〔2〕 习近平：《关于〈中共中央关于全面深化改革若干重大问题的决定〉的说明》，载《人民日报》2013 年 11 月 16 日，第 1 版。

挥在优化资源配置、提高资源开发利用效率、促进高质量发展中的关键作用。依法明确全民所有自然资源资产所有权的权利行使主体，健全自然资源资产产权体系和权能，完善自然资源资产产权法律体系，平等保护各类自然资源资产产权主体合法权益，更好发挥产权制度在生态文明建设中的激励约束作用。

三、高质量发展的新要求

党的十九大作出了“我国经济已由高速增长阶段转向高质量发展阶段，正处在转变发展方式、优化经济结构、转换增长动力的攻关期，建设现代化经济体系是跨越关口的迫切要求和我国发展的战略目标”的重大判断。中共中央、国务院《关于新时代加快完善社会主义市场经济体制的意见》指出以完善产权制度和要素市场化配置为重点……促进更高质量、更有效率、更加公平、更可持续的发展[1]。该意见也提出，健全自然资源资产产权制度。

四、区域协调发展的新要求

中共中央、国务院《关于建立更加有效的区域协调发展新机制的意见》明确，完善区域交易平台和制度。建立健全用水权、排污权、碳排放权、用能权初始分配与交易制度，培育发展各类产权交易平台。进一步完善自然资源资产有偿使用制度，构建统一的自然资源资产交易平台。选择条件较好地区建设区域性排污权、碳排放权等交易市场，推进水权、电力市场化交易，进一步完善交易机制。建立健全用能预算管理制度。促进资本跨区域有序自由流动，完善区域性股权市场。健全资源输出地与输入地之间利益补偿机制。围绕煤炭、石油、天然气、水能、风能、太阳能以及其他矿产等重要资源，坚持市场导向和政府调控相结合，加快完善有利于资源集约节约利用和可持续发展的资源价格形成机制，确保资源价格能够涵盖开采成本以及生态修复和环境治理等成本。

---

〔1〕 2020年7月30日，中央政治局会议新增“更为安全”，即实现更高质量、更有效率、更加公平、更可持续、更为安全的发展。

鼓励资源输入地通过共建园区、产业合作、飞地经济等形式支持输出地发展接续产业和替代产业，加快建立支持资源型地区经济转型长效机制。

五、要素资源市场化配置的新要求

中共中央、国务院《关于新时代加快完善社会主义市场经济体制的意见》明确，坚持社会主义市场经济改革方向，更加尊重市场经济一般规律，最大限度减少政府对市场资源的直接配置和对微观经济活动的直接干预，充分发挥市场在资源配置中的决定性作用，更好发挥政府作用，有效弥补市场失灵。全面完善产权制度。健全归属清晰、权责明确、保护严格、流转顺畅的现代产权制度，加强产权激励。健全自然资源资产产权制度。建立健全统一开放的要素市场。推进要素价格市场化改革。创新要素市场化配置方式。此外，中共中央、国务院《关于构建更加完善的要素市场化配置体制机制的意见》还明确要求，推进土地要素市场化配置，扩大国有土地有偿使用范围。深化产业用地市场化配置改革。健全长期租赁、先租后让、弹性年期供应、作价出资（入股）等工业用地市场供应体系。在符合国土空间规划和用途管制要求前提下，调整完善产业用地政策，创新使用方式，推动不同产业用地类型合理转换，探索增加混合产业用地供给。以多种方式推进国有企业存量用地盘活利用。

第二章　我国全民所有自然资源资产权益实现的历史现状及问题

第一节　自然资源资产权益实现的历史演变[1]

我国自然资源资产权益相关制度随着对自然资源利用方式的变化不断变革完善，自然资源资产权益实现的演进直接表现为相关法律制度的演进。

一、自然资源无偿产权阶段

新中国成立初期就确立了自然资源的公有产权制度。1954 年《宪法》（已废止）规定国营经济是全民所有制的社会主义经济，是国民经济的领导力量和国家实现社会主义改造的物质基础，“矿藏，水流，由法律规定为国有的森林、荒地和其他资源，都属于全民所有”。从我国开始建立自然资源资产权益制度起，国家所有权就占据了主导地位，国家行使绝大部分自然资源的所有权。1954 年《宪法》划出了国有自然资源的范围，明确矿藏和水流归全民所有，但部分森林、荒地和其他资源的归属尚未确定。

---

〔1〕 参见洪旗、陈韦、陈华飞等：《健全自然资源产权制度研究》，中国建筑工业出版社 2017 年版，第 8～20 页。

改革开放之前，我国并没有制定任何一部法律来对自然资源进行确权，也没具体的法律对自然资源的产权制度作出进一步安排，政府行为是自然资源确权的唯一依据，行政管理部门是行使自然资源资产权益安排的唯一主体。政府对自然资源的行政管理替代了自然资源资产权益管理，没有遵循产权追逐经济效益的一般规律。在使用权上，自然资源的经营和使用基本都由各级政府和部门负责，缺乏权力激励和责任约束。由于自然资源的公有性质不可改变，自然资源及自然资源产品被限制流通，集体、个人不得出售、出租转让自然资源，不存在自然资源的转让权。尽管自然资源的国有产权在形式上非常明确，但在实际中国家并没有对自然资源的使用进行统筹控制，各级政府的局部行为易导致自然资源的破坏和浪费。

二、自然资源有偿使用探索阶段

1978 年改革开放以后，我国开始了自然资源资产权益制度的变革。20 世纪 80 年代中期陆续修改和颁布了一批与自然资源资产权益相关的法律法规，1982 年颁布第四部宪法，1986 年颁布《民法通则》，此外陆续颁布了 7 个自然资源单行法律，包括 1984 年《森林法》、1985 年《草原法》、1986 年《土地管理法》、1986 年《矿产资源法》、1986 年《渔业法》、1988 年《水法》、1988 年《野生动物保护法》，对我国这一时期的自然资源资产权益制度作出了基本安排。

《宪法》第 9 条“矿藏、水流、森林、山岭、草原、荒地、滩涂等自然资源，都属于国家所有，即全民所有；由法律规定属于集体所有的森林和山岭、草原、荒地、滩涂除外”之规定，对自然资源的范围进行了补充划定。《宪法》第 10 条“农村和城市郊区的土地，除由法律规定属于国家所有的以外，属于集体所有”，第一次规定了自然资源的集体所有权，确立了自然资源公有产权的二元结构。

自然资源单行法的出台，表明我国自然资源资产权益管理从行政管理开始进入法制化阶段，奠定了这一时期我国自然资源资产权益制度的基础。1986 年我国颁布了《土地管理法》，又于 1988 年进行了修正，同时还制定并公布了多个与土地资源相关的行政法规，对土地所有权、使用权等权利作出了规定。土地所有权为全民所有制和集体所有制，国有土地可以依法给全民所有制单位和集体所有制单位使用，国有土地和集体所有的土地可以依法确定给个人使用，集体或者个人可以承包全民所有制单位使用的国有土地和集体所有的土地。1986 年第六届全国人大常委会第十五次会议通过了《矿产资源法》，1987 年又颁布了三个相配套的行政法规：《矿产资源勘查登记管理暂行办法》（已废止）、《全民所有制矿山企业采矿登记管理暂行办法》（已废止）和《矿产资源监督管理暂行办法》，对矿产资源的所有权、探矿权和采矿等权利作出了规定。1988 年第六届全国人大常委会第二十四次会议通过了《水法》，同时还颁布了一批水资源管理的行政法规，对水资源的所有权、使用权和其他权益作出了规定，如所有权为国家和集体所有，且在取水权方面规定了法定享有和取水许可证取得制度。

这一时期我国实现了自然资源所有权、使用权的分离，打破了“国家所有、国家使用”的模式，形成了企业、单位、个人等多元化的使用权主体。随着社会经济活动的复杂化和社会主义市场经济的发展，自然资源使用权制度的无偿化和非市场化法律、法规和规章已明显地表现出不适应性，产权制度经济功能特别是在有效保障我国自然资源使用和促进自然资源市场的发育方面处于无效率或者低效率状态。在发展经济的驱动下，自然资源资产权益制度变革的趋势是使自然资源的无偿取得、非市场化使用变为有偿使用、市场化配置。

三、自然资源市场化交易推进阶段

1994 年颁布的《城市房地产管理法》明确了土地使用权交易制度，规定了土地使用权出让、出租、抵押制度，并划清了土地使用权出让与土地使用权划拨的界限，使土地使用权成为我国最早实现有偿使用与可交易的自然资源资产权益。

随后我国相继开始了几个主要自然资源单行法的修改。1996 年对《矿产资源法》的修改，强化了矿产资源的国家所有权，突出了探矿权和采矿权的有偿取得，提出了探矿权和采矿权的交易流转，使矿业权成为我国第二个实现有偿使用与可交易的自然资源资产权益。1998 年对《森林法》的修改，规定了森林、林木、林地使用权的部分转让。2002 年对《水法》的修改，以立法的形式确立了取水权制度。2004 年对

《渔业法》的修改，细化了我国的渔业权和捕捞权。此外，还有草原资源等相关法律法规的修改。

这一阶段，国家自然资源立法理念开始注重资源所有者的利益。这一阶段的立法规定了水资源、矿产资源和森林资源的国家所有权，并由国务院代表国家行使所有权。相关法律法规的修改确立了部分自然资源的有偿使用制度，如土地使用权、探矿权和采矿权；确立了部分自然资源使用权交易制度，如城市土地使用权交易制度和探矿权、采矿权交易制度。

四、自然资源生态价值高度重视阶段

这一阶段围绕自然资源的生态价值出台了一系列政策。习近平总书记反复强调生态文明建设的重要性，并提出了“绿水青山就是金山银山”“山水林田湖草是生命共同体”“生态兴则文明兴，生态衰则文明衰”“像保护自己的眼睛一样保护生态环境”“生态环境保护是功在当代、利在千秋的事业”等一系列指示。2013 年，习近平总书记在《关于〈中共中央关于全面深化改革若干重大问题的决定〉的说明》指出：“我国生态环境保护中存在的一些突出问题，一定程度上与体制不健全有关，原因之一是全民所有自然资源资产的所有权人不到位，所有权人权益不落实。针对这一问题，全会决定提出健全国家自然资源资产管理体制的要求。”[1]2015 年，中共中央、国务院《关于加快推进生态文明建设的意见》要求健全自然资源资产产权制度和用途管制制度。对水流、森林、山岭、草原、荒地、滩涂等自然生态空间进行统一确权登记，明确国土空间的自然资源资产所有者、监管者及其责任。

第二节　我国全民所有自然资源资产权益实现机制现状

一、我国自然资源资产调查机制

我国目前自然资源采取分部门调查普查的机制，一些资源法律、法

---

〔1〕 习近平：《关于〈中共中央关于全面深化改革若干重大问题的决定〉的说明》，载《人民日报》2013 年 11 月 16 日，第 1 版。

规中规定了各种资源调查评价制度，如《土地调查条例》、《全国矿产资源利用现状调查总体实施方案》（已废止）、《第一次全国水利普查实施方案》、《第一次全国海洋经济调查管理办法》等，通过调查统计基本摸清了我国自然资源的基本情况，为自然资源资产权益的实现打下基础。

1. 土地资源调查

2008 年《土地调查条例》的颁布实施，为科学、有效地组织实施土地资源调查，保障土地资源调查数据的真实性、准确性和及时性，提供了法律保障和制度基础。《土地调查条例》明确规定了我国土地调查的周期，每 10 年进行一次，每年进行变更调查；明确了调查的三项内容，即土地利用现状及其变化情况、土地权属及其变化情况、土地条件；并根据保障我国粮食安全的需要，强调应当重点调查基本农田现状及变化情况。《土地调查条例》还规定土地调查统一采用《土地利用现状分类》国家标准，依据统一的技术规程，按照国家统一标准制作的调查基础图件。我国于 1984 年 5 月至 1997 年年底开展了第一次全国土地调查，由于当时技术手段落后，基础资料保存方法原始，成果应用性不强。

2007 年 7 月第二次全国土地调查全面启动。采用了统一的土地利用分类标准，采用“3S”技术分析和处理地理数据，实现了图、数、实地一致，成果的时效性和实用性大大增强。第二次全国土地调查的意义，一是全面查清全国土地利用现状，掌握各类土地资源家底，包括查清各类土地的利用现状、查清基本农田面积、查清国家与集体土地所有权权属界线、汇总形成全国各级行政区内的各类土地面积；二是建成全国土地利用基础数据库，实现调查成果管理的数字化；三是建立土地利用变更调查新机制，实现了常态化土地利用变化监测；四是构建国土资源管理“一张图”和综合监管平台，提升国土资源管理能力。

2. 矿产资源调查

开展全国矿产资源利用现状调查，摸清矿区资源储量核查是关键。《全国矿产资源利用现状调查总体实施方案》（已废止）作为基本工作准则，为全面、系统地获取资源储量数据提供了统一标准。2007 年原国土资源部启动了全国矿产资源利用现状调查，历时4年建立了28个矿种全部矿区的空间数据库及矿区“一账五图”。通过矿产资源调查和核查，摸清了我国的矿产资源总量、种类等情况，特别是对一些重点矿种的资源总量、结构和空间分布有了更深入的认识，为今后有效实施管理提供了重要依据。

3. 水利资源调查

2010年制定的《第一次全国水利普查实施方案》对水利普查的主要内容、普查技术路线与步骤、普查标准目录等进行了明确的规定，为全面查清我国江河湖泊和水利工程的基本情况，系统掌握我国江河湖泊开发治理的保护状况，摸清经济社会的用水状况，了解水利行业的能力建设情况等提供了可靠的技术支撑与保障。我国于2010~2012年开展了第一次全国水利普查，对我国境内的流域面积50平方千米的江河和面积大于1平方千米的湖泊、所有的水利工程、水利机构以及取用水户进行了全面调查，先后完成了全国9900多万个水利普查对象清查，4亿多条普查数据的采集、处理、审核与汇总，江河湖泊、各类水利工程、水利机构及取用水户空间数据的提取与标绘工作，首次查清了我国江河湖泊的基本情况，掌握了水资源开发、利用和保护的现状，摸清了经济社会发展对水资源的需求。本次普查摸清了水利家底，掌握了水利发展情况，填补了水利国情信息空白，并完善了国家基础水信息体系。此外，还为提高水利服务于经济社会发展的能力，实现水资源的可持续开发、利用和保护打下了坚实基础。[1]

4. 海洋经济资源调查

《第一次全国海洋经济调查管理办法》中对海洋经济调查对象、范围和调查方法进行了明确规定，为确保调查数据全面、准确，坚持依法调查，充分发挥调查工作效用，提供了方法与依据。我国第一次全国海洋经济调查自2014年1月启动，陆续出台了《第一次全国海洋经济调查总体方案》和《第一次全国海洋经济调查管理办法》。海洋资源调查

---

〔1〕 新华社：《第一次全国水利普查完成 主要成果3月公布》，载水利部松辽水利委员会，http：//wwwslwrgovcn/mtjj/2013-2-28/t20130228_27566html。

工作旨在摸清我国海洋经济家底，实现海洋经济基础数据在全国、全行业的全覆盖和一致性，有效满足海洋经济统计分析、监测预警和评估决策等的信息需求，为进一步提高对海洋经济的宏观调控能力，为科学谋划海洋经济长远发展、实现海洋强国目标和维护海洋经济安全奠定基础。

二、产权体系现状

自然资源包含了土地、水、森林、草原、矿产等多种类型，因此自然资源的产权体系包括土地资源产权体系、水资源产权体系、森林资源产权体系等。根据我国现行法律，自然资源资产权利类型分为三大类，即所有权、使用权及他项权。根据主体的不同，我国自然资源所有权分为国家所有权、集体所有权两大类。

1. 土地资源产权体系

我国土地资源产权包括土地所有权、使用权和他项权三类。土地所有权包括国有土地所有权和集体土地所有权，土地使用权包括建设用地使用权、土地承包经营权、宅基地使用权等；他项权包括抵押权、承租权、地役权、空中权、地下权、耕作权、租赁权等。《宪法》《土地管理法》等法律规定，国有土地即国家所有的土地，其权利主体为国家，即中华人民共和国。农村和城市郊区的土地，除有法律规定属于国家所有以外，属于集体所有，宅基地和自留地、自留山也属于集体所有。《民法典》规定，集体所有的不动产和动产包括法律规定属于集体所有的土地和森林、山岭、草原、荒地、滩涂。《民法典》还规定，对于集体所有的土地和森林、山岭、草原、荒地、滩涂等，依照下列规定行使所有权：(1）属于村农民集体所有的，由村集体经济组织或者村民委员会依法代表集体行使所有权；(2）分别属于村内两个以上农民集体所有的，由村内各该集体经济组织或者村民小组依法代表集体行使所有权；(3）属于乡镇农民集体所有的，由乡镇集体经济组织代表集体行使所有权。

2. 水资源产权体系

我国水资源产权包括水资源所有权、使用权和他项权三类。水资源属于国家所有；水资源使用权包括取水权、养殖权、航行权、捕捞权、采砂权、水能利用权等。《水法》规定，水资源属于国家所有。水资源的所有权由国务院代表国家行使。农村集体经济组织的水塘和由农村集体经济组织修建管理的水库中的水，归各该农村集体经济组织使用。

3. 矿产资源产权体系

矿产资源产权包括矿产资源所有权、使用权和他项权三类。矿产资源属于国家所有；矿产资源使用权包括矿业权，矿业权又包含探矿权和采矿权；他项权包括抵押权、租赁权等。《矿产资源法》第3条第1款规定："矿产资源属于国家所有，由国务院行使国家对矿产资源的所有权。地表或者地下的矿产资源的国家所有权，不因其所依附的土地的所有权或者使用权的不同而改变。"

4. 森林资源产权体系

森林资源产权主要包括森林产权、林地产权、林木产权三大类。其中森林产权包括森林所有权、森林使用权、他项权，林地产权包括林地所有权、林地使用权、他项权，林木产权包括林木所有权、林木使用权、他项权等。《森林法》规定，公民个人不享有森林的所有权，因此森林资产产权的主体为国家和集体。林地所有权的主体只能是国家和集体，并且法律严格禁止林地的买卖、抵押或者以其他形式非法转让。林木资源所有权的主体具有多样性：权利主体既可以是国家和集体，也可以是单位和个人。

5. 海域资源产权体系

海域资源产权包括海域所有权、海域使用权、海域他项权三大类。其中海域使用权包括养殖用海权、捕捞用海权、建设用海权、承包经营权、排污倾废用海权，海域他项权包括租赁权和抵押权。《海域使用管理法》第3条第1款规定："海域属于国家所有，国务院代表国家行使海域所有权。任何单位或者个人不得侵占、买卖或以其他形式非法转让海域。"

6. 草原资源产权体系

草原资源产权包括草原所有权、草原使用权、草原他项权三大类。其中草原使用权包括国有草原使用权、草原承包经营权、草原生态功能使用权、草原景观权、草原生态管护权、建设草原权、草原矿藏开采权、临时占用草地权等，草原他项权主要包括抵押权。《宪法》规定，草原属于国家所有即全民所有，但由法律规定属于集体所有的除外。《草原法》规定，草原属于国家所有，由法律规定属于集体所有的除外；国家所有的草原，由国务院代表国家行使所有权。集体草原所有权的权利主体是集体经济组织：它既可以法定方式取得，也可通过开发利用取得。集体建设草原取得其中的草场所有权就是典型的开发利用取得，这种行为类似于土地开荒而造成的事实取得。不同于国家草原所有权的取得直接生效，集体草原所有权必须经过县级人民政府强制登记确权，并核发草原所有权证。

7. 湿地资源产权体系

湿地资源产权包括湿地资源所有权、湿地资源使用权、湿地资源特许物权三大类。其中湿地资源使用权包括湿地承包经营权，湿地资源特许物权主要包括探矿权、采矿权、采集权、取水权、捕捞权、养殖权。国家作为国有湿地所有权的主体具有唯一性和统一性。唯一性是指除国家以外，任何单位和个人在任何情况下都不能成为国有湿地资源的所有者。只有国务院才能代表国家行使国有湿地的所有权；其他任何组织或单位非经国务院授权或者批准，不能享有国有湿地所有权的任何权能。统一性是指国家所有权在借助各级政府部门的行政管理活动来行使和实现时，各级政府部门并不是国家所有权的主体，各个政府机构无论其属于哪一个行政层次、哪个部门，都只是代表国家行使所有权的机关，其本身并不是所有人。

三、产权流转与市场交易现状

自然资源资产权益实现的关键最终取决于产权是否能够市场交易。自然资源资产权益的市场交易既是自然资源价格的形成基础，又是产权的资源配置功能得以发挥的重要条件。

1. 土地资源产权流转与市场交易

目前，我国土地资源产权交易市场较为完善，国有土地依法实行有偿、有限期使用制度，因公共利益需要可经县级以上政府部门依法批准实行划拨使用。城市规划区内集体所有的土地，经依法征用转为国有土地后可有偿出让。土地使用权出让可以采取招标、拍卖、挂牌方式进行。无条件进行招标、拍卖或挂牌的可以采取协议方式出让，出让金不得低于国家规定的最低价格。土地使用权的出让必须符合土地利用总体规划、城市规划和年度建设用地计划，并签订书面出让合同。出让合同约定的出让期限届满，土地使用者需继续使用土地的，应当最迟于届满前 1 年申请续期，并重新签订合同和按规定支付土地使用权出让金。

2. 水资源产权流转与市场交易

水资源的市场配置形成水权市场。虽然我国在取水权、采砂权、水资源旅游开发权等各领域都有实施产权流转或交易的实例，但真正符合法律规定的仅有取水权转让，且仅限于节约的水资源，其转让范围均限定为“在其取水权年限和取水限额内”。《民法典》第 329 条将取水权作为一种可以由民事主体依法享有的用益物权以民事立法的形式加以确认，为水权流转提供了制度保障，预示着市场机制将在水权配置中发挥重要作用。

3. 森林资源产权流转与市场交易

目前，森林资源产权流转中涉及的权利主要有森林、林地的使用权和林木的所有权、使用权。1998 年《森林法》第 15 条则首次作出了允许森林资源转让的规定：①用材林、经济林、薪炭林的林木；②用材林、经济林、薪炭林的林地使用权：③用材林、经济林、薪炭林的采伐迹地、火烧迹地的林地使用权；④国务院规定的其他森林、林木和其他林地使用权。除此之外，其他森林、林地和林木使用权不得转让。这一规定从法律上肯定了森林、林地、林木使用权作为生产要素进入市场流转的可行性。

4. 草原资源产权流转与市场交易

草原使用权流转促进了规模经营的逐步形成。虽然 2013 年《草原法》第 15 条对于草原承包经营权的流转方式仅规定了“转让”一种，但在实践中存在多种转让方式，如 2002 年《农村土地承包法》（已修正）第 32 条规定的互换、转包、出租等形式。

5. 湿地资源产权流转与市场交易

目前，我国并没有专门的法律文件对湿地产权流转制度作出明确的规定，湿地产权制度仍不完善，我国主要将湿地纳入林业产权市场交易的范畴。但是林地往往只是整个湿地生态系统中的一部分，林权也仅仅是湿地产权整体中的一项权利，将湿地纳入林业产权市场交易范畴明显会让湿地产权陷入四分五裂的混乱状态，不利于湿地产权的保护。因此，我国独立的湿地产权流转制度亟待建立，并需要法律对其流转的标的、权益、方式予以明确规定。

6. 矿产资源产权流转与市场交易

我国矿产资源可以出让、转让，相关法律法规有着明确的要求。《矿产资源法》规定，由国务院行使国家对矿产资源的所有权。而在实践中，为了能够有效地管理矿产资源，我国建立了以国务院为中心的，省、市、县政府分级管理的管理体制，各级自然资源部门主管矿产资源探矿权和采矿权的审批工作。现行的《矿产资源法》规定，除石油、天然气和放射性矿产的审批权直属于国务院自然资源部之外，其他剩余的矿产资源则统一由省级部门审批。

探矿权和采矿权的出让是矿业权的一级市场，是国家作为矿产资源的所有者，依法将勘查、开采和获得矿产品的权利，有偿让渡给拥有矿产资源勘查、开采资质的单位、集体和个人。矿业权的有偿取得主要包括四种费用，分别是探矿权、采矿权使用费，探矿权、采矿权价款，矿产资源税和矿产资源补偿费。

探矿权和采矿权的转让制度是出让制度的延伸。从理论上说是企业取得探矿和采矿许可证之后，以经营为目的将探矿权和采矿权再次投入流通领域进行流转，形成矿业权二级市场；二级市场是不同矿权人之间横向转让的市场，与探矿权一级市场相比，涉及的经济关系更复杂，流动性也更高。但在我国，由于法律和制度的约束，矿业权的二级市场并没有真正形成。1986 年《矿产资源法》规定，“采矿权不得买卖、出租，不得用作抵押”，但随着市场经济的发展，一味地禁止探矿权和采矿权的转让不利于发挥市场调控机制，也制约了矿业的发展规模。我国现行有效的《矿产资源法》对上述规定进行了修改，允许矿业权进行转让，但必须符合以下两个条件：其一，探矿权人必须完成最低勘查投入并依法批准才可转让探矿权，这里的勘查投入主要指的是矿山企业的勘查资金投入。其二，拥有采矿权许可证的企业，只有发生企业合并、分立，企业资产出售，与他人合资等造成企业资产产权变更的情形才可以将采矿权转让。

7. 海域资源产权交易

海域涉及国家和公共利益，具有特殊性，主要通过审批的方式来让渡海域使用权，但近年来以招拍挂方式让渡海域使用权的情形逐渐增多。关于海域使用权流转制度的规定初见于2001年《海域使用管理法》。目前，我国海域产权流转制度虽没有完全建立起来，但相比一级出让市场较为完善。此外，海域使用权流转市场的管理除以国家立法为主外，沿海地区的一些省市也相继出台了关于海域使用权流转的规定，如天津市、江苏省、福建省等，这些规定使海域使用权的交易流转走上市场化轨道。

四、自然资源资产权益保护现状

我国现行《宪法》第10条第5款规定，"一切使用土地的组织和个人必须合理地利用土地"，这是关于保护土地的总括性规定。《宪法》第22条第2款规定，"国家保护名胜古迹、珍贵文物和其他重要历史文化遗产"。《宪法》第26条规定，"国家保护和改善生活环境和生态环境，防治污染和其他公害。国家组织和鼓励植树造林，保护林木"。上述规定是我国实施自然资源资产权益保护的宪法依据。有关部门法律也作出了相应规定，以确保自然资源的节约利用和生态价值的实现。例如，1998年修正的《森林法》首次提出了森林生态效益补偿基金的概念，规定"国家设立森林生态效益补偿基金，用于提供生态效益的防护林和特种用途林的森林资源、林木的营造、抚育、保护和管理"。2000年国家又发布《森林法实施条例》（已修订），规定"防护林和特种用途林的经营者，有获得森林生态效益补偿的权利"。1988年《水法》（已修改）第34条第1款和第2款规定，"使用供水工程供应的水，应当按照规定向供水单位缴纳水费，对城市中直接从地下取水的单位，征收水资源费；其他直接从地下或者江河、湖泊取水的，可以由省、自治区、直辖市人民政府决定征收水资源费"。《矿产资源法》《渔业法》《土地管理法》等相关法律法规也做了相应的规定。下文主要分析森林自然保护区与矿产资源开发的生态补偿机制。

1. 森林与自然保护区的生态补偿

森林与自然保护区的生态补偿工作起步较早，国家投入较多，取得了较明显的成效。除森林生态效益补偿基金制度之外，天然林保护、退耕还林等生态工程也是对长期破坏造成生态系统退化的补偿。2001 年财政部和原国家林业局印发了《关于开展森林生态效益补助资金试点工作的意见》，并设立“森林生态效益补助资金”，选择 24 个国家级自然保护区进行试点，取得了良好的成效。在试点的基础上，财政部进行总结并于 2007 年出台了《中央财政森林生态效益补偿基金管理办法》，2009 年进行了修订完善。目前，该办法已废止。

2. 矿产资源开发的生态补偿

我国 1994 年开始征收矿产资源补偿费，用以调节资源开发中的级差收入，促进矿产资源合理开发利用，维护国家对矿产资源的财产权益。当时征收的补偿费用部分用来治理和恢复矿产资源开发所破坏的生态环境，但制度设计上并没有考虑矿产资源开发导致的生态补偿问题。1994 年实施的《矿产资源法实施细则》规定，不能履行水土保持、土地复垦和环境保护责任的采矿权人，应向有关部门交纳履行上述责任所需的费用。这一规定创建了矿产资源开发的生态补偿机制。在各地实践中，多是按照矿产资源销售量或销售额的一定比例征收生态补偿费，用于治理开发造成的生态环境问题。浙江省对于新开矿山，建立了矿山生态环境备用金制度，按单位采矿破坏面积确定收费标准，解决新矿山的生态破坏问题。对于废弃矿山，若受益者明确，由受益者治理；若无法确定受益者，则由政府负责治理。[1]

五、国有自然资源资产管理现状

1. 耕地保护目标责任考核

为贯彻落实中央关于加强耕地保护和改进占补平衡的决策部署，坚

---

〔1〕 参见王朝才、刘军民：《中国生态补偿的政策实践与几点建议》，载《经济研究参考》2012 年第 1 期。

持最严格的耕地保护制度和最严格的节约用地制度，守住耕地保护红线，严格保护永久基本农田。2005 年由国务院办公厅制定出台了《省级政府耕地保护责任目标考核办法》；2018 年根据新形势，该办法进行了重新修订。由自然资源部、农业农村部、国家统计局等部门，采用年度自查、期中检查、期末考察相结合的方式，对各省、自治区、直辖市人民政府耕地保护责任目标履行情况进行考核。核心指标涉及耕地保有量、永久基本农田保护面积、耕地数量变化、耕地占补平衡、永久基本农田占用和补划、高标准农田建设、耕地质量保护与提升、耕地保护制度建设等。

考核结果作为领导干部综合考核评价、生态文明建设目标评价考核、粮食安全省长责任制考核、领导干部问责和领导干部自然资源资产离任审计的重要依据。对优秀的给予表扬，并在安排年度土地利用计划、土地整治工作专项资金、耕地提质改造项目和耕地质量提升资金时予以倾斜。问题突出的地区要及时进行整改，整改期间暂停农用地转用和土地征收审批。

2. 国土资源节约集约模范县（市）创建考核

为落实资源节约优先战略和国家“十二五”规划，促进经济发展方式转变，推动科学发展，推进国土资源节约集约利用，自然资源部于 2010 年开展了国土资源节约集约模范县（市）创建活动，于 2011 年开展了首届国土资源节约集约模范县（市）评选。该创建活动聚焦国土资源节约集约情况，构建了创建活动指标标准体系，包括土地资源指标、矿产资源指标和综合性指标等。2014 年对指标标准体系进行了修订完善，共设计了 50 项指标，包括土地、矿产、综合三类 46 项考核指标和 4 项一票否决指标。土地资源指标包含核心指标（土地利用效率）和一般性指标（土地规划执行度、耕地保护效率、地籍管理落实率、土地执法效率及违法情况）。矿产资源指标包含核心指标（矿产资源合理开发利用、规划执行、勘查开采秩序、矿山地质环境保护与治理）和一般性指标（矿产资源执法效率、违法情况、矿山土地复垦）。综合性指标包含行动测评和依法行政情况。新标准体系以 4 项一票否决指标为先决条件，对耕地保护责任履行不到位，违法征地、用地或勘查、开采矿产资源造成重大负面影响，违反中央改革的统一部署和前置条件“未批先试”，因土地违法严重被土地督察机构约谈、限期整改等情形，明确规定不得参评。评选为优秀的县（市），应授予“模范县（市）”荣誉称号，通报表扬，给予用地指标奖励；连续三年复核通过的，再次给予指标奖励，作为国土资源管理业务工作先行先试、调查研究的选点。

3. 最严格水资源管理制度考核

为推进实行最严格水资源管理制度，确保实现水资源开发利用和节约保护的主要目标，2013 年国务院办公厅出台了《实行最严格水资源管理制度考核办法》。由水利部会同国家发展和改革委员会等部门组成考核工作组，对省级人民政府最严格水资源管理制度目标完成、制度建设和措施落实情况进行年度考核和期末考核。其中，最严格水资源管理制度主要目标包含用水总量、用水效率、重要江河湖泊水功能区水质达标率。制度建设和措施落实情况包括用水总量控制、用水效率控制、水功能区限制纳污、水资源管理责任和考核等制度建设及相应措施落实情况。考核结果与领导干部考评紧密挂钩，年度和期末考核结果经国务院审定后，交由干部主管部门，作为省级政府主要负责人和领导班子综合考核评价的重要依据。对考核优秀的，通报表扬，在相关项目安排上优先予以考虑；对不合格的，限期整改。整改期间，暂停该地区建设项目新增取水和入河排污口审批，暂停该地区新增主要水污染物排放建设项目环境影响评价审批。

4. 水污染防治行动计划实施情况评估考核

为严格落实水污染防治工作责任，强化监督管理，加快改善水环境质量，2016 年，环境保护部、国家发展和改革委员会、科学技术部等 10 个部门联合印发了《水污染防治行动计划实施情况考核规定（试行）》。由环境保护部会同国务院相关部门组成考核工作组，以自查评分、部门审查、组织抽查、综合评价的方式，对省级人民政府水环境质量目标完成情况和水污染防治重点工作完成情况两方面进行年度考核和终期考核。其中，水环境质量目标完成情况包含地表水、黑臭水体、饮用水水源、地下水、近岸海域五大方面，共 6 个事项。水污染防治重点工作完成情况包含工业污染防治、城镇污染治理、农业农村污染防治、船舶港口污染防治、水资源节约保护、水生态环境保护、强化科技支撑、各方责任及公众参与八大方面，共20个事项。

考核结果作为各省领导班子和领导干部综合考核评价的重要依据，作为水污染防治相关资金分配的参考依据。对未通过年度考核的，约谈省级人民政府及其相关部门有关负责人，并暂停审批该地区有关责任城市新增排放重点水污染物的建设项目（民生项目与节能减排项目除外）环境影响评价文件。对未通过2020年考核的，除暂停审批该地区所有新增排放重点水污染物的建设项目（民生项目与节能减排项目除外）环境影响评价文件外，加大问责力度。

5. 生态文明建设目标评价考核

为加快绿色发展，推进生态文明建设，规范生态文明建设目标评价考核工作，2016年，中共中央办公厅、国务院办公厅印发了《生态文明建设目标评价考核办法》，对各省、自治区、直辖市的党委和政府生态文明建设目标完成情况进行年度评价和目标考核。其中，年度评价按照绿色发展指标体系实施，该体系共包含资源利用、环境治理、环境质量、生态保护、增长质量、绿色生活、公众满意程度七大方面，共56个具体指标。采用综合指数法进行测算："十三五"期间，以2015年为基期，结合"十三五"规划纲要和相关部门规划目标，测算全国及各地区绿色发展指数和公众满意程度。其中，绿色发展指数采用资源利用、环境治理、环境质量、生态保护、增长质量、绿色生活六大方面的55项指标计算而成。目标考核参考生态文明建设目标体系，该体系包含资源利用、生态环境保护、年度评价结果、公众满意程度、生态环境事件五大方面，共23个具体指标。

考核结果经审定后向社会公布，作为各省、自治区、直辖市党政领导班子和领导干部综合考核评价、干部奖惩任免的重要依据。对于成效突出的，通报表扬；对于考核不合格的，通报批评，约谈并限期整改。对生态环境损害明显、责任事件多发地区的党政主要负责人和相关负责人（含已经调离、提拔、退休的），进行责任追究。[1]

---

〔1〕 中共中央办公厅、国务院办公厅《生态文明建设目标评价考核办法》（2016年12月2日施行）。

6. 领导干部自然资源资产离任审计

为推动领导干部树立和践行绿色发展理念，坚持节约资源和保护环境的基本国策，推动形成绿色发展方式和生活方式，2017 年中共中央办公厅、国务院办公厅印发了《领导干部自然资源资产离任审计规定（试行)》，对地方各级党政主要领导干部和承担自然资源资产管理和生态环境保护工作部门（单位）的主要领导干部贯彻执行中央生态文明建设方针政策和决策部署情况，遵守自然资源资产管理和生态环境保护法律法规情况，自然资源资产管理和生态环境保护重大决策情况，完成自然资源资产管理和生态环境保护目标情况，履行自然资源资产管理和生态环境保护监督责任情况，组织自然资源资产和生态环境保护相关资金征管用和项目建设运行情况，以及履行其他相关责任情况等 7 个方面进行审计。

各地根据中央决策部署，开展了离任审计的试点，制定出台了相关的审计办法、实施意见和操作指南，进一步明确审计内容、步骤和具体的指标。这对开展国有自然资源资产管理评价，包含指标体系构建、评价步骤、组织实施、结果应用等提供了有益参考。

7. 监督实施国土空间规划

为了将主体功能区规划、土地利用规划、城乡规划等空间规划融合为统一的国土空间规划，实现“多规合一”，强化国土空间规划对各专项规划的指导约束作用，2019 年中共中央、国务院发布了《关于建立国土空间规划体系并监督实施的若干意见》，明确了依托国土空间基础信息平台，建立健全国土空间规划动态监测评估预警和实施监管机制。上级自然资源主管部门要会同有关部门组织对下级国土空间规划中各类管控边界、约束性指标等管控要求的落实情况进行监督检查，将国土空间规划执行情况纳入自然资源执法督察内容。健全资源环境承载能力监测预警长效机制，建立国土空间规划定期评估制度，结合国民经济社会发展实际和规划定期评估结果，对国土空间规划进行动态调整完善。

第三节　我国全民所有自然资源资产权益实现的试点实践情况

为了进一步探索全民所有自然资源资产权益实现，我国近年来在自然资源资产管理体制、编制自然资源资产负债表等方面进行有益的试点。

一、国家自然资源资产管理体制试点，为权益实现提供体制保证

自2014年国务院《关于支持福建省深入实施生态省战略加快生态文明先行示范区建设的若干意见》发布起，针对国家自然资源资产管理体制进行了一系列试点：2015年《建立国家公园体制试点方案》公布，同年发布了《三江源国家公园体制试点方案》；2016年发布了《东北虎豹国家公园体制试点方案》；2017年《国家生态文明试验区（江西）实施方案》和《国家生态文明试验区（贵州）实施方案》公布。

1. 探索了不同模式的管理体制

一是虎豹公园模式。中央直接行使全民所有自然资源资产所有权，试点期间具体由原国家林业局承担，实行两级管理体制。组建东北虎豹国家公园国有自然资源资产管理局，与原国家林业局驻长春森林资源监督专员办事处合署办公，其下一级管理机构分别在相关林业局（县处级）加挂牌子。二是三江源模式。由国务院委托青海省人民政府行使全民所有自然资源资产所有权，实行两级管理体制。在省级层面组建了三江源国家公园管理局（正厅级），其为青海省人民政府的派出机构，并加挂三江源国有自然资源资产管理局牌子，其下一级组建了长江源（可可西里）、黄河源、澜沧江源三个园区管委会（县处级）。整合了属地县政府的国土、环保、林业、水利、农牧等部门及相关执法、保护机构，统一设立下辖于园区管委会的生态环境和自然资源管理局、资源环境执法局、生态保护站，属地政府相关部门不再设立相应管理机构。三是福建模式。探索不同层级政府代理行使全民所有自然资源资产所有权，试点期间实行省、市两级管理体制。省层面成立了正厅级的国有自

然资源资产管理局，选择南平市作为试点市成立了南平市自然资源资产管理局。

2. 梳理了所有者职责的事项内容

福建省将所有者职责界定为清产核资、制订保护利用规划、资源资产出让管理、收益管理等，在省级层面明确了原国土资源局、农业局、水利局、原林业局等省直部门交由省国有自然资源资产管理局统一承担的所有者职责事项清单。虎豹公园提出，所有者职责包括制订规划、清产核资、出让管理、收益管理、保护地管理、出资人职责、生态保护修复、实施生态补偿、统筹资源配置、统一标准规范、推进全民共享等11项内容，并与黑龙江、吉林两省政府协商提出了所有者职责事项清单。三江源公园则全面承担了属地自然资源管理工作的全部职责，所有者职责与行政管理工作完全重合。

3. 与属地政府协商移交所有者职责事项，明确与行政管理的衔接方式

福建省在试点方案中明确了省国有自然资源资产管理局与国务院有关部委、试点设区市国有自然资源资产管理局、未试点设区的市自然资源资产管理部门以及省直有关自然资源资产监管部门的关系。虎豹公园计划按照与黑龙江、吉林两省协商提出的所有者职责事项，陆续接收相关职能工作，并得到中央机构编制委员会办公室批准同意；目前，与黑龙江省的移交工作已基本完成，与吉林省的移交工作正在抓紧推进。三江源公园已全面整合了属地县级人民政府的相关职能部门。

二、生态环境损害赔偿制度改革试点，为权益保护提供经验[1]

党的十八届三中全会明确提出对造成生态环境损害的责任者严格实行赔偿制度。2015年中共中央办公厅、国务院办公厅制定了《生态环境损害赔偿制度改革试点方案》（已废止），明确了五部分内容：一是明确了总体要求和目标。《生态环境损害赔偿制度改革试点方案》（已

[1] 生态环境部办公厅《关于印发生态环境损害赔偿磋商十大典型案例的通知》（环办法规函〔2020〕222号，2020年4月30日施行）。

废止）确定 2015～2017 年选择部分省份开展试点工作，2018 年起在全国试行，到 2020 年力争初步构建责任明确、途径畅通、技术规范、保障有力、赔偿到位、修复有效的生态环境损害赔偿制度。二是明确了试点原则。《生态环境损害赔偿制度改革试点方案》（已废止）提出“依法推进，鼓励创新；环境有价，损害担责；主动磋商，司法保障；信息共享，公众监督”的试点原则。三是提出了适用范围。《生态环境损害赔偿制度改革试点方案》（已废止）适用于因污染环境、破坏生态导致的生态环境要素及功能的损害，即生态环境本身的损害。涉及人身伤害、个人和集体财产损失以及海洋生态环境损害赔偿的，分别适用《侵权责任法》（已废止）和《海洋环境保护法》等相关法律规定，不适用于本方案。四是明晰了试点内容。《生态环境损害赔偿制度改革试点方案》（已废止）提出 8 项试点内容：确定赔偿范围、明确赔偿义务人、确定赔偿权利人、建立生态环境损害赔偿磋商机制、完善相关诉讼规则、加强赔偿和修复的执行和监督、规范鉴定评估、加强资金管理。五是强调了保障措施。《生态环境损害赔偿制度改革试点方案》（已废止）要求试点地方加强组织领导，成立试点工作领导小组，制定试点实施意见；加强国家有关部门对试点的业务指导；加快建设国家技术体系；加大经费和政策保障；推动信息公开和鼓励公众参与。

自 2018 年全国试行生态环境损害赔偿制度以来，全国在办理生态环境损害赔偿案件中逐步形成了一批可供借鉴的经验和做法。2020 年生态环境部组织评选了“生态环境损害赔偿磋商十大典型案例”。这些案例分别为山东济南章丘区六企业非法倾倒危险废物生态环境损害赔偿案、贵州息烽大鹰田二企业非法倾倒废渣生态环境损害赔偿案、浙江诸暨某企业大气污染生态环境损害赔偿案、天津经开某企业非法倾倒废切削液和废矿物油生态环境损害赔偿案、江苏苏州高新区某企业渗排电镀废水生态环境损害赔偿案、湖南郴州屋场坪锡矿“11·16”尾矿库水毁灾害事件生态环境损害赔偿案、深圳某企业电镀液渗漏生态环境损害赔偿案、安徽池州月亮湖某企业水污染生态环境损害赔偿案、上海奉贤区张某等五人非法倾倒垃圾生态环境损害赔偿案、重庆两江新区某企业非法倾倒混凝土泥浆生态环境损害赔偿案。

1. 贵州息烽大鹰田两企业非法倾倒废渣生态环境损害赔偿案

2012 年 6 月，贵阳市某化肥有限公司（以下简称化肥公司）委托息烽县某劳务有限公司（以下简称劳务公司）承担废石膏渣的清运工作。劳务公司未按要求将废石膏渣运送至渣场集中处置，而是运往大鹰田村地块内非法倾倒，倾倒区域长约 360 米，宽约 100 米，堆填厚度最高约 50 米，占地约 66,666.67 平方米，堆存量约 8 万立方米。经鉴定评估，此次非法倾倒造成生态环境损害数额共计 8916 万元，其中应急处置费用 1342 万元，修复费用 7574 万元。

2017 年 1 月，在贵州省律师协会的参与下，赔偿权利人指定的部门贵州省环境保护厅与赔偿义务人化肥公司、劳务公司进行磋商，由化肥公司、劳务公司将废渣全部开挖转运至合法渣场填埋处置，对库区进行覆土回填和植被绿化。达成协议后，赔偿权利人和义务人共同向清镇市人民法院递交了司法确认申请书，经法院依法审查后裁定确认赔偿协议有效。此后，赔偿义务人按照协议对大鹰田村地块开展了生态环境修复，并于 2017 年 12 月前自行修复完毕。

该案是全国首例经磋商达成生态环境损害赔偿协议的案件，也是全国首例经人民法院司法确认的生态环境损害赔偿案件。其典型意义主要有：一是探索了磋商的机制，细化了磋商的工作程序，探索引入了第三方参与磋商，提升了磋商的可操作性。二是探索了司法确认制度，通过司法确认赋予了赔偿协议强制执行效力。三是探索了企业自行修复的做法，引导企业自行组织修复受损生态环境，积极履行环境修复责任。

2. 浙江诸暨某企业大气污染生态环境损害赔偿案

2017 年 4 月 11 日，诸暨市环境保护局会同当地公安局联合突击检查浙江某建材公司，发现该企业在在线监测设备的取样管上套装管子，并喷吹中和后的气体，将氮氧化物浓度由实际的 400 毫克/立方米左右降至在线监测设备显示的 250 毫克/立方米左右，通过干扰在线监测设备，达到“达标”排放的目的。该案为 2016 年最高人民法院、最高人民检察院《关于办理环境污染刑事案件适用法律若干问题的解释》实施后，浙江省查处的第一起大气污染物在线监测数据造假案件。经鉴定评估，该案造成的生态环境损害数额为 1104 万元。

2018 年 8 月 6 日，赔偿权利人指定的部门绍兴市环境保护局会同相关单位与赔偿义务人涉案企业开展磋商，达成以替代修复方式承担生态环境损害赔偿责任的协议，由赔偿义务人在其所在地开展替代修复，建设一个占地面积 6372 平方米的生态环境警示公园。该项目总投资 286 万元，其中赔偿义务人自愿追加 1756 万元赔偿金用于公园建设。修复项目由属地政府进行组织、监督管理、资金决算审计。2018 年 12 月 18 日，绍兴市中级人民法院出具民事裁定书对赔偿协议进行司法确认。2019 年 1 月 16 日，替代修复项目通过评估验收。

该案是生态环境损害赔偿制度改革启动以来，浙江省第一例大气污染损害赔偿案件，积极探索了大气环境损害替代修复的实践路径。其典型意义主要有：一是部门联合，协作推进。绍兴市环境保护局联合绍兴市财政局、绍兴市人民检察院等部门与赔偿义务人进行磋商，多部门协作推进，确保损害赔偿落实。二是严守底线，创新方式。磋商双方围绕赔偿方式、工程监管等焦点进行磋商，最终结合企业诉求，在属地政府监管和第三方资金审计模式下，由赔偿义务人自行委托第三方在当地以替代修复方式建设生态环境警示公园，赔偿权利人委托第三方对修复工程进行评估。三是长期警示，服务群众。这种替代修复模式，既弥补了违法企业对大气环境造成的损害，同时改善了企业所在地居民的生活环境，又起到长期警示作用，产生较好的社会效应，为生态环境损害赔偿工作取得实效进行了有益的探索。

3. 天津经开某企业非法倾倒废切削液和废矿物油生态环境损害赔偿案

2017 年 9 月 20 日，天津经济技术开发区环境保护局（以下简称原经开区环保局）对区内某企业进行现场检查，发现其厂区内西北侧草地上有一块形状不规则的油渍地面。随后，原经开区环保局会同公安机关共同调查取证，确认了该企业向厂区内草地倾倒废切削液和废矿物油的事实，依法对该企业进行查处，并同时将案件移送至公安处理。经鉴定评估，超过用地风险筛选值需开展修复的土壤面积约 240 平方米，体积约 360 立方米，涉及生态环境损害赔偿数额共计 1147 万元。

2019年7月11日，赔偿权利人指定的部门原经开区环保局与赔偿义务人涉案企业进行磋商，并达成赔偿协议。双方约定采用氧化技术进行原地异位修复，生态环境损害赔偿责任由赔偿义务人承担，包括鉴定评估报告明确的生态环境损害数额、该案相应支出的鉴定评估费、恢复效果评估费等。为确保协议顺利履行，赔偿权利人和义务人共同向天津市第三中级人民法院申请了司法确认。依据赔偿协议，涉案企业委托第三方机构对需要开展修复的土壤进行修复，并将受污染影响但未超过用地风险筛选值的土壤和地下水生态环境损失475万元缴纳至滨海新区财政非税收入专用账户。目前，土壤修复工作已基本完成，正在开展修复效果评估。

三、自然资源资产负债表编制试点，为评价考核奠定基础

2015年11月8日，国务院办公厅发布了《编制自然资源资产负债表试点方案》，并明确在内蒙古自治区呼伦贝尔市、浙江省湖州市、湖南省娄底市、贵州省赤水市、陕西省延安市开展试点工作。此后，北京市怀柔区、天津市蓟县（现为蓟州区）等地又被列入试点。该试点由统计局牵头负责。此外，还有不少地区自发开展了自然资源资产负债表的研制工作。

1. 浙江省湖州市在编制方法上的探索

探索编制自然资源资产负债表是湖州市生态文明先行示范区制度创新的重点任务之一。2014～2015年，湖州市开展自然资源资产负债表编制研究工作。其中，自然资源资产的核算范围包括土地、水和林木资源的实物量和价值量；环境核算重点包括大气环境、土壤环境和水环境的质量状况；生态核算包括森林、草地和湿地等自然生态系统的生态服务功能价值量。在编制方法上，湖州市采用“先实物后价值、先存量后流量、先分类后综合”的编制路径。具体来说，一是先实物后价值，基于湖州市的资源环境统计资料，首先建立资源、环境、生态三方面的实物账户；其次采用市场法等计量方法，构建对应于实物账户的价值账户，最终形成一张价值型的总表。二是先存量后流量，优先核算特定时点自然资源资产的数量和结构，进行存量核算；再针对核算期内资源资产变

动进行流量核算。三是先分类后综合，按照自下而上的方式，首先就资源、环境、生态三方面的各细目指标进行核算，然后加总得到综合核算账户，最后汇总形成总表。在负债表的表式结构上，湖州市采用由“总表—主表—辅表—底表”组成的“自下而上”式的报表体系。总表全面反映核算期内自然资源资产和负债的规模、构成及变动情况，揭示自然资源的使用状况及其对生态环境的影响。主表包括自然资源核算表、环境核算表和生态核算表三大类，这三类表均有实物量和价值量两种形式，共计6张表。辅表是自然资源、环境质量与生态功能三方面的分类核算表，有实物和价值两种形式，共计72张表格。底表是翔实记录资源、环境、生态本底状况的基础性账户，大多为实物型账户，将近百余张表，表式结构不固定。[1]

2. 河北省承德市在报表体系上的探索

承德市是全国首批生态文明先行示范区之一。2015～2016年，承德市人民政府对2010～2013年的土地资源、水资源、森林资源和矿产资源等主要资源类别研究编制资产负债表，在此基础上，加总形成承德市自然资源资产负债表。并通过承德市环境与生态综合核算表来反映区域全部的生态环境损益。承德市编制了一套由1张总表、4张分类表和2张扩展表以及47张辅助表构成的2010～2013年承德市自然资源资产负债表。负债表的报表体系由总表、分类表、扩展表以及辅助表构成。总表综合反映核算期承德市自然资源资产和负债的规模、构成，以及变动情况，由分类表汇总产生。分类表由各类自然资源的辅助表汇总统计产生。辅助表由各类自然资源资产和负债的数量、质量、存量和流量状况的实物量与价值量核算生成，其中负债包括资源过度消耗、环境损害、生态破坏，分别进行实物量和价值量核算。扩展表分别产生自承德市环境综合核算与生态综合核算。其中实物量核算，所需数据主要依托于相关业务部门的统计和监测数据，并辅以实地调查资料，核算过程中参考综合环境经济核算体系，采用账户形式，从数量到质量、从存量到流

[1] 参见闫慧敏、封志明、杨艳昭等：《湖州/安吉：全国首张市/县自然资源资产负债表编制》，载《资源科学》2017年第9期。

量，分类计算各类资源资产的数量、质量、存量、流量等消耗状况，分类计算大气环境、水环境和土壤环境等各类环境污染物排放和环境质量状况，以及森林、草地和湿地等自然生态系统不同生态功能。价值量核算，具有市场交易的自然资源均采用市场价格法进行核算；在不具备成熟市场交易的情况下，采用间接方法。土地资源资产的核算采用基于质量因子和产量因子修正的基准地价修正法；水资源资产核算采用由自然因素、经济因素和社会因素共同作为影响因子的模糊评价法；林木资产采用林木资源的交易价值法；矿产资源资产采用矿产品交易现价法。环境损害价值量核算采用虚拟治理成本法核算；生态系统服务功能核算参考相关行业标准，在明确每项生态功能价值参数的基础上进行核算。各类自然资源的负债分别采用上述自然资源资产、环境损害和生态系统服务功能的价值量核算方法对其进行计算。[1]

3. 福建省探索建立自然资源资产负债表相关标准

2016 年中共中央办公厅、国务院办公厅印发《国家生态文明试验区（福建）实施方案》，提出探索编制自然资源资产负债表。福州市以连江县为试点开展自然资源资产负债表编制研究。连江县核算了陆域资源和海域资源，并在此研究成果的基础上，先行推动制定“福建省自然资源资产评估技术规范通则”“福建省自然资源资产负债表编制技术规范通则”“福建省海洋水域资源资产价值评估标准”“福建省海洋水域资源资产负债表编制标准”四个标准，但上述标准并未出台。试点过程中形成了包括实物量表、质量表、价值表、负债表和流向表在内的 5 大类表体系，共 87 张表。项目成果包含 6 个研究报告、4 套体系（负债表框架体系、价值核算体系、质量价格体系、负债评估体系）、3 个方案（台账填报方案、数据采集方案、资本化实施方案）、1 个资源资产核算管理平台（含手册）、9 个技术指南（1 个负债表编制通则 +8 个自然资源核算技术指南）、3 个资本化技术导则、2 个资本化案例（包含 3 个资本化设计产品）。同时还形成了“5 +9 +2”的自然资源资产评估技术

---

〔1〕参见杨艳昭、封志明、闫慧敏等：《自然资源资产负债表编制的“承德模式”》，载《资源科学》2017 年第 9 期。

体系："5"为连江县自然资源资产存量表、质量表、价值表、负债表、流向表5大类87张负债表框架体系，"9"为9个自然资源资产核算技术指南即1个自然资源资产核算总则和8个单项自然资源资产核算指南，"2"为2个自然资源资产数据采集和管理文件；形成了从数据获取到模型评估的全过程方法指引。此外，还建立了宏观统筹连江县陆海资源、反映自然资源各种状态的自然资源资产负债表体系，构建了反映各类自然资源资产价值的价值核算体系与质量价格体系，搭建了自然资源资产信息"一张图"数字化管理平台，核算完成了连江县自然资源资产状况。建立自然资源资产负债表编制技术体系，包括自然资源资产负债表框架体系、价值核算体系、质量价格体系、数据采集方案、台账填报制度及系列技术标准等自然资源资产负债表系列成果。构建自然资源资产数据管理平台，实现自然资源统计分析、自然资源价值核算、自然资源价值空间查询与展示，为自然资源在线管理提供便捷工具。

第四节　我国全民所有自然资源资产权益实现中存在的主要问题

一、自然资源资产家底不清，评价制度不健全

1. 自然资源数据整合共享不够，基础数据不统一

我国目前自然资源采取分部门调查普查的机制，由于存在调查标准、调查方式等差异，并缺乏共享互通，导致数据不一致、重复调查，给自然资源的管理带来很多矛盾和问题。如原国土资源部公布的全国林地面积与原国家林业局公布的全国森林面积不一致。数据无法得到整合，使自然资源的数量和质量变化不能得到准确的记录，进而使以数量和质量为基础的自然资源资产价值无法有效地核算，自然资源的动态预警监管制度就不能有效地建立。

2. 自然资源评价侧重分布、数量、质量评价，少了资产、生态评价

我国目前自然资源停留在"资源层次"的评价，对资产评价和生态评价涉及较少。如我国自然资源部对耕地的评价主要是对农用地分等定级，但对耕地的经济和生态价值评价还停留在研究层面；我国水资源评

价也仅停留在数量及其时空分布评价上；森林资源评价虽涉及资产价值评估，但生态价值评估也停留在研究层面。

3. 缺少自然资源综合性评价

根据资源调查评价对象可分为单项资源调查评价和综合性的资源调查评价。单项资源调查评价只对单一资源进行调查评价，不涉及其他资源；综合性的资源调查评价是针对一个地区或者整个国土范围进行的全部资源评价。目前，我国开展的自然资源调查评价工作多为单项资源调查评价，如土地资源调查评价、水资源调查评价、海洋资源调查评价等，针对性和实用性强，有广泛的应用价值；但对于自然资源而言，不同自然资源存在的相关性决定了自然资源是一个相互依存的统一整体，需要针对整个国土范围进行自然资源综合性评价。

二、自然资源资产权益主体不清晰，边界不明确

1. 自然资源资产权益主体缺位

自然资源所有权主体缺位，国务院代表国家行使自然资源资产占有、使用、收益和处分的权利，但没有进一步明确由哪级政府和哪个部门代理，国家所有权受到条块的多元分割，国家作为资源所有者代表的地位模糊，无偿（或低价）、无度、无序开发利用，国家所有者权益难以落实。现代产权理论认为，产权的核心不在于产权的最终归属，而在于通过所有者与使用者之间的权利分割与权益界定，明晰产权，规范行为，实现社会生产资源的优化配置。

环境污染问题带来的生态补偿，在实践中往往存在操作上比较困难的问题。因为生态补偿主体、对象及其服务价值必须以界定产权为前提，产权不够明晰会制约生态补偿机制的建立。自然资源资产权益制度的缺失导致了生态补偿规定中对各利益相关者的权利、义务、责任界定及对补偿内容、方式和标准规定不明确。补偿是多个利益主体（利益相关者）之间的一种权利、义务、责任重新平衡过程，实施补偿首先要明确各利益主体之间的身份和角色，并明确其权利、义务和责任内容。目前，自然资源资产权益体系尚未对自然资源利益相关者的权利、责任、义务作出实质性规定，强制性补偿要求少而自愿补偿要求多，各利益相

关者无法根据法律界定自己在生态环境保护方面的责任、权利、利益关系，使得生态环境保护陷入“公地悲剧”。自然资源资产权益权利体系不健全，权利主体及其权利、责任不明确，造成我国目前生态补偿的市场模式缺失。

2. 所有者权益不落实，缺乏有效监督

从资产处置来看，中央、省、市、县各级都在行使相关职责，许多资源由基层政府直接配置，但缺乏系统的评价考核制度。中央对于各级地方实际行使所有者职责行为中的越位、缺位甚至浪费破坏自然资源的行为，缺乏监督制约机制。从收益征缴和分配方看，有的由省征缴，有的由市、县征缴，有的由经营单位征缴，有的甚至没有征缴；有的在中央和省两级之间分配，有的在中央、省、市、县四级分配，有的只在地方分配；分配比例也各不相同，缺乏统一规则，没有充分体现所有者权益。从责任追究看，由于所有者职责与监管者职责交织，以往的监管更多是站在监管者的角度进行责任追究，较少体现所有者职责的监督，如查处低价出让等。党的十八大以来，虽然有关部门陆续开展了领导干部自然资源资产离任审计等探索，但这些探索还有待进一步深化、应用。[1]

3. 所有权和监管权混淆

国家行使所有权管理与国家行使监管权是不同的。但是在现行自然资源体制中，国家所有权不得不委托地方政府、各类自然资源的管理部门实施管理，造成了各部门既是国有自然资源行政监管者，也是国有自然资源资产权益所有者的混乱局面。有些地方政府为了获取资产收益而忽视资源与生态环境保护，还有些地方政府甚至借助行政权力干预正常的资产出让和转让。行政监管与资产管理混为一体、缺乏分离，导致自然资源资产所有者权益受损，市场在资源配置中的作用难以发挥。

4. 所有权委托代理权利的内容和实现形式尚未厘清

中共中央办公厅、国务院办公厅《关于统筹推进自然资源资产产权

---

〔1〕 参见张玉梅：《关于完善我国矿产资源资产国家所有者权益管理的思考》，载《国土资源情报》2020 年第 4 期。

制度改革的指导意见》明确了自然资源资产国家所有权在横向、纵向上主要采用授权和委托代理的方式实现，但需要解决的核心问题是委托代理行使如何实现。难题是在既有的行政体制基本框架（不限于行政体制）下，如何行使一种不同于监管权（行政权）的、具有“民法意义的所有权”并同时“进行管理”。产生上述难题的原因在于：一是政策层面所有权指代不明确。政策层面所谓委托代理行使中“分级”一词的出现，表明这里的所有权指代并不明确；虽然后来变更为“委托代理行使”，在一定程度上明确了委托代理行使的权利性质，但具体内容仍然存在较大弹性。这直接导致诸如委托代理行使的到底是什么权利，以什么样的方式委托代理，在既有的行政体制下，脱离管理权后如何体现所有权（行使方式）等难以解决的理论问题。二是试图用一种关系解决所有问题。在委托代理行使这一概括性称谓下，从法律关系的角度看，其所包含的法律关系并不单一，很可能包含了复杂的多重关系。[1]

5. 自然资源公权特征明显，私权比较缺乏

从我国自然资源资产权益结构可以看出，自然资源资产权益市场运行还停留在“公权”市场阶段，自然资源多是通过行政手段进行管制，私权还比较缺乏，只存在某些自然资源个别部分的个人所有权，如个人承包集体的荒地植树造林，取得该森林林木的所有权但却不包括林地的所有权。对于滩涂、湿地、山岭等自然资源，法律中仅规定了其所有权和保护、管理的主体，对其他权利并没有规定，“私权”进入和交易仅局限于一些狭小的空间。

三、自然资源资产权益价值无法有效实现

1. 自然资源资产有偿使用不到位

国有自然资源有偿出让范围有待进一步扩大。除国有建设用地、矿业和海域外，其他多数资源资产都未实现真正意义上的有偿出让，亟待扩大有偿出让范围。已实现有偿出让的土地，仍需进一步扩大有偿范

---

〔1〕 参见陈静、陈丽萍、郭志京等：《自然资源资产国家所有权实现方式探讨》，载《中国土地》2020年第1期。

围。非公益性用地划拨出让情况依旧大量存在，低价出让甚至减免出让金的现象依然较普遍。未建立科学的自然资源资产定价机制，不能真实反映市场供求关系。土地价格"一高一低"——经营性用地价格过高、工业用地价格过低，矿产中介服务机构有待进一步发展，林权评估制度不健全，海域使用权尚未建立一套行之有效的评估机制。

2. 可交易的产权权利类型有限

我国目前以法律形式安排了几种自然资源使用权的交易，包括土地使用权转让，探矿权、采矿权转让，森林、林木、林地使用权转让，海域使用权转让。虽然相关法律已经明确一些使用权可以交易，但也规定了交易不能谋利，如现行《矿产资源法》就规定探矿权、采矿权可以交易但不能谋利。当前法律上的安排极大地限制了经济发展上的需求，也严重阻碍了自然资源资产权益制度的市场化步伐。

3. 自然资源资产权益价格体系不完善

产权交易制度的核心是价格制度问题。自然资源定价方式不合理是资源产品低价、价格体系扭曲的根源。自然资源资产权益价格体系的缺陷突出表现在自然资源价格成本构成和价格形成机制两个方面。一是自然资源价格成本构成不完全。目前，我国自然资源的取得成本一般都只包括资源的直接开采成本，而像矿业权有偿取得成本、环境治理和生态恢复成本等尚未体现，形成不完全企业成本。二是当前自然资源资产权益的资本化体系尚不健全，产权的价格显化途径尚不畅通。这导致自然资源资产权益交易市场化程度偏低，即使有偿交易部分，权力部门也处于双重垄断地位，从而导致利益分配的扭曲。[1]

4. 自然资源资产市场配置机制不完善

自然资源资产价格形成机制不健全，供求机制和竞争机制不完善，市场配置资源的决定性作用难以充分发挥。

（1）自然资源资产权益流转不顺畅

现行法律对自然资源资产权益流转严格限制：有的禁止流转，少数自然资源使用权可以交易但不能谋利，一些法律允许的自然资源使用权

---

〔1〕参见高胜寒：《基于理性选择制度主义的自然资源产权交易制度分析》，载《湖北农机化》2020 年第 3 期。

交易尚未落实且尚未具备产权交易的基本条件。自然资源资产权益交易市场发育程度较低，交易实现载体——统一的产权交易市场尚未建立。产权流转主体不够丰富，准入制度、竞争规则、流转途径以及退出机制还很不完善。政府在自然资源资产权益流转中还存在过度介入的情况，限制了市场在资源配置中决定性作用的有效发挥。

（2）自然资源资产权益市场发育不健全

自然资源资产权益交易市场在我国发育历史还不长，其运行尚未摆脱较强的公权特征，私权交易自然资源资产权益仅局限于部分领域，整体意义上的自然资源资产权益市场并未真正发育起来。草原使用权大多在亲属之间流转，流转范围狭窄，且草原使用权流转中普遍存在如口头协议、流转价格低、流转之后过度放牧、改变草原原有用途等问题。矿业权交易过程中出现的矿业权出让不规范、转让中存在“炒矿”现象，政府在矿业权市场中的职能定位不明晰、矿业权价格形成机制不合理、改革措施未完全到位、中介服务不完善、法律制度不完善等问题。

（3）自然资源资产权益交易信息严重不对称

我国自然资源市场的信息失灵问题尤为突出，这在我国矿业权交易中表现得更明显。矿产资源多埋在地下一定深度，矿区的分布也是不均衡的，矿产的品质与储量、开采的难度等相关信息难以获取。由于信息的不对称，矿业权价值的确定难度随之上升，相应的矿业权交易费用也偏高。例如，将矿产资源的储量与前期预测予以一定程度的夸大，或对品质进行虚假预测，或“人为”制造降低开采难度的事实等。这导致即便是受让方发现转让方的欺骗事实，但由于虚假事实难以得到证实，转让方受到惩罚的可能性随之降低，严重损害了市场机制本应具有的效率机制。[1]

四、自然资源资产监管基础工作薄弱

1. 自然资源资产统一监管的标准缺失

在我国的现行法律体系中，对自然资源资产统一监管的法律较少，

〔1〕 参见高胜寒：《基于理性选择制度主义的自然资源产权交易制度分析》，载《湖北农机化》2020 年第 3 期。

各类自然资源的分类管理制度安排不一致，如土地督察制度、森林资源督察制度各自监管一类资源，不利于实现统一的国土空间用途管制，也不利于自然资源投资、开发、利用、保护统一市场的建设。在以往，各类自然资源的监管标准不同，法律依据也不同，即便是同一类自然资源，由于监管部门的不同，各自所依据的监管标准也有所区别。这种法律制度上的欠缺，使监管依据不够扎实，直接影响监管部门对自然资源资产实施统一监管的效果。

开展自然资源资产统一监管工作，核心基础要在调查、登记、用途管制等方面有统一的标准，否则统一监管将面临实施困难，监管目标难以实现。这方面的问题主要表现在：一是资源调查没有统一。对于矿产、国土、森林、水流、海洋等自然资源而言，各自分类标准冲突，也必然造成各部门调查的数据结果发生冲突。二是确权登记没有统一。自然资源资产所有权、使用权从法律性质来看，在《民法典》中属于不动产物权，必须登记才能够产生物权变动的法律效果。《民法典》中对于自然资源资产产权的登记机关并没有规定，其他法律规范中虽有规定，但登记机构并不一致，这导致了自然资源在物权变动时会发生认定上的困难。三是用途管制没有统一。对于自然资源资产的用途管制，长久以来是各管各事，并没有实现由统一的机关监管，而资源用途管制与资产统一监管是相辅相成的，缺一不可。从上述几点来看，自然资源资产统一监管的工作基础不足导致了监管工作推进困难。[1]

2. 自然资源统一规划监管措施缺失

规划的科学是最大的效益，规划的失误是最大的浪费。规划科学是基础，如果这个规划不科学，很难达到实施的权威性。严格监管则是保证规划落地的重要保障。常有“规划规划，墙上挂挂”，还有“政府一换届，规划也就跟着换届了”等说法，这些说法主要反映了现实中规划落地困难、朝令夕改等问题。

---

〔1〕 参见郭琳琳：《自然资源资产统一监管权及其法律边界》，载《国土资源情报》2018年第11期。

3. 自然资源资产统一监管平台缺失

当前，自然资源资产统一监管的手段和方法尚不能有效满足监管的实际需要，主要表现为：一是统一监管平台并不完善。建立统一的监管平台对于自然资源资产统一监管是必需的。虽然各类自然资源可以统一在一个国土空间领域之内，但由于当前统一监管平台尚不完善，要在一个国土空间管理平台上实现资产的统一监管难度相当大，主要是各类自然资源资产的使用主体与使用方法都有所不同，专业领域也有所差异，监督管理的手段和方法也会有所区别；这个统一平台既要依据各类资源的监管特点监管，又要设置一个标准来统一。二是缺乏各类自然资源资产开发利用和产权信息披露制度。当前，各类自然资源资产监管部门与监管对象严重的信息不对称，既不利于政府监管，也不利于社会监督。三是自然资源资产监管体系建设尚未成形，单一的政府监管是不足的，还需要社会监督、公共监督、民主监督等方式发挥作用，从而使自然资源资产统一监管的规范性得到有效保障。这是因为，自然资源资产具有多重效益，开发利用所产生的影响不是单一的，需要社会共同参与监管。同时政府职能部门监管行为也是被监督的对象，当前自然资源各职能部门对自然资源资产的监管也相对是“划地而治”，管理过程中疏于管理、松散式管理、过度管理等现象非常普遍。虽然说自然资源资产监管在各自领域之内都有上级机关对行政管理部门的监管活动进行监督，但是这种监督往往都是通过业务考核实现的，并没有对管理部门过度干预自然资源资产使用者的利益等情况给予较好的监督，这是法律监督权并没有充分行使的表现，因而自然资源资产监管的过程会出现诸多异常现象。

五、自然资源资产权益保护不到位

1. 产权保护重经济价值，轻生态价值

自然资源的开发利用注重资产价值的发挥，而忽视产权的生态价值，导致自然资源生态保护不足。为此，国家已开始推行生态补偿机制，目前多以中央、地方政府为主导实施。由于生态补偿涉及的自然资源种类较多，面积较广，资金渠道以中央财政转移支付为主，国家或地方的财政压力较大，变相地阻碍了我国生态补偿的市场发育。

2. 产权保护救济机制未有效建立

由于所有权人不到位，受经济利益驱动，自然资源管理中“重开发，轻保护”、资源保护制度落实不到位、资源利用总体粗放的现象在一些地区还普遍存在，这导致我国自然生态环境破坏严重，环境损害得不到及时修复。

第三章　国外自然资源资产权益实现机制

第一节　国外自然资源资产权益实现机制概述

为了更好地研究自然资源资产权益的实现，本书收集和研究了美国、俄罗斯、日本、德国等国家自然资源资产权益实现的经验和方法。从相关国家自然资源资产的特点来看，美国在自然资源产权体系和市场化方面比较完善，俄罗斯自然资源储量多，日本自然资源比较稀缺，德国在自然资源资产方面的改革起步较早。

一、美国的经验与做法

（一）自然资源基本情况

美国位于北美大陆中部，是国土资源大国，煤、石油、天然气、铁、钾、磷酸盐等矿产储量居世界前列。

美国是联邦制国家，各州有相对较大的权力，有独立的行政权、立法权和司法权。从土地的类型来看，美国的土地由私有土地、联邦土地、州政府土地和印第安人保留地共同组成，以私有土地为主的情况决定了美国的产权制度体系更倾向于注重私权的保护。任何人使用不属于自己的土地，都必须购买其所有权或使用权，都必须付费，即使是联邦政府也不例外。联邦政府若使用属于州政府的土地，必须征得州政府同意并通过购买而取得，任何单位和个人使用或开发不属于自己的土地，都需要有偿付费。私人和企业要在公共土地（联邦土地）上开采资源，首先应向有关部门（内政部土地管理局）申请租地，缴纳土地资金和矿产资源费等。在美国，开采和利用自然资源须持有许可证，如开采矿产资源需持有采矿许可证，砍伐森林须持有砍伐许可证，草地放牧需持有放牧许可证，开发海洋需持有海洋开发许可证。[1]

（二）自然资源资产权利体系

1. 自然资源资产权利所有制

土地资源占用、使用和确权登记是美国自然资源资产权益管理的核心。美国的土地所有制形式分为私人所有、州政府所有、联邦政府所有3种；土地所有权分为地下权（包括地下资源开采权）、地上权和空间权（包括建筑物加层发展和近空通过权）。这3种权利可以分别转让。一般情况下，政府对私人土地如何利用、买卖不加干预。凡法律承认的私人土地，在县政府进行登记；土地所有者出卖土地所有权时，进行变更登记即可使权属实现转移。政府对私人土地的管理，主要是登记收费和规划引导。美国所有的州都通过了土地登记相关的法律，但各州的规定存在差异。这些法律要求对不动产所有权转移、不动产抵押、抵押品转让、抵押契约清偿和置留物归还等，都必须进行登记。登记的目的主要是防止欺诈和以官方权威的公示方法来保护所有权。在美国，大约超过2/3的州采用了所有权登记制度，纽约等11个州施行的是托伦斯登记制度。

按照美国的相关法律，地下矿产资源一般与其上的土地一起归属于土地所有者。目前，美国联邦政府拥有283万平方千米的土地及其地下的矿产资源所有权，州拥有141万平方千米的土地及其地下的矿产资源所有权，印第安部落拥有36万平方千米的土地及其地下的矿产资源所

---

〔1〕参见洪旗、陈华飞：《差异化产权制度 多元化生态管护——国外自然资源管理模式概览》，载《资源导刊》2018年第6期。

有权，私人拥有470万平方千米的土地及其地下的矿产资源所有权。联邦政府、州政府和私人分别对属于其土地的矿产开发进行管理，管理边界和权限都很明确。联邦政府主要负责制定矿产资源战略、确立竞争规则和维护资源的可持续开发，其还负责联邦所有土地内矿产资源的勘查、开发。州政府负责州所有土地和私人所有土地内矿产资源的勘查和开发。私营企业通过参加政府公开招标租售程序获得矿产开发和生产权，政府不直接干预私营企业的生产和经营。[1]

2. 自然资源资产权利管理制度——以国家公园为例

美国国家公园理念已经为全世界100多个国家所普遍接受，并在1200多个国家公园和保护地中贯彻实施。国家公园通常都是大面积的自然区域，拥有丰富的资源类型，有时也有一些重要的历史资产，国家公园是自然保护区的一种形式。

国家公园的产权体系构成需要保障与促进国家公园的利用需求。由于美国土地资源权属包含联邦政府、州政府、私人，故美国实行所有权与经营权分离，国家公园也因此形成多元化的产权主体。国家公园系统内的土地，出于资源与环境保护等方面的公共目的，不允许实行多功能利用，其在保护国家的自然文化遗产和环境的前提下以为全国人民提供观光机会为主，因此不像州立公园等其他地方建设较多的旅游服务设施。

管理权人为国家公园管理局。1916年美国依法在内政部设立国家公园管理局，该机构专门负责全国的国家公园事务。国家公园管理局为中央管理机构，下设7个地区局，分片管理；各国家公园设有公园管理局，具体负责本公园的管理事务。国家公园管理局、地区国家公园管理局和公园管理局三级管理机构实行垂直领导，与公园所在地的地方政府没有业务关系，国家公园管理局代表国家直接管理全国国家公园的行政、规划建设、业务技术、旅游经营、人事任免等事宜。

使用权人（经营者）为国家公园管理局通过特许承租的企业或个

---

〔1〕 参见孙婧、侯冰、余振国：《山川河流共护　资源权益共享——国外自然资源调查登记和国家公园管理经验》，载《资源导刊》2019年第4期。

人，公园的餐饮、住宿等旅游服务设施及旅游纪念品的经营必须以公开招标的形式征求经营者，国家公园管理局对经营者的经营权仅仅限于副业——提供与消耗性地利用遗产核心资源无关的后勤服务及旅游纪念品，同时经营者在经营规模、经营质量、价格水平等方面必须接受管理者的监管。

3. 自然资源征收制度——以国家公园为例

美国实行公私兼有的多元化土地所有制，土地资源分属联邦政府、州政府、私人和公益机构。美国法律规定政府拥有征用土地优先权。美国内政部代表联邦负责管理部分联邦的土地及其地下矿产资源并行使所有权，如国家公园、国家纪念物、历史古迹、自然保护区等。因此，对于美国国家公园自然资源资产权益登记的讨论，主要集中在土地资源权属的处理方式和处理过程上。

具体来看，美国国家公园土地资源获得方式分为征收和保护地役权转移两种。其中，征收是美国国家公园管理局获取国家公园内非联邦所有土地所有权的最佳方式，以实现其对该区域范围内自然资源和文化资源的有效管理。国家公园管理局根据相关部门颁布的土地交易和评估政策，向国会申请开展征收事宜，经国会同意征收程序才可以启动。征收过程中，政府方要依据相关标准以市场价格评估被征收土地，以“最高且最佳用途”为考量标准制定土地征收价格。同时，政府方要向被征收方送交评估报告、提出补偿价金要约，并召开公开听证会，说明征收的必要性和合理性。如果被征收方对政府征收提出怀疑或者反对，可提出司法诉讼，迫使政府放弃征用行为；如果政府和被征用方在补偿数额上无法达成协议，通常由政府将案件送交法院处理。

在国家公园土地所有权的取得过程中，存在所有权人拒绝将土地财产转让给国家公园管理局的情况。这种情况下，只能尊重所有权人的意愿，用合作协议的方式对未取得所有权的预划入国家公园土地资源进行保护监督。也就是采取所谓的“保护地役权转移”方式，获得土地资源使用权。通过土地发展权转移，将这块土地进行非农开发的权利通过市场机制转移到另一块土地上，使该地所有权人因设立国家公园而受限制的权利得到补偿。通过这一方式，土地仍归原所有权人所有，但其开发利用受到了限制。[1]

（三）自然资源有偿使用

1. 美国水权交易制度

美国中西部已建立起世界上最发达的水权交易市场以及水市场。水权市场的交易对象是永久性水权、季节性水权、合同水权、临时水权。作为私人物品，水权交易主要是取水权交易，且以私有水权交易为主。加利福尼亚州《水法》规定，水归人民集体所有，个人和实体只有水使用权，因此美国水权交易的实质是水使用权。美国许多州都对水权设计了精细的许可证，具体包括用水量、取水时间、地点、用水方式、设备、数量及用途等内容，为建立水市场奠定了基础。[2]

2. 矿产资源有偿占用制度

美国按矿产实际开采量作为征收费用的对象。此种模式，按计征方法不同分为三种类型：（1）固定租费。资源所有者将采矿权以一固定金额出售给采矿者，可分期收回，亦可一次收回。这种费用水平与采矿者的条件（投资规模、投资收益）均无关系。这种收费形式通常是根据矿山的估算价值采用拍卖（招标）的办法，适用于小规模矿山。（2）按量计算的矿区使用费。按产出、售出或使用的矿物单位实物量征收的费用，通常以吨作为计量单位。这种方法主要用于工业矿物、煤炭及其他地质构造简单、产品价格低的常见矿产。按量计算的矿区使用费征收方法未考虑市场供求状况、价格、市场盈利水平变化因素，管理、征收比较简单。（3）按价计算的矿区使用费。按生产或采出的矿物价值（价格）征收一定比例的费用。此方法是目前使用最普遍的矿产资源有偿占用征费方式。由于考虑到了价格因素，按价计算法管理比按量计算法复杂，征费时还要规定计费地点和计费价格；对所有者来讲，管理风险也比较大。[3]

---

〔1〕 参见孙婧、侯冰、余振国：《山川河流共护　资源权益共享——国外自然资源调查登记和国家公园管理经验》，载《资源导刊》2019 年第 4 期。

〔2〕 参见魏衍亮、周艳霞：《美国水权理论基础、制度安排对中国水权制度建设的启示》，载《比较法研究》2002 年第 4 期。

〔3〕 参见沈莹：《国外矿产资源产权制度比较》，载《经济研究参考》1996 年 I6 期。

3. 排污权交易制度

美国的排污权交易发展过程可以分为两个阶段。

第一阶段为20世纪七八十年代，交易只是在部分地区进行，涉及多种污染物，交易形式也是多样的，主要包括“补偿、气泡、银行和容量节余”四种政策。补偿政策允许在安装了污染控制设备，达到最低可排放率标准，并通过对该地区其他污染源的超额削减补偿了新污染源排放的增加时，可建立新污染源。气泡政策给每个企业制定一个排放总量限制，允许企业内部各污染源调节使用，即它把一个多污染源的工厂当作一个气泡，只要该气泡向外界排出的污染物总量符合政府按照环境要求计算出的排污量并保持不变、不危害周围的环境质量，则允许气泡在减少某些污染源排放量的同时，增加另一些污染源的排放量。银行政策即储存政策，该计划允许补偿政策和气泡政策中的信用用于储存，储存的信用可以用于出售到其他企业，各个州有权制定各自的银行政策。容量节余政策是允许进行改建或扩建的排污企业在企业总排污量没有增加的前提下，免予承担通常所采用的较严格的污染治理责任。

20世纪90年代以后排污权交易进入了第二阶段，排污权交易主要集中于二氧化硫的交易，“总量—分配”模式和非连续排污削减信用模式在这一阶段应用比较普遍。“总量—分配”模式是指环境管理部门通过观察某一部门的污染情况，设定总的排污水平，然后向各个污染源分配总量的一部分，分配的排污权可以交易也可以储存；非连续排污削减信用模式通过测量某污染源在执行污染控制措施前的排污量和执行污染控制措施后的排污量的差值来确定减排信用；它可以用于出售，并被其购买者抵消削减排污义务。

（四）自然资源资产权益保护

1. 保护地役权制度

保护地役权是源起于美国的一种地役权类型，主要用于保护自然和文化资源。美国、加拿大、澳大利亚、新西兰等国家已经通过立法确认了保护地役权，利用地役权制度要求土地权利人为某些行为或限制土地权利人不得为某些行为，以实现特定的公共利益，服务于对自然资源保护的目的。自然资源保护地役权是基于生态保护、资源合理利用等目的，由国家、地方政府、公益组织、企业（作为保护地役权人）与自然资源权利人（作为供役地人）签订自然资源保护地役权合同取得保护地役权，由供役地人负责履行保障实现自然资源的生态或其他功能的义务，由保护地役权人支付报酬的制度。[1]

2. 美国土地休耕保护计划

美国土地休耕保护计划是针对那些土壤极易侵蚀的和其他环境敏感的作物进行补贴，扶持农作物生产者实施退耕还林、还草等长期性植被保护措施，以最终达到改善水质、控制土壤侵蚀、改善野生动植物栖息地环境的目的。整个项目管理机构是由农业部农场服务局负责实施，全国范围的农民自愿参与，农民申请后由各地的农场服务局对申请地块通过评价决定是否划入土地休耕保护计划，对于纳入休耕计划的土地的补偿主要包括土地租金补贴、分担植被保护措施的实施成本及持续签约再激励。

3. 美国湿地储备保护计划

湿地储备保护计划的核心理念是净减少量为零，主要目的是政府出资购买那些已被转为作物生产的湿地的永久地役权（通常为30年或长期），并把它们恢复为湿地。美国农业部从纳入湿地保护计划的土地所有者手中买下地役权，土地所有者就可享受50%～75%的赞助，用以恢复转为农用的湿地，土地所有者接受赞助费就表示同意把地役权交给联邦政府。

（五）自然资源生态补偿

1. 生态补偿制度

不少国家都先后开始了生态环境权制度的实践。美国的生态环境权实践是最早和较为成功的，如由于水权交易可能会对第三人造成经济损失、生活质量下降或者是造成生态环境的破坏等负面影响，因而需要政府制定相关的法律法规来进行规制。美国水银行的建立就能够很好地保护第三方的利益，保护生态环境，促进经济和社会的可持续发展。美国

---

〔1〕 参见唐孝辉：《自然资源产权与用途管制的冲突与契合》，载《学术探索》2014年第10期。

大力推行湿地零净损失理念，就是任何可能存在的湿地都应受到保护，任何被转化为其他用途的湿地都应该通过恢复、重建等方式得到补偿，从而保持甚至增加湿地的数量。这一理念的提出直接引领了美国联邦和各州湿地保护的方向。同时，还制定了湿地破坏者条款，如1986年美国《粮食安全法》规定，在湿地改造成的农田里种植作物的人无权从联邦农业补助项目中获益，即无权获得价格保障、谷物保险、灾难援助和低息贷款等利益。这种做法的优点在于可以完全克服土地产权方面形成的障碍，从而充分、完全地保护湿地，但是需要大量的资金支持。未来自然资源资产权益交易改革的趋势必然是以保护生态环境为基础的产权交易行为。比如，在以排污权为代表的环境权制度的改革中，必须进行环境容量控制，严格执行环境保护标准。

2. 生态补偿的市场交易制度

市场模式的生态补偿是私人之间（非营利性组织和营利性组织）直接进行的补偿，通常被称为自愿补偿或自愿市场，因为购买者是在没有任何管理动机的情况下进行交易的。就美国纽约市与上游卡次其尔流域的清洁供水交易而言，纽约市水务局通过协商确定流域上下游水资源与水环境保护的责任与补偿标准，通过对水用户征收附加税、发行纽约市公债及信托基金等方式筹集补偿资金，补贴上游地区的环境保护主体，以激励他们采取有利于环境保护的友好型生产方式，从而改善卡次其尔流域的水质。付费的主体可以是个体、企业、区域或政府，然后国家对具有重要意义的生态区域或生态系统进行支付购买。

3. 资源耗竭补贴制度

资源耗竭补贴是指每一个纳税年度中从净利润中扣除一部分给矿山、油田的所有者或经营者作为专项基金，用来补偿为找寻和探明与上一生产周期同等储量矿床而投入的地质勘查劳动增量，以寻找新矿体替代正在耗竭的矿产资源。

这种制度的理论依据是，地质勘查风险难度随着矿业发展和资源消耗扩大呈日益增长的趋势，而这必然导致在矿业生产后续周期循环中，即使仅仅为了维持简单再生产而探明等量矿产储量，其所需的地质勘查劳动耗费在其他社会条件不变的条件下，也必须有增量投入。只有凭借对已耗减的地质勘查费用的补偿和增量投入二者的共同支持，才能保证地质勘查的总投入与矿产资源简单再生产相适应，避免因矿产资源保证程度不足而导致矿业生产的萎缩。以美国为例，目前有两种补贴方法，即成本耗竭法和比例耗竭法。成本耗竭法的补贴基础是取得矿权的费用和发现矿床时的勘探开发，目前仅限于大的石油公司使用；比例耗竭法是根据法律规定的耗竭比例和纳税年度的总收入得出的，适用于其他大部分矿种。[1]

（六）资源综合效益评价机制

美国不仅注重资源的社会经济效益，更注重资源的生态效益。以农业资源为例，美国成立了农业自然资源保护局，下设土壤调查处、资源盘存处、资源评价处负责土壤的资源评估；下设金融管理处负责土壤的经济效益评估；下设保持运作处负责土壤资源的生态效益评估，保证土壤资源的可持续运作。

二、俄罗斯的经验与做法

（一）自然资源基本情况

俄罗斯位于欧亚大陆北部，地域辽阔，是世界上土地面积最大的国家。俄罗斯的自然禀赋得天独厚，是世界上自然资源较为丰富的国家，森林、水、煤、天然气等自然资源均居世界前列。森林覆盖面积居世界第一位；淡水总量居世界第一位，水力资源居世界第二位；煤蕴藏量居世界第二位；天然气已探明蕴藏量约占世界探明储量的1/3，居世界第一位。

（二）自然资源资产权利体系

在自然资源的产权制度设计上，俄罗斯与中国有着显著的差别，俄罗斯承认自然资源私人占有合法。俄罗斯联邦宪法规定：土地和其他自然资源都可以以“私人所有、国家所有、地方所有以及其他所有制”的形式存在。因此，俄罗斯自然资源的所有权有以下 4 种类别和多种形式：自然资源国家所有权、自然资源地方所有权、自然资源私人所有

---

〔1〕 参见沈莹：《国外矿产资源产权制度比较》，载《经济研究参考》1996 年 I6 期。

权、自然资源的其他所有权。俄罗斯还通过立法规定，为了捍卫俄罗斯联邦的宪法制度基础、保卫国防和保障国家安全、保护居民的健康、保护自然环境和历史文化遗迹以及保护他人之合法权益，一切自然资源的使用权可以依法受到限制。而中国的自然资源资产权益只有全民所有和集体所有两种形式，不存在自然资源私人所有的情况。与土地相比，俄罗斯绝大多数的矿产、水、海洋、森林等自然资源也属于国家所有，国家对自然资源所有权进行严格控制。[1]

（三）自然资源管理体系[2]

1. 机构设置

俄罗斯对本国自然资源实行相对集中的分类、分部门管理，土地、农用地、建筑用地、能源、矿产等资源被划分成5种类别，分别归属经济发展部、农业部、建设与住房公共事务部、能源部、自然资源与生态部5个部级机关实施管理。在5个部级管理机构中，俄罗斯联邦自然资源与生态部是涉及资源类型最多的管理机构。

俄罗斯联邦自然资源与生态部是涉及自然资源管理职能范围最广的联邦执行机关，在其管理范围内各种自然资源类型均有涉及。除其内设的10个司以外，还包括5个联邦级直属机关（2个署、3个局），负责矿产资源、油气地质、水资源、森林资源、林用地、动物及其生存环境、水文气象、生态监督与监测等自然资源领域内相关的法律法规制定、国家政策调整、政策实施监督与评价。

2. 职能分工

在职能分工方面，俄罗斯联邦自然资源与生态部实行决策权、监督权、执行权相分离的机构设置方式。自然资源与生态部作为俄罗斯联邦政府的决策机关，进行自然资源领域内国家政策、法律法规的制定与宏观调控；3个联邦局作为俄罗斯联邦政府的执行机关，是连接自然资源与生态部与地方单位协调工作的桥梁和政策实施主体，直接或通过联邦

〔1〕参见吴初国、霍雅勤、苏轶娜等：《转型中的俄罗斯自然资源管理兼与中国对比——访俄见闻与思考》，载《国土资源情报》2015年第11期。

〔2〕参见苏轶娜、王海平：《俄罗斯自然资源管理体制及其启示》，载《中国国土资源经济》2016年第5期。

局下属单位、各地区资源管理机构实现对全国自然资源的调控与管理；2 个联邦署作为俄罗斯联邦政府的监督机关，对自然资源利用与保护实施监督管理，以保证资源的合理利用和可持续发展。在隶属关系上，3 个联邦局和 2 个联邦署之间是平级关系，它们都隶属于自然资源与生态部。

3. 管理体制

俄罗斯幅员辽阔且行政划分复杂，其自然资源的管理改革要能够全面体现联邦、联邦区、联邦主体之间复杂的资源利益关系，自然而然也就历程艰难、任务艰巨。俄罗斯的自然资源管理体制分联邦、联邦区和联邦主体三级。

在联邦层面，联邦权力机关体系由联邦部、联邦局、联邦署三部分构成。根据重要性不同，“联邦部”分为归总统直接领导和归政府领导两类，“联邦局”和“联邦署”则分为归总统直接领导、政府领导和联邦部管辖三类。在职能分工上，“联邦部”侧重于制定法律法规和宏观调控，“联邦局”侧重于经济活动监督和监管，“联邦署”侧重于国家财产管理和社会服务。在联邦区层面，各个联邦区视情况会设有自然资源利用、环境保护之类的监督与管理机构。在联邦主体层面，各个联邦主体根据资源禀赋的实际也会设有“自然资源和环境保护局”之类的机构。

（四）自然资源有偿使用

1. 资源资产管理机制——以地下资源为例

俄罗斯联邦自然资源与生态部的 3 个司（地质、矿产利用与国家政策司，水资源管理与国家政策司，森林资源管理与国家政策司）和 3 个局（俄罗斯联邦地下资源利用局、俄罗斯联邦水资源局、俄罗斯联邦林业局）负责资源资产管理工作。在职能分工方面，俄罗斯联邦地下资源利用局在地质、矿产利用与国家政策司的指导下负责地下资源资产管理；俄罗斯联邦水资源局在水资源管理与国家政策司的指导下负责水资源资产管理；俄罗斯联邦林业局在森林资源管理与国家政策司的指导下负责森林资源资产管理。上述 3 个联邦局作为联邦资产所有者代表，通过招标、拍卖两种方式，将资源使用权转给资源利用者，并定期从资源利用者一方获取产权收益，实现了资源向资产的转化。

俄罗斯联邦地下资源利用局代表俄罗斯联邦以资源所有者身份全权行使权利，其中包括对其下属单位（联邦主体的资源管理机构、单一制联邦所有企业）所拥有的资源所有权的管理。俄罗斯联邦地下资源利用局同各联邦主体的资源管理机构一起对地下资源资产进行管理，通过招标或拍卖的途径将相应资源地块的使用权转让给资源利用者，招标或拍卖的结果由自然资源与生态部、俄罗斯联邦地下资源利用局、相关联邦主体的资源管理机构共同决定。资源利用者在获得资源使用权之后，由俄罗斯联邦地下资源利用局负责颁发地下资源使用许可证，并定期收取法律规定的地下资源使用费。地下资源使用费的费率根据资源所处地块（大陆架区域、经济特区、俄罗斯联邦境外但归俄罗斯司法管辖的区域、外国租赁区、国际利用区）不同而各有差异，具体依据俄罗斯联邦《地下资源法》的相关规定收取。俄罗斯联邦《地下资源法》第 12 条款规定，俄罗斯境内所有地下资源均为国家所有。第 39 条款规定，已获得地下资源利用许可证的地下资源利用者，除交纳各种规定税费之外，还需要定期向国家资源管理机构交纳地下资源使用费。第 43 条款规定，根据经济地理条件、资源地块面积、使用期限、矿产种类地质调查程度、风险程度等因素的不同，地下资源使用费的收费金额也有差别，国家资源管理机构将收缴的地下资源使用费以资金的形式纳入联邦、联邦主体和地方财政。

2. 矿产资源有偿占有制度

俄罗斯实行矿产资源有偿占有制度，即指矿山开采者采走矿产，要向资源所有者支付一定的有偿占用费。俄罗斯以消耗的可开采经济储量为对象征收矿产开采权取得费用的方式，建立起矿产资源有偿占用制度，其征费对象是注册的地下矿产可采经济储量；俄罗斯实行的地质勘探费补偿制度，亦包含储量消耗补偿的含义，其地勘费用补偿方案中考虑到地质勘探费净投入及消耗的储量（开采量加定额损失量）。

（五）自然资源资产权益监管机制——资源与生态环境一体化管理

生态环境监督指对自然资源赖以存在的自然环境或资源开发和利用过程中的环境进行不间断地监测，防止因资源的开发与利用而造成的环境损害与毁灭；必要时要采取措施，限制或禁止资源开发，以恢复稳定、平衡的生态环境。

俄罗斯联邦自然资源与生态部的2个司（环境保护与国家政策司，水文气象、环境监测与国家政策司）和2个联邦署［俄罗斯联邦自然资源利用监督署（以下简称自然资源监督署）、俄罗斯联邦水文气象与环境监测署］负责自然资源生态环境保护工作。在职能分工方面，自然资源监督署在环境保护与国家政策司的指导下进行陆地、海洋、大陆架、经济特区、自然保护区等区域内自然资源利用与保护的生态环境监督；俄罗斯联邦水文气象与环境监测署在水文气象、环境监测与国家政策司的指导下进行水文气象及其相关领域的环境污染监测。上述2个联邦署作为联邦资源生态环境管理者的代表，严格依据各项联邦法律、政府决议、政府命令、管理机构指令等法律法规履行各自工作职责，建立了较为完善的环境影响评价、生态许可、生态监察等生态环境管理机制。下面，以自然资源监督署为例，分析俄罗斯的自然资源生态环境管理机制。

自然资源监督署作为联邦执行机关，对自然资源利用进行监督，对自然环境加以保护，对废物（放射性废弃物除外）再利用施以号召，将防止环境恶化与毁坏、保证自然资源可持续利用、保障俄罗斯生态与经济安全作为战略目标。

自然资源监督署在各联邦主体区域内都有其下属的监督机构，依据各自然资源领域内的联邦法有针对性地开展监督工作：地质调查和地下资源合理利用的监督（俄罗斯联邦《地下资源法》）；国家土地监督（俄罗斯联邦《土地法典》）；水资源利用与保护监督（俄罗斯联邦《水法典》）；自然资源保护区内森林保护监督（俄罗斯联邦《森林法典》）；动物保护监督（俄罗斯联邦《动物资源法》）；号召废物再利用（俄罗斯联邦《生产与消费废物法》）；大气环境保护（俄罗斯联邦《大气保护法》）；海洋及领海的生态监督（俄罗斯联邦《内海、领海与毗邻区法》）；大陆架区域的生态监督（俄罗斯联邦《大陆架法》）。监督对象既包括从事自然资源开发的法人及团体，也包括独立的自然人。

除上述各个专项法律之外，自然资源监督署及其下属的各联邦主体监督机构在整体工作开展过程中依据2002年1月10日发布的俄罗斯联邦《环境保护法》履行监督职责。俄罗斯联邦《环境保护法》第5条、第6条分别对自然资源监督署、各联邦主体监督机构的职权予以明确规定：联邦执行机关必须从整个国家层面制订并发布生态发展规划，保障国家生态发展政策的顺利执行；各联邦主体的环境保护机构在国家环境保护要求与标准基础上制定各自的区域性政策，且区域性政策不得低于国家标准。第9条对自然资源监督署、各联邦主体监督机构的权限划清界限：联邦执行机关分别同各个联邦主体责任机构签署“环境保护移交协议”，对各方的权利和义务予以明确，且“协议”不得违背俄罗斯联邦《宪法》的相关规定。第63条和第65条指出，自然资源监督署及其下属的各联邦主体监督机构同时承担国家生态监测和国家生态监督两大职责：国家生态监测的主要内容是在统一国家生态监测体系下建立观测网络和信息统计数据库；国家生态监督的主要内容是对土地、地下资源、地表水和地下水、森林和其他植物、动物和其他生物体、大气层等自然资源的保护与合理利用进行监督。

（六）自然资源统计评价

俄罗斯自然资源丰富、种类齐全，为有效利用、管理、保护自然资源，设置了自然资源与生态部，负责综合评估和预测自然环境状况和自然资源利用状况，保证为国家权力机关、地方自治机关、社会和公众提供有关的信息。通过建立自然资源潜力统计、评价和管理系统，开展自然资源的潜力评价，通过运用地面、航空和宇航手段得到的信息对自然资源开展资源评价，通过建立联邦—区域自然资源的国家综合监控系统对自然资源的变化情况进行评价。

三、日本的经验与做法

（一）自然资源基本情况

日本由众多的岛屿组成。国土约3/4是山地与丘陵，缺少平地。日本自然资源非常贫乏，除煤炭、天然气、硫黄等极少量矿产资源之外，其他工业生产所需的主要原料、燃料等都要从海外进口。但是，日本森林和渔业资源丰富。北海道和日本海是世界著名的大渔场，盛产700多种鱼类。

（二）自然资源资产权利体系

日本自明治维新后就将土地的封建领主所有改为了土地私人所有。日本现行的土地所有制主要分为三种形式，即国家所有、公共所有、个人与法人所有。根据2000年度日本国土厅土地白皮书统计，国有土地和公有土地（地方政府所有）约占37%，私有土地（个人与法人所有）约占63%。日本国有和公有土地大部分是山林、河川、海滨地，占土地总资源的比例很小，因而其国有土地使用权制度并不发达；且国有土地和公有土地主要是为国家及国民的利益而使用的，更强调对生态的保护。同时，日本对私人所有土地的使用也是有很大限制的，主要是为了公共利益。

（三）自然资源管理体系

日本的自然资源管理体制，是基于本国国情、按照其自然资源管理本底的不同和获取经济性自然资源渠道属性的不同，而实行的分别归类的现代综合行政管理体制，采用了公共管理学中分别归类的行政分割体系。土地与矿产资源不归同一个政府部门管理。管理土地资源的部门是国土交通省和农林水产省，管理矿产资源的部门是经济产业省资源能源厅。日本将建设用地、交通用地和水资源的集约节约利用作为承载国土空间规划、城市基础设施建设、城市群落机能及海、陆、空交通运输系统的基盘，划归国土交通省统一管理；将农业用地（包括耕地）资源的管理权交给农林水产省农业振兴局；日本的绝大部分能源和金属矿产资源主要依赖进口，国际贸易是日本获取矿产资源的主要渠道和承载基盘。因此，对于日本来说，矿产资源与经济管理密不可分，日本将矿产资源的管理权划归经济产业省的外局——经济产业省资源能源厅。

1. 自然资源管理体制基本架构[1]

目前，日本自然资源管理体制中的相关实施主体主要由自上而下的三类不同机构组成。

---

〔1〕参见姜雅、李福：《日本自然资源管理体制基本架构及改革趋势研究》，载《国土资源情报》2014年第11期。

第一层级：自然资源管理内阁部委。

第一层级是内阁部门（包括部机关内局和外局），主要机关有：国土交通省、经济产业省、农林水产省和环境省。内阁部委的内局和外局均属于国家公务员编制的全额拨款单位。只不过内局的编制较小；而外局相对独立，编制较大，有些下面还下设自己的地方事务局，方便政策的执行与落实。内阁部门是国家行政机关。具体如下：一是国土交通省。在土地、水资源、矿产资源、能源、森林、草原、海洋等基本自然资源中，日本首先将建设用土地资源和水资源作为自然资源管理的主轴单独提取出来，将其作为承载国土空间规划、城市基础设施建设、城市群落机能及海、陆、空交通运输系统的管理本底和基盘，加以重点保护和集约节约利用，将原来的北海道开发厅、国土厅、运输省和建设省“四合为一”，成立了国土交通省。国土交通省集中综合了诸如我国的原国家土地管理局、交通委员会、海事局、航务管理局、住房和城乡建设部、水利部等与土地、交通、海事、航空、建筑、水资源管理相关的多个部委的职能。其中，负责全国国土规划及建设用地和交通用土地资源管理的两个局分别是国土规划局和土地、水资源局。二是经济产业省。经济产业省是在2001年日本政府机构改革时在原通商产业省的基础上组建的主管经济产业资源能源的国家级内阁部委。重新组建后的经济产业省精简了机构、优化了组织结构，着重完善提升政策制定程序和情报系统。机构设置主要分成省机关（内局）、附属机构（外局）和地方分局三部分。内局主要是制定政策的机关，编制少、规模小，能够留在部机关的就是几个负责制定经济发展和产业政策的内局；外局的编制要比内局大，可以相对独立地实施行政管理职能，下设独立行政法人公司或地方支局，执行和监管能力优于内局；而地方分局主要是各地的执行机关，具体负责监督管理内局政策措施的落实。经济产业省在全国共设有8个经产局、8个矿山保安监督局、1个综合事务局和1个矿山保安监督事务所，分片负责指导都道府县的商工劳动部门和环境部门，对矿山企业实施监督和管理。三是农林水产省。农林水产省本部包括大臣官房、统计部、国际部、检查部、消费安全局、食品产业局、生产局、经营局和农村振兴局。另下设3个人员编制和财政相对独立的外局，即林野厅、水产厅、农林水产技术研究会。农村振兴局负责对支撑农业生产的农业用地和农业用水进行保护和管理，制定综合性的农村振兴政策；林野厅负责对全国的森林和原野进行规划和管理；水产厅制定国家的渔业政策，对远海和沿岸的渔业设施进行管理和协调；农林水产技术研究会负责进行与农业水产生产及食品安全相关的技术研发和实验。四是环境省。环境省负责统一处理国土环境和地球环境的保护事务，并对各个行政机构有关环境保护的事务进行协调，内设 1 个办公厅、4 个局、3 个部、4 个审议官、27 个科。

第二层级：非内阁部委——内阁部门的咨询机构。

第二层级是非内阁部委，即内阁部门的咨询机构。每个内阁部门几乎都设有审议会、委员会等非政府、非营利性质的第三方公立性咨询机构，用以协调矛盾、投票解决公共争议、对政府的行政处罚裁决进行行政复议等。审议会的活动经费由中央财政统一全额拨款；虽然是设在各部委下面，却是中立的第三方咨询机构。这些审议会实际上是每个行政主管机关在各个领域里的咨询机构或智囊团。比如，日本的矿业审议会，依据行政主管机关的组织规定进行设置，委员人数在 50 名以内。委员从有学识和经验的社会各界代表中选拔，并由行政主管机关任命。委员任期 2 年，任期期间不坐班，会长经委员推选产生。矿业审议会负责对日本与矿业相关的基本问题进行调查审议，比如勘探的基本方法、储量的调查方法、开发地下资源的技术问题等。同时还为行政主管机关提供咨询、政策建议和提案。日本矿业审议会的委员由各大矿业公司的总裁、矿业行政机构的负责人以及大学相关学科的教授组成。审议会参与国家矿业行政；对国家矿业法律、法规和政策的制定，对国家解决重大的矿业问题，起着重要作用。同时，行业内的社会各界重要人员轮流参与相关行业管理，加强了国家政策的实践性，也强化了政府对行业的指导和管理作用。审议会有一定的权威性，很好地解决了一些较小的民事纠纷，分担了法院等司法机构的公共成本。所以，日本人不用什么小事都去法院，很多民事纠纷都可以在审议会阶段进行裁决、达成协议。

第三层级：执行机构——独立行政法人。

第三层级是独立行政法人机构，是执行机构。独立行政法人机构大

水，因此获得许可的水权所有者不能将其水权用于买卖转让，而是进行一定的水权调整：(1) 新旧水权的调整，以既有水权者的同意为必要条件，由政府行政机构给予新取水者以水权；(2) 地区间的水权调整，水权的审批权限从地方政府转到国家，相邻县之间进行调水工程，并建设了大量水库、取水堰等；(3) 部门间的水权调整，随着城市化进程加快，剩余的农业用水转为自来水或工业用水。

四、德国的经验与做法

(一) 自然基本情况

德国除硬煤、褐煤和盐的储量丰富外，在原料供应和能源方面很大程度上依赖进口，2/3 的初级能源需进口。天然气储量只能满足国内需求量的1/4。硬煤、褐煤丰富。其他矿藏的探明储量为：钾盐约 130 亿吨，铁矿石 16 亿吨，石油 5000 万吨，天然气约 5000 亿立方米。东南部有少量铀矿。德国森林覆盖面积约占全国面积的 30%。水域面积约占全国面积的 0.0024%。2012 年德国能源消耗居世界第 5 位，其中 60% 的主要能源依赖进口。

德国《基本法》在自然资源保护、利用、权利归属及管理等方面有相关要求，规定概念清晰，保护自然资源的宗旨十分突出，而且将自然资源保护纳入法治化轨道的规定也十分明确。

(二) 自然资源资产权利体系[1]

1. 自然资源所有制

德国《基本法》并没有按照自然资源归类划分权属，自然资源的归属尊重历史，可以由联邦所有、州所有、乡镇所有或（和）私人所有。德国《基本法》第 89 条“联邦水道”第 1 项规定，前帝国国有水道属联邦所有。第 134 条“帝国财产继承”规定：(1) 帝国财产原则上成为联邦财产。(2) 如帝国财产按其原来目的主要是用于行政任务，而依据本基本法规定此类任务不为联邦的行政任务时，则财产应无偿地转移给今后承担此项任务的主管机关；如有关任务今后由各州负责执行，此

〔1〕 参见谢建义：《中德宪法自然资源管理之比较》，载《法制与经济》2016 年第 6 期。

项财产的使用有助于当前的行政任务且不只是临时性时，则应把此项财产无偿地转移给各州。联邦也可以将其财产转移给各州。(3) 过去由各州和乡镇（联合乡镇）无偿提供给帝国使用的财产，如联邦无须以此完成本身的行政任务时，则应归还给各州和乡镇（联合乡镇）。(4) 具体由联邦法律予以规定，并取得联邦参议院的批准。

依据德国《基本法》的规定，属于联邦所有的自然资源原则上由联邦实施行政管理。第 87 条“联邦行政管理对象”规定，依照《基本法》第 89 规定的联邦水路和航运由联邦行政和下属行政机构予以管理。此外，为处理联邦立法权限内的事务，也可根据联邦法律设立独立的联邦高级行政机关和联邦直属的公法机构和组织。第 89 条“联邦水道”规定，联邦通过其自设机关管理联邦水道。联邦对超出一州范围的国家内河航运事务和法律授权的海洋航务予以管理。联邦可以根据某州申请将其领域内的联邦水道委托该州管理。流经多州地界的水道，联邦可将管理权委托给有关各州所建议的一州行使。在管理、扩建和新建水道时，联邦应征得各州同意以适应农业和水利的需要。

2. 自然资源所有者权益

德国《基本法》第 15 条“社会征用”规定，土地、自然资源和生产资料用于社会化的目的的，可以依据有关补偿方式和补偿范围的法律转为公有财产或其他公有经济形态。对于补偿，第 14 条第 3 款第 3 句和第 4 句相应适用。第 14 条第 3 款第 3 句规定，确定财产补偿时，应适当考虑社会公共利益和相关人员的利益。第 4 句规定，对于补偿额有争议的，可向普通法院提起诉讼。从以上规定可以看出：第一，除前帝国财产外，德国自然资源权属的主体一般为个人；第二，自然资源用于社会化的目的的，可以依据有关补偿方式和范围的法律转为公有财产或其他公有经济形态；第三，不仅要法律规定有关补偿方式和补偿范围，而且《基本法》明确了确定补偿额的裁量原则和补偿额争议解决途径。

（三）自然资源保护

德国《基本法》第 20 条“保护自然生活环境”规定，出于对后代的责任，国家在宪法秩序的范围内，通过立法并依法由行政和司法机构对自然生活环境和动物予以保护。该条明确了对自然生活环境和动物予以保护的基本宪法原则，而且明确了本条规定的目的是出于对后代的责任，具体在宪法秩序的范围内，通过立法并依法由行政和司法机构来实现。德国保护自然生活环境和动物的立法主要包括《水资源管理法》《联邦污染保护法》《废物处理法》《联邦建筑法》《包装法》等。

（四）自然资源生态补偿

德国政府直接向提供生态系统服务的土地所有者及其他环境服务提供者进行补偿，主要针对土地发展权进行补偿，即对出于保护目的而划出自己全部或部分土地以提供环境服务的土地所有者或使用者进行补偿。

易北河贯穿捷克和德国两个国家。1980 年之前由于未开展过流域整治，水质下降速度极快。1990 年后捷克和德国达成了共同整治易北河流域的协议，成立合作组织，整治的最主要目的是改良农用水灌溉的质量，保持流域生物的多样性，减少两岸向流域排放的污染物。2000 年德国的环保部门支付 900 万马克给捷克，用于建设捷克与德国交界处的城市污水处理厂，通过下游对上游的经济和生态补偿达到“双赢”。

（五）自然资源监测分析

德国在森林资源监测方式上，应用了高分辨率遥感图像或大比例尺航空照片，进行森林类型、土地利用类型的分层和多重回归分析，然后针对国有林地进行重点地面调查，调查数据通过地理信息系统进行汇总分析，不仅形成监测成果统计数据，还形成了森林资源的空间分布图件。在监测类型上，德国不光监测国有林，还进行私有林的监测。此外，德国在森林资源监测指标中，除传统的森林生长指标外，还增加了森林健康状况和重要的生态环境因子，进行多目标监测分析。

第二节　国外制度

一、注重自然资源资产调查评价

1. 数据整合共享是资源调查评价成果得以有效应用的前提

各国越来越重视各行业各部门基础数据的整合共享，有些国家构建了林业、城市水利监测信息系统，制定了行业数据标准，执行相关行业基础空间数据的共享政策，促进各行业和应用领域对基础数据的共享和应用。部分国家建立合作性组织机构，组建公共数据库，促进数据库公用的发展和利用，保证了数据的充分共享。数据的整合共享可产出实用价值高的分析成果数据和分析报告，提高分析成果的可靠性和精度，为政府部门提供切实可行的决策依据。

2. 多目标的自然资源监测体系是满足当今发展需要的重要手段

从国外自然资源的监测可以看出，各国均采用了多目标的监测体系，进行多目标分析，使监测结果具有先进性。德国在森林资源监测中建立的跨部门一体化调查监测框架，避免了大量信息的重复采集，提高了信息间的有机联系，从而通过信息共享，降低成本，达到高效目的；在监测手段上，德国研制了成套的先进仪器设备，可以对森林资源和重要生态因子等进行连续观测，节省了大量人力、物力，提高和保证了观测数据的准确性和连续性，形成了一个适应当今林业发展需要的新的森林资源监测指标体系。

3. 注重自然资源的社会经济生态综合效应

国外在进行自然资源评价时，不仅注重自然资源的社会经济效益，也注重自然资源的生态效益。美国建立了基于生态资产（包括生物和非生物）和生态功能、反映国家尺度生态系统健康状态的关键评价指标，如在森林资源评价中，开展了美国森林生态系统的综合性调查，来评价森林的生态、社会、经济效益。同时美国对水资源的评价不仅仅包括对水的数量、质量及时空分布的分析，还包括对需水的分析；不仅要查明现状，还要鉴定和评价将要出现的情况和问题，重视水带来的综合效益。

二、注重自然资源资产产权体系的构建

1. 产权结构创新

美国国家公园实行所有权与经营权相分离。联邦政府直接掌握产权并全权委托给国家公园管理局，以公开招标的形式征求经营者，并清晰地划定经营权界限。各级行政管理部门可作为行业管理的实施者对旅游

资源开发行使管理权，掌握规划、监督、处罚等行政管理权力，不参与旅游资源的各项经营；旅游资源的开发经营权由旅游资源开发经营单位获得，开发经营者可以通过资金、技术和管理的投入，享有相应的经济收益。这种分离机制是为了更大限度地盘活存量资产，整合有效资源，推动资源的有效配置。

2. 产权主体权责明确

美国国家公园的所有权主体包括联邦政府、地方州政府、私人，管理权主体包括国家公园管理局、州国家公园管理局。如果一个区域满足具有全国性意义这一标准，国家公园管理局把其纳入联邦政府的管理决策范畴；如果不具备全国性意义这一标准，国家公园管理局把其纳入州、地方或私营管理决策范畴。使用权人（经营者）为通过招标许可的企业或个人；多元化的产权主体有利于各司其职，更好地保护、利用自然资源。

三、注重自然资源资产产权交易与价值实现

1. 交易的前提条件是私权

产权主体为国家的公共产权，是不允许进行买卖转让和交易的。如日本《河川法》规定江河水是公共用水，因此获得许可的水权所有者不能将其水权用于买卖转让；美国水权交易主要是取水权交易，且以私有水权交易为主；澳大利亚的水权交易实质上也是水的使用权交易。因此，为能促进产权交易，首先必须分离自然资源使用权和经营权。对公共性和外部性很强的自然资源，如大气、生态和生活所需的淡水等可再生的自然资源，甚至稀缺的金属和非金属矿产资源，生态公益林、珍稀动植物、防止荒漠化的草原等有很大生态保护作用的可再生生物资源，应实行使用权和经营权结合，由公共事业部门去经营，或在政府的严格管制下由一般企业经营。而对排他性、竞争性强和公共外部性相对较弱的自然资源，如生产性用水、经济林、荒地、储量丰富的矿产资源、可畜养的非珍稀动物等，应明确把使用权与经营权分离，让经营权自主进入市场交易。此外，建立多元化使用权和经营权主体，多元化的产权主体有利于市场的竞争和交易。

2. 所有权的交易必须是国家垄断的一级市场

从水许可和矿业权的有偿、有条件的出让可以看出，自然资源的国家所有权交易必须是国家垄断的一级市场，而取水权的转让、探矿权和采矿权的转让为二级流转市场。因此，要促进产权的交易必须完善自然资源资产权益的流转，明确并扩大流转的对象。

四、注重自然资源资产产权保护

1. 地役权是土地所有权的派生权利，适用于特定范围

保护地役权实质为土地发展权。保护地役权均是出于保护目的而购买土地所有者和使用者的土地发展权。土地发展权是作为变更土地用途的权利从属于土地所有权，但可以与土地所有权分离而独立转让的财产权。

受保护的地役权有特定范围，如历史文物区、自然保护区、生态环境敏感区、森林、草原、荒漠、水资源、农地区及其他因个人或企业需要而要保护的地区等。保护地役权主体多为政府或相关企业、个人。保护地役权分为政府购买和市场购买模式，购买方多为对生态或环境有一定需求的政府、企业、个人等，补偿对象均为某类自然资源的所有者或使用者。

2. 生态环境产权是资源产权的从属权利

生态环境产权是一个从属性权利，其一般从属于资源产权，因此资源的所有权人和使用权人就拥有对资源环境的所有权和使用权。环境的所有权和环境的使用权两者是可以分离的。国家或政府是环境产权的所有权人，控制着环境总容量及容量在各使用权人之间如何分配。资源的使用权人在资源的开发利用过程中必然会对生态环境造成一定的破坏，尽量少对生态环境进行破坏是资源产权的应有之义；但是对资源的污染和破坏要控制在所有权人规定的范围内，一旦超出可支配的权利范围，就要对其行为付出相应的补偿或购买额外的使用权。

排污权和碳排放权属于环境使用权的一种。不但资源产业需要排污、排碳，其他产业也需要排污、排碳，甚至公民个人都需要排污、排碳。因此，排污权和排碳权都属于环境使用权，它们可以作为一项独立

的权利进行界定和交易，也可以同资源产权搭配在一起进行界定和交易，当然还可以同其他产权类型搭配在一起进行界定和交易。

3. 产权明晰是生态补偿的前提

实现生态补偿的前提是明确权属主体。部分国家的国家公园土地权属归私人、林业公司、国家信托公司和国家这四类主体所有，且划分清晰；有些国家森林补偿中需要林地所有者与国家森林基金签订合同，因此前提是必须使林地资源有清晰的产权。清晰的自然资源资产权益既可以充分地保护各产权主体的利益，也可以合理地确定补偿主体和补偿对象。

4. 生态补偿是自然资源生态价值的实现

从国外生态补偿机制的应用来看，主要集中在保护森林资源、保护水资源和保护生物多样性上，如美国纽约市与上游的清洁供水交易。生态补偿之所以主要集中在这些范围内，是因为这些自然资源一般面积比较大，对生态环境的影响较为显著，且这类资源的发展历史较长，资源的基础资料较为完善，国家管理规范，产权划分清晰。

5. 重视生态标志制度的作用

生态标志制度不是直接意义上的生态补偿；但是公众以超出一般产品的价格购买和消费以环境友好方式生产的产品，实际上购买了附加在这些产品上的生态服务功能的价值，是对生产这类产品所付出的保护生态环境的额外成本进行间接补偿。

第四章　全民所有自然资源资产权益实现改革的思路和对策

自然资源资产权益的实现要以习近平新时代中国特色社会主义思想为指导，以调查统计为基础，以综合效益最大化为目标，以推进市场化配置为重点，以产权保护为保障，落实自然资源资产所有者行使权利、履行义务、承担责任的具体措施，为推进生态文明建设和高质量发展提供有力保障。

第一节　夯实自然资源资产权益实现的基础和前提

一、完善自然资源资产的调查统计

1. 完善自然资源资产的调查统计工作

（1）建立自然资源资产调查数据整合共享制度

目前，我们国家的自然资源采取各类资源分部门普查的方式，调查包括土地资源调查、水资源调查、森林资源调查、矿产资源调查及海洋资源调查；并且相关部门也拥有了自然资源的相关数据，可充分利用已开展普查的自然资源调查成果，按相关法规的要求，制定统一的自然资源分类及认定标准，执行相关行业基础空间数据的共享政策，促进各部门对基础数据的共享和应用，以自然资源登记数据全面校核各类资源调查数据，形成统一、全面、真实、准确的自然资源基础数据。

（2）建立自然资源变化和更新调查制度

以自然资源调查数据为基础，结合自然资源统一登记地籍数据，开展一年一调查数据变更调查工作，对国家的自然资源的分布、数量、质量和开发利用现状等进行全面、动态的资料分析评估和实地调查核实，每年发布自然资源白皮书。

（3）建立自然资源综合评价制度

改变目前我国自然资源评价主要对单项自然资源进行评价的现状，增加自然综合性评价。注重单项资源评价和综合资源评价的结合，坚持先单项后综合的评价顺序。自然资源能够满足人类的生活和生产需求，其是在特定的地理环境中孕育而生的，因此不同的自然资源有其独特的性质；在同一个生态环境中，自然资源的种类、数量、品质存在差异，但是又存在一定的关联性。同时，人类对自然资源的需求并不是完全相同的，具有一定的倚重。自然资源的综合性评价正是要在资源多样性的基础上满足人类的需求差异。这就要求在对自然资源做调查评价的时候，要将单项资源评价与综合性资源评价相结合，既要关注自然自身的评价标准，又要考虑环境整体，作出更准确、更有利于自然资源开发利用和保护的评价结论，提高评价工作的质量。首先，利用资源调查中体现自然资源存量及其变化相关的权威数据，对该种资源与社会经济发展、生态保护修复的联系作出合理的测算；其次，在明确该资源所在地域的地理地质条件的基础上，通过其分布、数量、质量的情况，揭示其与他种资源的功能互动关系以及其在此环境中的适应性能力，最终分析出该领域内资源的最佳利用方式、开发途径以及应注意的问题。[1]

---

〔1〕 参见陈瑜琦：《自然资源调查监测综合分析评价思考》，载《中国土地》2022年第2期。

2. 加强多种评价方法的并用，坚持自然资源的经济价值、社会价值和生态价值并重的价值取向

对于自然资源评价的研究，定量化方法是最常见的评价方式。对自然资源进行的评价，实际上不仅仅是资源层面的，还包括经济、社会、人文、环境等复杂因素。在长期的发展过程中，主要形成了指标体系法和多目标决策分析法。[1]其中，指标体系法往往将资源评价的过程进行数学化和结构化；多目标决策分析是将研究对象看作一个整体，通过数学计算得到系统下的一个最优状态。这两种方法都是通过数学的定量计算得出评价结果，但是对于评价因子的选择，两种方法皆具有局限性。自然资源评价的信息存在一定的随机性和模糊性，特别是涉及资源的定性分析，使用定量分析的手段显然不能够达到理想目标。因此，加强定量分析法和定性分析法的并用，是自然资源评价方法发展的方向。

二、完善自然资源资产价值评估机制

2019 年中共中央办公厅、国务院办公厅印发的《关于统筹推进自然资源资产产权制度改革的指导意见》要求："研究建立自然资源资产核算评价制度，开展实物量统计，探索价值量核算，编制自然资源资产负债表。"在明确各类自然资源定义和分类的基础上，设置了（矿产和能源资源、土地资源、土壤资源、林木资源、水生资源、其他生物资源、水资源）七组自然资源资产账户。这些资产账户包含实物量与价值量两大类核算表格。将自然资源的形成来源和用途配置以"资产来源（类别）=资产运用（占用）"的形式反映出来。

三、完善自然资源资产确权登记

确权登记是对自然资源资产权益的法律确认。自然资源与传统物权客体不同，具有动态性。例如，野生动物是移动的，植物蓄积量也是不

[1] 参见李臻谛、罗郧：《面向生态文明的自然资源综合评价体系》，载《地质通报》2011 年第 10 期。

断变化的，难以确定。基于此，确权登记自然资源，必须对现有的物权理论进行创新，设置新的物权类型和登记规则。[1]

第二节 健全自然资源资产的产权制度

一、明确自然资源资产所有者的权利、义务和责任

自然资源资产所有者职责的具体内涵可以界定为：行使权利、履行义务、承担责任。

一是行使权利，包括行使占有权、使用权、收益权、处分权等。所有者可以通过意思表示设立、变更、终止民事法律关系，并且可以附条件，通过代理人实施相关权利。

二是履行义务。鉴于自然资源具有外部性和公共物品属性等特点，所有者及其代理人在处置自然资源资产时，要符合用途管制要求和保护生态环境等公共利益需要，遵循公平诚信原则，切实履行法律规定和民事双方约定。

三是承担责任。当权利受到侵害时，可以提请民事诉讼，承担原告角色，并先于行政、刑事诉讼受偿。重点是追偿自然资源资产损害和生态环境破坏赔偿责任。如所有权人违反法律规定或合同约定，也应承担相应的法律责任。

二、确立中央和地方政府分级代理行使自然资源资产所有者职责的体制

1. 分级代理的总体思路

按照党中央、国务院关于完善自然资源管理体制的精神和要求，特别是“充分发挥中央和地方两个积极性”的要求，综合考虑自然资源的特殊性、保护开发对地方经济社会发展的影响以及不同区域的特点等，

〔1〕 参见常纪文：《国有自然资源资产管理体制改革的建议与思考》，载《中国环境管理》2019年第1期。

建议区分所有权和管理权，合理划分中央和地方的事权，对全民所有的自然资源资产，按照不同资源种类在生态、经济、国防等方面的重要程度，由中央直接行使和委托地方政府分级代理行使所有者职责，并明确全民所有中央政府直接行使所有权、全民所有委托地方政府行使所有权的资源清单和空间范围。

综合考虑理论、法理、实践可操作、技术可行性，具体建议：按照“分类管理、统一授权、分级代理、明晰权益、管住头尾”的思路，进一步健全和完善自然资源资产管理体制。根据不同资源种类特点，构建“全民所有自然资源资产由国务院代表国家所有，统一授权自然资源部代表持有；部分由自然资源部直接行使所有权，部分委托省级政府代理行使所有权；经国务院或自然资源部同意，省级政府可转委托地级市政府代理行使部分所有权，法律授权县级政府代理行使所有权的特定自然资源除外”的制度框架。探索建立自然资源部直接行使以及各级地方政府代理行使所有权的资源清单和监督管理制度。重点区分公益性（生态型）和经营性自然资源资产：公益性（生态型）的以中央政府直接行使所有权或省级政府代理行使所有权为主，切实保障生态文明建设，以生态价值保值增值为核心目标；经营性的适应市场变化快、要求效率高的特点，采取委托市县行使处置权、收益权的方式，充分实现资产保值增值，追求社会、经济、文化、生态等综合效益最大化。重大资产处置采取报备管理、事中事后监管，体现所有者职责。进一步完善全民所有自然资源资产收益管理制度，明确国家作为自然资源所有者应享有的权益，合理调整中央地方收益分配比例。中央、省对委托市、县行使所有者职责的自然资源资产，在通过空间用途管制等手段管住增量的同时，通过制定有关政策、规则、红线规范具体处置行为；通过信息化手段加强实时监管，停止损害所有者权益的处置行为，追究有关单位和个人责任；通过资产负债表等定期考核评价。

2. 中央行使所有权的资源清单和职责

由中央直接行使所有权的资源清单和职责。按照生态文明建设有关要求，对特定国土空间范围内的全部自然资源，或全部国土空间范围内的特定自然资源，由国务院授权自然资源部直接行使所有权，并负责现状看护；对任何单位和个人占有、使用、处置这些自然资源，有说“不”的权利；依法依规设立使用权、特许经营权等，将自然资源提供给单位和个人使用的，享有取得与所有者权益相应收益的权利；对因此而造成的生态损害等，负有修复或补偿等义务。

（1）资源清单，包括军事国防外交占用的自然资源、石油天然气、贵重稀有矿产资源、重点国有林区、大江大河大湖及跨境河流、生态功能重要的湿地草原、海域滩涂、珍稀野生动植物种和部分国家公园等。具体名单另行研究制定。

（2）主要职责。一是主张占有。包括摸清家底、申请登记，由国务院授权自然资源主管部门具体代表统一行使所有自然资源资产所有者职责。在全国国土调查中，明确提出全民所有资源调查的工作需求，明确类别、划清边界、确认权属、申请登记颁证，将所有的全民所有自然资源资产所有权统一登记在自然资源部名下。二是行使权利。重点是使用权、收益权和处分权。使用权主要体现为：国家公园等特定国土空间范围内由中央直接行使所有权的自然资源，由自然资源部根据中央要求统筹管理。收益权主要体现为：对开发利用活动产生的经济效益，有获得基于所有者身份取得相应份额收益的权利，适当参与各类自然资源资产收益的分成，进一步明确中央、省、市、县分配原则和比例。处分权主要体现为对重要资源资产进行直接配置，包括划拨、出让自然资源资产，创设并配置地役权、特许经营权等。三是维护权益。重点是建立规则、清产核资、资产处置、监督考核等。具体包括制定各项资产管理政策；编制资产使用和保护规划；建立资产统计制度、开展价值评估和清查统计；建立自然资源动态监测制度；编制自然资源资产负债表，组织开展领导干部自然资源资产离任审计；监督代理人履责情况等。四是履行义务、承担责任。预防和制止破坏自然资源资产的行为，强化自然资源资产损害赔偿责任。对履行自然资源资产保护义务的权利主体给予合理补偿。依法依规解决自然保护地内的探矿权、采矿权等经营权的合理退出问题。五是统一管理。建立全民所有自然资源资产所有者权益“一本账”，负责向全国人大报告全民所有自然资源资产的统一管理工作。

3. 省行使所有权的资源清单和职责

由国务院授权自然资源部转委托省级政府代理行使部分全民所有自然资源资产所有权，具体职责比照自然资源部相关内容，但空间范围限定在省域内。跨省域的，原则上应上收，由中央行使所有权。在省级自然资源主管部门的内设机构中，应专门设立所有者权益处（室），承担相应的工作职责。

（1）资源清单，包括部分重要矿产资源、省属重点国有林区林场、省域内的大江大河大湖、生态功能重要的湿地草原、海域滩涂和部分国家公园等。具体清单由各省自行拟定，范围不得与中央直接行使所有权的自然资源资产空间范围重叠。

（2）主要职责。内容比照中央的相关职责，空间范围为省域内。

4. 市、县行使所有权的资源清单和职责

除中央直接行使所有权以及省级政府代理行使所有权的特定国土空间范围或特定自然资源外，其余的原则上由省级政府委托地级市政府代理行使部分所有权，法律授权县级政府代理行使所有权的特定自然资源除外（根据现行法律法规，主要是国有建设用地）。由于自然资源散落分布各市、县，类型多、面积广、数量大，开展相关工作需要市、县专门的机构、专门的人员力量、纳入各级财政预算支出予以支撑。在下一步新设的市、县自然资源主管部门的内设机构中，应专门设立所有者权益处（科）室，承担法律授权和接受委托履行自然资源所有者权益的工作职责。

（1）资源清单，包括一般性矿产资源（砂石矿等）、县属林区林场、县域内的河流湖泊水库、一般性的湿地草原、海域滩涂、空间规划确定的城镇村建设用地范围内的国有建设用地（包括现状国有建设用地和依据空间规划今后一段时间需征转为国有建设用地的现状国有或集体的农用地、未利用地等）出让划拨等。空间范围不得与中央直接行使所有权和省级政府代理行使所有权的自然资源资产空间范围重叠；且除了中央直接行使所有权和省级政府代理行使所有权的，都应由市、县代理行使所有权，进一步明确边界、落实责任。

（2）主要职责。受中央和省级政府委托，组织实施全民所有自然资源资产所有者职责的具体事项和相关工作，中央直接行使和省级政府代理行使所有权的除外。按照中央和省级政府制定的统一规则，对全民所有自然资源资产进行调查、核算、配置、保护，接受委托人的监管、考核，依法履行资源配置、保护过程中与其他市场主体约定的相关义务，承担相应的民事责任。

三、建立公益性资产与经营性资产的分类调整机制[1]

自然资源资产根据属性差异分为公益性和经营性两类。公益性资产的主要目的是为社会公众服务，包括国家公园、军事、国防以及行政机关用地等自然资源资产。经营性资产主要是指进入市场交易提供市场产品的资产，主要包括经营性建设用地、经济林木、矿产资源等。由于两类资产的管理目标存在差异，需要依据不同属性建立分类调整机制。

1. 公益性自然资源资产所有权人的权利、义务与责任

一是利用确权登记主张权益。根据《自然资源统一确权登记暂行办法》第 9 条的规定，登记主体包括自然资源所有权主体、所有权代表行使主体、所有权代理行使主体。二是利用和处分。行使权利的方式有一般利用和特别利用。一般利用，主要是指对公众开放的公园、草原等资源的利用。特别利用，是指为维护公共利益通过法定程序赋予其他人一定的利用权利，包括两种：一种是军事、国防和机关用地，这类利用主要是通过划拨等方式实现，其实现原则必须是维护公共利益，不以营利为目的；另一种是国家公园、水资源、湿地、草原等自然资源资产，主要由政府培育市场，通过许可使用等方式形成特许经营权、用水权等财产权，建立市场化交易机制，实现生态产品价值。三是收益。通过生态补偿和特许经营等方式获得收益，收益主要用于公益资产的维护建设等。

2. 经营性自然资源资产所有权人的权利、义务与责任

一是占有。通过法定的方式对占有确认，包括所有权主体的占有和

---

〔1〕 参见陈静、陈丽萍、郭志京：《自然资源资产国家所有权实现方式探讨》，载《中国土地》2020 年第 1 期。

使用权主体的占有。二是利用和处分。包括实体消耗和权利转让两种。对于消耗性自然资源，利用的过程也是处分的过程，两者是同时出现的。对于非消耗性自然资源资产，主要是通过设立建设用地使用权、探矿权、采矿权、取水权、海域使用权、无居民海岛使用权、海域滩涂养殖权等自然资源用益物权，实现自然资源资产价值，维护所有者权益。三是收益。国家利用自然资源获取一定利益，这种利益包括经济利益、社会效益和生态利益。收益既可以通过收取出让价款、租赁价金、矿产资源权益金、资源税费等方式实现，也可以通过自然资源作价入股，取得税后利润。国际上对于矿产资源一般通过收取权益金的方式来体现政府所有的租金。

第三节　完善自然资源资产权益流转和市场化配置机制

一、扩大自然资源资产有偿使用范围〔1〕

2016年国务院《关于全民所有自然资源资产有偿使用制度改革的指导意见》（以下简称《自然资源资产使用改革意见》）明确了各类自然资源有偿使用的改革要求和举措。

1. 完善国有土地有偿使用制度

我国国有土地有偿使用始于20世纪80年代后期的国有建设用地，现已建立比较系统完整的国有建设用地有偿使用制度，有效维护了国家所有者权益。为此，《自然资源资产使用改革意见》提出要在全面落实规划土地功能分区和保护利用要求的前提下，坚持增量存量并举，以扩大范围、扩权赋能为主线，将有偿使用扩大到公共服务领域采取政府和社会资本合作的建设项目和国有农用地，并明晰国有农用地使用权及其权能，将有助于进一步彰显土地资产权益，促进土地资源节约集约利用。

---

〔1〕 国务院《关于全民所有自然资源资产有偿使用制度改革的指导意见》（国发〔2016〕82号，2016年12月29日施行）。

2. 完善水资源有偿使用制度

我国水资源有偿使用始于20世纪70年代初的地方实践，现已初步建立水资源有偿使用制度，对直接取用江河、湖泊或者地下水资源的单位和个人征收水资源费，为实现所有者权益、保障水资源可持续利用发挥了重要作用。但随着我国经济社会发展，现行水资源费征收标准已总体偏低，没有充分体现水资源价值和稀缺程度，还存在超计划或者超定额取水累进收取水资源费制度落实不到位等问题。为此，《自然资源资产使用改革意见》提出要在深入实施最严格水资源管理制度、落实水资源管理“三条红线”、强化水资源节约利用与保护的前提下，完善水资源费差别化征收标准和管理制度，推进水资源税改革试点，开展水权交易，将有助于充分体现水资源价值和稀缺程度，提高水资源利用效率和效益。

3. 完善矿产资源有偿使用制度

我国矿产资源有偿使用始于20世纪90年代初，现已建立有偿取得和有偿开采相结合的矿产资源有偿使用制度，对矿产资源勘查开发者收取探矿权采矿权价款、探矿权采矿权使用费、矿产资源补偿费、资源税等，有效落实了国家所有者权益。但也存在矿产资源税费缺乏整体设计、定位不准确、功能不清晰，矿业权使用费调整机制不合理，矿业权出让未充分发挥市场决定性作用，矿业权出让审批权限与中央简政放权要求不适应等问题。为此，《自然资源资产使用改革意见》提出要在强化矿产资源保护的前提下，完善矿业权有偿出让制度、矿业权有偿占用制度和矿产资源税制度，建立矿产资源权益金制度，健全矿业权分级分类出让制度，并合理划分各级国土资源主管部门（现为自然资源主管部门）的矿业权出让审批权限，将有利于提高矿业权市场化出让比重，理顺各类税费关系，促进矿产业可持续发展。

4. 建立国有森林资源有偿使用制度

我国森林资源有偿使用虽然在《民法典》和1998年修正的《森林法》中有原则性规定，但目前国有森林资源基本以无偿方式让渡给国有林场等单位管理和使用，尚未建立真正意义上的有偿使用制度。长期以来，国有森林资源有偿使用缺乏相关制度规定和法律文件，现实中存在国有森林资源自发性无序流转、森林资源旅游开发不规范等现象，造成国家所有者权益受损。为此，《自然资源资产使用改革意见》提出要确定国有森林资源资产有偿使用的范围、期限、条件、程序和方式，规范有偿使用和流转，支持通过租赁、特许经营等方式发展森林旅游。

5. 建立国有草原资源有偿使用制度

我国草原资源有偿使用仅在《民法典》中有原则性规定，目前仍未建立国有草原资源有偿使用制度，实际管理中存在权属界定不清、有偿使用法律制度缺失、国有划拨草原流转不规范等问题。为此，《自然资源资产使用改革意见》提出在严格保护草原生态、健全基本草原保护制度的前提下，对已改制国有单位涉及的国有草原和流转到农民集体以外的国有草原，探索实行有偿使用，将有助于改善草原生态环境，切实落实国家所有者权益。

6. 完善海域海岛有偿使用制度

我国海域有偿使用始于20世纪90年代初，2002年实施的《海域使用管理法》确立了海域有偿使用制度，对海域使用者征收海域使用金，有效维护了海域资源所有者权益。但也存在海域使用权权能不完整、市场化程度不高、价格形成机制不健全等问题。为此，《自然资源资产使用改革意见》提出在严格海洋生态保护的前提下，完善海域使用权转让、抵押、出租、作价出资（入股）等权能，逐步提高经营性用海市场化出让比例，并建立海域使用金征收标准动态调整机制。

我国无居民海岛有偿使用源于2010年实施的《海岛保护法》，现已初步建立无居民海岛有偿使用制度，对开发利用者征收无居民海岛使用金，对维护国家所有者权益、促进海域海岛资源保护发挥了积极作用。但还存在无居民海岛缺失权利基础、市场化程度不高、无居民海岛使用权出让最低价标准不合理等问题。为此，《自然资源资产使用改革意见》提出在采取严格生态保护措施前提下，明确无居民海岛有偿使用的范围、条件、程序和权利体系，设立无居民海岛使用权和完善其权能，并逐步扩大市场化出让范围。通过完善以上海域海岛有偿使用制度，将有助于促进海域海岛资源有效保护与可持续利用，保障国家海洋生态安全和海洋权益。

二、促进自然资源资产的流转

1. 建立自然资源资产权益交易信息发布制度

为了维护公平透明的市场交易，应建立一整套规范的产权交易信息发布制度。为交易双方在官方网站发布交易信息提供渠道，为当事人之间的信息沟通提供便利，以避免非法中介机构侵害当事人的权益。此外，采取措施鼓励交易各方通过官方渠道发布信息，在交易信息更新时同步更新权益登记信息，便于各方及时了解产权主体及权利类型的变化。

信息发布的内容包括产权客体的基本情况、交易条件、对交易双方资格上的要求、竞价的方式等内容。但出于对商业机密的保护，详细信息并不要求发布，如坐落的详细位置、一些保密的数据等。

为了保证产权交易的公平性，对于欺诈性的信息要有一定的处罚措施。例如，信息发布采取实名制，发布人只能对自己的产权交易进行发布，不进行实名认证不允许在官方平台发布信息。又如，实施虚假信息举报制度，对于发布虚假信息的当事人采取准入禁止，禁止一定时期内在官方平台发布产权交易信息等。[1]

2. 建立公平有序的自然资源资产市场体系

建立公平有序的自然资源资产市场体系的主要措施包括：一是扩大有偿使用范围，建立覆盖各类自然资源资产的竞争性、多样化的交易制度，鼓励自然资源资产竞争性交易，减少和规范协议交易，支持探索多样化的有偿使用方式，形成以市场化为导向的自然资源资产交易价格机制。二是实施自然资源资产市场准入负面清单管理制度，明确自然资源资产交易准入条件、方式和程序，并清理、废止阻碍建立统一和公平竞争市场的各种规定和行为。三是建立自然资源资产交易信息披露和咨询服务机制，确保所有者权益得到有效维护。

3. 健全自然资源资产统一交易平台

我国土地、矿产资源资产先后都建立了各自相对完善的交易中心，

---

〔1〕 参见高胜寒：《基于理性选择制度主义的自然资源产权交易制度分析》，载《湖北农机化》2020 年第 3 期。

2016年水权交易所挂牌成立，林权二级流转市场也逐步建立，各类交易相互独立，草原产权流转市场仍未建立。根据“十三五”规划纲要中“建立统一规范的国有自然资源资产出让平台”的要求，应将各类自然资源资产有偿使用纳入统一的公共交易平台，建立统一的自然资源资产市场体系。[1]

4. 建立自然资源资产权益共享制度

在开发利用资源时，应保障资源所在地的人民对当地资源的依存关系和基于历史形成的利用权，应保障资源所在地人民的优先受益权和资源产品平价使用权。同时，应建立当地政府及人民的资源共同开发和利益共享机制，让当地政府及人民参与资源开发，建立一个利益共享的制度。

三、完善各类自然资源资产定价机制

目前，定价机制重经济价值、轻服务价值，应建立反映环境损害成本和代际关系的价格形成机制，全面体现各类自然资源资产的经济价值和生态价值。如矿产资源资产不可再生，在定价时要注重其开采开发的代际成本，促进其集约利用。水资源资产具有流动性，产权设置成本较高，在定价时要关注区域治理成本。生物资源资产作为陆地最重要的生态系统，有利于改善生态环境，在定价时需要考虑其外溢的生态效益。

四、完善政府对自然资源资产市场的宏观调控措施

在我国自然资源资产国有的制度前提下，政府对资源资产市场的调控更具有制度优势，可以通过政府宏观调控促进自然资源资产市场的平稳健康发展。与此同时，在调控措施上应当从注重行政手段向注重经济手段、法律手段转变。具体以土地市场为例，一是在供应数量上，注重供需平衡以及供给的可持续性，加强存量用地的再开发利用。二是在供

---

〔1〕 参见陈曦：《中国自然资源资产收益分配研究》，载《中央财经大学学报》2019年第5期。

给结构上，进一步优化供给结构，比如，针对超大城市的土地市场，可增加租赁住房用地、保障住房用地、中小套型商品住房用地供应，适当减少商服用地、工业用地供应，以解决超大城市的住房问题。三是在政府响应上，以加强预警预报、及时监控非理性波动为重点，防止市场大起大落。

第四节　建立自然资源资产权益有效监管和风险防范机制

一、完善自然资源资产考核评价制度

一方面，根据不同自然资源资产的特点和目标，科学设置考评指标和权重。有的自然资源侧重于严格保护，这类资产指标更多选择保护类指标，权重也更大，如森林资源、湿地资源和海洋资源。有的自然资源侧重于合理开发与利用，这类资产更多选择开发利用指标，权重也更大。有的自然资源开发利用与保护兼顾，这类资源保护和开发利用指标都要具备，如土地资源、矿产资源。同时，考虑各类自然资源调查评价监测、统一确权登记等工作基础和现有各种资源环境专项，综合评价考核的评价指标，科学设计和选择具体指标。另一方面，加强考评结果的应用。借鉴已有考核评价成果应用经验，建议国有自然资源资产管理考核评价结果主要应用在以下方面：一是考核结果报党中央、国务院审定，向省（区、市）人民政府进行通报，并通过媒体、网络向社会公布。二是作为各省（区、市）领导干部综合考核评价、干部奖惩任免、领导干部自然资源资产离任审计的重要依据。三是作为下达建设用地指标、自然资源保护、国土空间整治与修复等财政资金的重要依据。四是建立奖惩机制。对考核等级为优秀、管理工作成效突出的地区，给予通报表扬；不合格的，进行通报批评，并约谈其政府主要负责人，限期整改。

二、构建国土空间规划实施的监管和考核机制

建立空间规划实施的“互联网＋监管”的管理系统，利用先进卫星

遥感技术等信息化手段，强化动态监管预警，及时发现过度开发、粗放利用自然资源的行为并进行及时预警；加强对空间规划实施情况的考核，考核结果纳入各级党委、政府及其部门绩效考核范围；健全责任追究制度，坚持党政同责，对违反空间规划的各类行为依法依规追究责任。

三、构建全流程的自然资源资产使用的监管机制

按照全生命周期管理理论，对自然资源资产进行全流程的监管，从“入口”到“出口”建立全过程严管的监管体系。在自然资源资产配置环节，优先配置涉及国计民生、国家重点领域、战略性新兴产业和国家安全等行业，杜绝资产流向落后产能，维护所有者的权益。在自然资源资产使用环节，实时监督资产使用权人履行合同约定、遵守市场交易规则、执行用途管制要求和履行生态保护义务的情况。在自然资源资产收益环节，按照实物管理与价值管理、资产管理与财务管理相结合的思路监管自然资源资产收益，确保足额上缴公共财政，切实维护全民所有者的权益。在自然资源资产处置环节，严格按照用途管制要求和资产评估结果以公开交易方式进行处置。此外，还要做好资产管理与资源监管的有机衔接工作，实现信息共享和管理目标的统一。[1]

四、完善自然资源资产法律政策体系

以全面实现自然资源资产权益的法治化、规范化为目标，在全面梳理现行各项自然资源法律规范之间的交叉和冲突的基础上，推进自然资源法典的编撰。建立以自然资源基本法为龙头，以空间规划和管制法律体系、自然资源的产权法律体系、自然资源流转法律体系、监督管理法律体系、责任追究和救济法律体系为支撑的，与生态文明体制改革相适应的自然资源资产管理法律体系。

---

〔1〕 参见马永欢、吴初国、黄宝荣、苏利阳、林慧、曹庭语：《构建全民所有自然资源资产管理体制新格局》，载《中国软科学》2018 年第 11 期。

第五节　自然资源资产权益保护和救济机制

自然资源资产权益保护存在的突出问题表现在两个方面：一是自然资源的生态价值以及资源消耗的代际成本没得到体现；二是自然资源的损害得不到有效救济。为此，应完善自然资源生态价值实现机制和自然资源损害救济机制。

一、完善自然资源代际成本和生态价值实现机制

当代人在消耗自然资源的同时必须对被消耗资源进行补偿以维护代际公平。由于大多数自然资源具有有限性和不可再生性，在自然资源的开采和使用过程中必须在自然资源价格的基础上加入一定额度的自然资源补偿价格费用，以对传给下一代的自然资源从数量和质量上加以补偿和保证。

由于区域间的差异性和社会经济发展的不平衡，对生态资源的利用和保护程度也有很大差异，受益地区应向保护地区作出补偿，即建构政府与市场相结合的生态补偿机制。财政转移支付是我国目前生态补偿的基本模式，其中主要是中央向地方的财政转移支付。财政转移支付资金是生态补偿重要的资金，国家采用由政府购买生态效益、提供补偿资金等方式改善和维护生态产品。在此基础上应进一步建立多元化、市场化的生态补偿机制。

1. 进一步丰富生态补偿市场机制

通过培育和发展生态补偿市场主体和市场中介，鼓励市场主体、市场中介直接参与生态补偿，进一步实现生态补偿市场化，使市场机制发挥更大作用。一方面，要培育和发展行业自律协会、咨询公司或经纪人、金融服务机构、资产评估机构、信息服务机构等生态补偿市场中介组织。另一方面，探索通过购买服务的方式引入第三方市场力量参与生态补充。

2. 完善基于公众参与的生态补偿治理机制

一是推进公众参与机制，建立与公众的沟通机制。在生态补偿项目的计划、实施和评估过程中，要重视与公众的沟通，增强公众对项目的认同感，引导公众积极参与项目。在生态补偿决策制定过程中，要让公众参与决策甚至成为决策制定机构的成员。二是关注社区利益，建立科学的利益分配机制。社区居民获得足够的补偿对生态补偿项目的持续性非常重要。除资金补偿，工作岗位提供、技术培训、基础设施建设、精神激励等非资金补偿方式对社区居民同样重要。

3. 建立健全生态补偿激励机制

建立健全激励机制，引导企业、社会组织、社区和公众等参与生态补偿。企业参与生态补偿的动机包括经济利益、企业社会责任和环境规制约束等。政府通过购买服务、营造有利于企业履行社会责任的环境以及提高环境规制强度等方式激励企业参与生态补偿；社会组织和社会企业以志愿精神和社会公信度追求公共利益最大化，应为其成长创造良好的社会环境，确保其有条件、有能力参与多元化的生态治理；社区和公众参与生态补偿的动机包括经济利益，可持续发展，增强社会凝聚力、信任、决策权和自治等，且要建立与社区的沟通机制和信任关系。[1]

二、完善自然资源所有权救济制度

当国家的自然资源权益受到侵害时，可通过多种途径寻求救济。一是由自然资源行政管理机关依法查处利用自然资源造成环境破坏的违法行为；若违法行为情节严重、涉嫌犯罪，由自然资源行政管理机关移送公安机关或检察机关依法处理。公安机关侦查终结后，将案件移送检察机关并由检察机关按照审判管辖的规定，向审判机关提起公诉。二是通过生态损害赔偿磋商解决。国家是自然资源的所有者，当国家的自然权

[1] 参见梁锷：《完善我国市场化和多元化生态补偿治理机制研究》，载《环境生态学》2020年第10期。

益受到侵害时，国家授权的赔偿权利人与损害人协商解决；协商不成的，赔偿权利人可起诉到法院解决。三是由国家授权的相应的管理机构和社会组织作为原告提起公益诉讼。比如，针对非法采矿案，可由地方人民检察院提起公诉追究非法采矿责任人的刑事责任，并直接提起刑事附带民事诉讼代表国家对矿产资源损失进行追偿。

第五章　自然资源统一确权登记制度研究

第一节　自然资源统一确权登记的基本理论

一、确权视角下的自然资源界定

（一）自然资源的概念

自然资源在人类发展长河中扮演着极其重要的角色，是人类赖以生存、不可或缺的一部分。它源于科学领域，并非法学领域所特有。任何一个法律概念都不是凭空捏造的，而是随着社会历史的发展以及人类文明进步的需求，从生产生活过程中逐渐演化形成的固定的独特的法律定义。现行法律并没有对“自然资源”有科学规范的统一解释标准，在各地施行自然资源确权登记的过程中，极易出现对“自然资源”的差异性理解，导致自然资源确权登记混乱，不利于自然资源资产产权制度的顺利推进。比如，长兴县作为确权登记的试点地区，以土地资源为基础把自然资源分为土地、地上和地下自然资源。土地自然资源包括山岭、荒地、滩涂资源，地上自然资源包括水流、森林、草原资源等，地下自然资源就是已经探明储量的矿产资源，优先确权登记的自然保护区、地质遗迹、森林公园等自然保护地则作为一种特殊的集合型自然资源。[1]在实践中，除《自然资源统一确权登记暂行办法》规定的自然资源类型外，厦门市根据自然资源的复杂种类和存在形式，又将其进行二级分类，把河流、水库、湖泊列入水流资源，将地下矿泉水列为矿产资源。[2]甚至一些试点地区为了简便确权登记程序，直接将滩涂资源以水流资源进行登记。针对以上出现的种种问题，笔者认为在确权登记的视角下，对“自然资源”进行合理论述是很有必要的。

1. 自然资源的内涵

任何领域的研究者的工作都始于该领域所使用的语言和概念的创造。语言和概念是我们内在思想的外化，从某种意义上说，语言和概念为我们的思想提供载体，它们本质是一体的。自然资源内涵的科学界定对于自然资源统一确权登记制度来说尤其重要：不仅为该制度的研究提供理论基础，而且对保护自然资源、维护生态环境秩序、实现人与自然和谐发展具有重大意义。

自然资源是一个有很强包容性的集合词，它涉及的内涵是相当广泛的。作为人类生存和发展的物质基础，人们最初对于“自然资源”的理解源于1972年联合国环境规划署（UNEP）给出的定义，即所谓自然资源，是指在一定的时间条件下，能够产生经济价值以提高人类当前和未来福利的自然环境因素的总称。[3]自此许多学科都把自然资源作为重要的研究对象。由于学科目的以及研究方向不同，研究自然资源概念的出发点和侧重点也不同，自然资源的科学定义和内涵也不同。比较有代表性的观点大致分为以下几种：（1）从字面意思理解，自然资源由“自然”和“资源”两部分构成，即自然界存在的可利用的物质资源。它是大自然客观存在的自然生成之物，不以人的主观意志为转移。（2）从性质特征角度理解，自然资源是具有多维度的综合体，随着科学技术的

〔1〕 参见长兴县人民政府：《长兴县自然资源统一确权登记试点改革》，载《浙江经济》2018年第23期。

〔2〕 参见王前进：《厦门市自然资源统一确权登记试点实践探索》，载《测绘与空间地理信息》2020年第12期。

〔3〕 参见曹明德、黄锡生主编：《环境资源法》，中信出版社2004年版，第209页。

进步，人类发现的自然资源的种类日益增多，自然资源的范围也随之不断变化。不同地区的自然资源的种类和特点也不尽相同，正是因为这种差异性，自然资源的流动性强化了不同文化人们之间对于自然资源概念的交流融合。自然资源具有丰富的价值属性，其中生态价值和经济价值是最广泛被认可的，其科学价值、文化价值、社会价值也在日益凸显。不是所有存在于自然界的物质和能量都可以称作自然资源，只有对人有利用价值且人有能力利用的资源才可以成为自然资源。（3）从学科角度解释，地理学家金梅曼教授认为，无论是存在于地理环境还是存在于其他环境，只要能够被人类利用的资源统称为自然资源。[1]生态学家雷玛德主要侧重于自然资源的生态环境功能，从自然资源所富含的能量元素出发，认为自然资源蕴含巨大的能量，为人类及生态圈的健康发展提供基本的需要。[2]著名资源经济学家阿兰·兰德尔认为，自然资源是由人类探索发现的那些物质，那些为人类带来经济效益和使用价值的物质，这些物质都是自然资源。[3]梁晓波教授认为，自然资源是指能够存在自然界中并可以被人类利用的物质和能量，具有资源有限性和无限利用的潜在性双重特点。[4]由于生产生活的需要，人们最初对自然资源的理解主要以其经济价值为落脚点。法学学者主要从法学概念的基本要素角度出发，认为自然资源是在一定的社会条件下，存在于自然环境中的能够被权利主体直接支配的，具有利用价值且稀缺的天然形成或衍生之物。张梓太教授认为，自然资源的性质决定自然资源开发保护的内容和方式，也是法律制度的逻辑起点和决定性因素。[5]魏鹏程和郭宗璐教授认为，自然资源在法学理论中经常被探讨，它只能作为法律规范的调整的客体。同时，自然资源不仅包括自然物质能量，也包括自然环境，甚至是人类加工改造后与自然相关的要素。在法学领域中，学者认

---

〔1〕 参见蔡运龙编著：《自然资源学原理》（第2版），科学出版社2016年版，第200页。

〔2〕 参见万年庆、罗焕枝、刘学功：《对自然资源概念的再认识》，载《信阳师范学院学报（自然科学版）》2008年第4期。

〔3〕［美］阿兰·兰德尔：《资源经济学：从经济角度对自然资源和环境政策的探讨》，施以飞译，商务印书馆1989年版，第12页。

〔4〕 梁晓波：《论区域经济的可持续发展》，载《理论与改革》1998年第4期。

〔5〕 参见张梓太主编：《自然资源法》，北京大学出版社2007年版，第1页。

为自然资源是一种自然存在的物质能量，其存在与发展遵循客观规律，不以人的主观意志为转移。[1]

目前来讲，对自然资源没有统一明确的科学定义。在确权登记的语境下，如何理解“自然资源”的含义呢？笔者认为可以借鉴前述概念的有益之处，吸收其精华，概括总结出“自然资源”的定义。地理学科、生态学科的解释都有其偏颇之处，违背了法学中对于“物”的确定性和具体性的要求，比如太阳和月亮虽然对人类很重要，但是因其不可控制性，无法成为法律规范调整的对象，更无法成为自然资源确权登记下的资源资产。法学学者在法学意境中的解释有很大的可取之处，将天然存在的物质能量与经过人为改造的劳动成果一同纳入“自然资源”概念中，这也为《自然资源统一确权登记暂行办法》中将资源与自然保护地、自然保护区、国家公园列入确权登记的对象提供理论基础。因此，通过借鉴前述部分观点，将确权制度下的“自然资源”的内涵解释为：自然资源是指能为人类提供生存、发展和享受的自然形成的物质与条件。一般来说，自然资源包括气候资源、水资源、土地资源、生物资源、矿产资源、海洋资源等。

2. 自然资源的外延

自然资源的外延，即构成概念的“类”。不同学科对自然资源外延范围的划分标准不同。比如，根据自然资源的使用限度，可以将其分为可再生资源和不可再生资源；根据数量变化程度，将其分为流动性、稳定性和耗竭性资源。[2]按照相关规定，外延的对象包括水流、森林、山岭、草地、荒地、滩涂、海域、无居民海岛以及探明储量的矿产资源。按照《民法典》的规定，自然资源包括矿藏、水流、森林、山岭、草原、荒地、滩涂、海域、野生动植物资源。在第三次全国国土调查中，将土地类型分为湿地、耕地、林地、草地、水域等。按照自然资源管理部门的需要，将自然资源分为土地、矿产、水、森林、草原、海域、海

---

〔1〕 参见魏鹏程、郭宗璐：《论法学意境中的自然资源概念》，载《经济研究导刊》2009年第27期。

〔2〕 参见《第三次全国国土调查工作手册》，载自然资源部官网，http：//wwwmnrgovcn/zt/td/dscqggtdc/zl/201906/t20190604_2439983html。

岛、野生动植物、空域、自然保护区、风景名胜区等。《自然资源统一确权登记暂行办法》规定的自然资源的外延范围不仅包括《民法典》规定的9种，还有3种自然保护地。

（二）自然资源的特点

自然资源作为确权登记的核心要素，无论是从内在的规定性方面还是从外在的表现上，都有其独特的性质。对自然资源特点的分析和概括，有利于对确权登记制度的完善进行更深入的认识和理解。

一是稀缺性。谈到自然资源，人们总会首先想到稀缺性。稀缺性是自然资源的本质特征，正由于此特性，自然资源才能成为法律调整的对象。[1]如果某一资源是取之不尽、用之不竭的，则没有必要进行法律管制。每一种自然资源对于人类而言，只要被利用就会存在消耗，只不过某些能源的再生能力强，不会导致严重的短缺问题，但是对于一些不可再生能源而言，消耗即灭亡。同时，自然资源的稀缺性还体现在有些资源的利用不会导致数量的下降，但是会引起其他资源的减少。比如，人们滥伐树木，导致林地、森林资源的减少，影响野生动物的栖息环境，从而导致动植物数量的下降，对生物多样性造成极强的破坏。目前，随着社会经济的发展，人类生产生活的需要同自然资源稀缺的矛盾越发尖锐。资源短缺、供给不平衡、资源浪费、环境污染等情况都迫切需要将自然资源纳入统一确权登记的范畴。此次全面式地、地毯式地开展自然资源确权登记工作，如再不将濒临消亡的自然资源纳入确权保护的范畴，自然资源种类的多样性减少和储量锐减的情况就得不到有效解决。

二是有价值性。自然资源是联系人与自然之间的纽带，也是运用法律整合自然资源权属的必要所在。作为自然资源，其必须具备有价值性，为人们带来多元的价值才可以被纳入法律保护的范畴。根据《自然资源统一确权登记暂行办法》的文件精神，对自然资源确权登记的目的是建立自然资源资产产权制度，即明确界定自然资源的产权，维护交易的公平与安全，促进市场在资源配置中起决定性作用。因此，自然资源

〔1〕 参见魏鹏程、郭宗璐：《论法学意境中的自然资源概念》，载《经济研究导刊》2009年第27期。

的有价值性通过量化，为环境治理和资源管理、建立市场化的生态补偿机制等提供参考依据。

三是可控制性。自然资源统一确权登记制度下的自然资源需要同时具备有价值性和可控制性。虽然自然资源的总量是巨大的，但是由于人类的认识局限和开发程度的限制，人类有能力控制的自然资源是有限的。同时，由于立法目标和法律调整要素的限制，并不是所有的自然资源都必须进行法律调整，比如阳光、空气也是人类生存发展的必备要素，但因其不可控性，不需要纳入确权登记的范围。

四是整体性。根据《自然资源统一确权登记暂行办法》的规定，不仅将单一的自然资源要素纳入确权登记的对象，国家公园、自然保护地、自然公园也需要确权登记。[1]这是考虑到自然资源的整体性，各个自然资源要素不是单一存在的，而是一个相互联系的有机整体，形成一个完整的生态空间。只要其中一个资源发生变化，就会引起其他资源的连锁反应，这也是常说的“牵一发而动全身”。比如森林、草地、河流都可能同时存在于一块土地上或者埋藏在土地之下，这就构成了一个生态系统，一旦其中的水资源枯竭，就会导致草地和森林资源的锐减，继而引发动植物资源的减少，最终导致陆地生态系统的崩溃，严重影响人类的正常生产生活。也就是说，自然资源的整体性包含两个方面：其一，自然资源之间的存在形式的相互关联；其二，其生态功能之间的关联。自然资源的整体性也是其具有的最重要的特征，区别于传统物权的调整对象。在确权登记工作中，不能完全照搬传统物权的登记办法，而是要做好“整体性把控”，各地区和各部门做好协调，发挥自然资源生态系统的整体效益。

五是权属确定性。根据《自然资源统一确权登记暂行办法》第 4 条的规定[2]，此次确权登记就是为了厘清国土空间内的全部自然资源所

〔1〕 参见《中国国土资源报》编辑部：《国土资源部解读〈自然资源统一确权登记办法（试行）〉》，载《国土资源》2017 年第 1 期。

〔2〕《自然资源统一确权登记暂行办法》第 4 条规定，通过开展自然资源统一确权登记，清晰界定全部国土空间各类自然资源资产的所有权主体，划清全民所有和集体所有之间的边界，划清全民所有、不同层级政府行使所有权的边界，划清不同集体所有者的边界，划清不同类型自然资源之间的边界。

有权者。作为自然资源产权管理和土地利用控制的重要依据，自然资源所有权的界定不仅是技术线，还是政策线。自然资源权属确定性体现在重点资源国家所有，部分资源集体所有。此次确权登记对“四个划清”边界要求的规定，实质包含两层含义：其一，自然资源登记的确定性可以在法律法规中找到相关的权利归属的明确规定，法律的调整是自然资源所有权的基础。其二，确权登记的自然资源的权属必须是明确的，即自然资源的所有权人、使用权人以及管理权人必须是确定的。

六是可规范性。将自然资源纳入法律的调整范围，这是自然资源进入法学讨论的前提，不然只能将自然资源的概念视为常识或其他的学科意义，法律规定的自然资源的概念应该基于普通意义的细化并结合法律学科的特点，利用法律技术规范地表达。同时，法律逻辑的严谨性要求自然资源的概念必须是完美的且具有一定前瞻性。自然资源纳入确权登记的范畴，则是利用其可规范性特点，通过制定相关的法律规则，更好地规范自然资源的权属，规范资源的合理开发、有效保护和严格监管。

二、自然资源统一确权登记的概念

（一）自然资源确权和自然资源登记

自然资源统一确权登记的概念可以从“自然资源确权”和“自然资源登记”两个维度进行探讨。前者主要侧重强调自然资源在理论层面上的定义，后者主要是从实践角度上定义。

“自然资源确权”的概念在前文描述权属确定性时简单提过，确权的核心是确定自然资源的权属状况。《自然资源统一确权登记暂行办法》中对确权工作提出了要求，这就要求自然资源主管部门会同各级政府进行国土调查、自然资源专项调查、自然资源权籍调查和不动产登记，对本辖区内的所有自然资源及生态空间的权属情况进行界定，尤其是要处理好权属争议纠纷，确认其是归国家所有还是归集体所有，划清“四个边界”。

“自然资源登记”的概念按照《自然资源统一确权登记暂行办法》的规定，具体包含：登记单元（对象）、登记程序、登记信息管理与应用。目前开展的确权登记工作，主要是按照优先登记单元（国家公园、自然保护区、自然公园）—独立登记单元（水流、森林、草原、荒地、海域、探明储量的矿产）—其他登记单元的顺序制定登记簿。登记程序就是通告、权籍调查、审核、公告、登簿、变更和注销。与传统的不动产登记的客体有共同和不同之处，下文将会细致分析，此处不做叙述。登记信息管理与应用指的是开发自然资源登记信息系统，对自然资源的登记信息实行统一的管理。登记的工作主要由自然资源主管部门按照分级和属地相结合的方式完成，同时需要省、市、县、乡（镇）四级政府的协作完成。

（二）自然资源统一确权登记的内涵

如前所述，通过分析自然资源确权和自然资源登记的关联之处发现：虽然二者涉及两个维度，但是二者之间关系并不是完全分离的。自然资源确权主要指对于发生争议的自然资源所有权，依法确认其是归全民所有还是归集体所有的行为。自然资源登记是指登记机构对权属清晰的自然资源进行登记造册的行为。[1]自然资源确权结果是自然资源登记的依据，自然资源登记是自然资源确权结果的公示。不动产登记机构会参与确权工作，但是确权的最终主体仍然是县级以上人民政府，不动产登记机构主要承担的是登记的政府职能。确权和登记工作牵涉的工作部门会存在交叉，同时二者在实施过程中不存在前后顺序，可以同时进行。由此，可以总结出自然资源统一确权登记的概念为：国家以不动产登记为基础，全面调查国土空间内所有自然资源和生态空间后，明确界定其自然状况和所有权主体，登记机关将调查结果和相关事项记载于纸质或电子登记簿上，从而实现国家对山水林田湖草的整体保护，促进国土空间有序规划、合理管制和生态保护修复。

三、自然资源统一确权登记的必要性

《自然资源统一确权登记暂行办法》第 1 条即规定了此次自然资源统一确权登记的目的，即加快推进自然资源确权登记法治化进程，明确

---

〔1〕 参见刘守君：《自然资源确权与自然资源登记》，载《中国房地产》2019 年第1 期。

自然资源的权属，确定自然资源的使用者和受益者，明确所有权人的职责，强化管理部门对自然资源的保护监管职能，保证自然资源在市场中的流转顺畅，实行监管有效的自然资源资产产权制度，从而实现山水林田湖草整体保护、系统修复、综合治理。

1. 可持续发展的需要

可持续发展作为一种解决人与自然矛盾关系的新思维，是对人类自身的位置和人与自然关系的重新审视。从自然资源保护的角度理解“可持续发展”原则，其是指人们的生产生活应当在生态环境系统的生产和更新范围能力内，同时考虑到子孙后代的需要，合理利用和保护自然资源。核心要点有两个：一是人们在追求健康而富有生产成果的生活权利时应当坚持人与自然和谐相处，不应当凭借手中的技术和投资，采取耗竭资源、破坏生态和污染环境的方式来实现自己的生存权利；二是强调当代人在创造和追求今世发展与消费的时候，应与后代人享有同样的权利和机会，不能允许当代人自私地、片面地消费资源，剥夺后代人本应合理享有的同等发展与消费的机会。传统的发展以高投入、高消耗为其发展的重要手段和基本途径，以高消费、高享受为其发展的追求目标和推动力，因此往往片面强调发展的数量和速度，忽视对自然资源的保护，忽视发展与自然资源的合理比例。我国自然资源的人均占有量十分有限，在人口压力和开发利用规模日益扩大的情况下，实行自然资源统一确权登记制度，从国家的角度将自然资源进行统一的登记管理，严格地保护和合理地开发利用自然资源，既保证有更多的自然资源投入物质生产过程，满足社会发展的物质消费，又保持自然资源的潜能，为人类永续利用，从宏观上帮助调节人口、发展与自然损耗的合理比例。

2. 整体保护的需要

自然资源统一确权登记制度强化了自然资源的整体保护，促进了自然资源的集约开发和利用，推动了自然生态空间的系统修复和生态补偿。自然资源的首要功能是满足人们日益增长的物质需要。目前，我国自然资源利用较为粗放、方式单一，保护自然资源不是为了把自然资源过度保护，而是要在对自然资源统一确权的基础上，对自然资源设立使用权、用益物权和担保物权，促进自然资源的集约开发和利用。确权登记以不动产登记为基础，在物权登记不重复、不遗漏的前提下，实现自然资源的所有权以及生态空间的全部登记，突出了“山水林田湖草是生命共同体”的理念，根据生态功能的完整性、空间的完整性和行政管理确定登记单元，实现土地和自然资源立体空间的整体登记。确权登记要求对自然资源的基本现状、权属状况和公共管制信息充分掌握，并要求自然资源主管部门建立自然资源登记簿，及时向社会公示，为保护所有者的权益、生态环境系统修复和补偿提供产权保障。

3. 统一管理的需要

自然资源统一确权登记制度将自然资源的所有权和所有自然生态空间统一确权登记管理，明确了全民所有自然资源所有权代表的行使主体，划清了全民所有和集体所有的边界以及不同集体所有者的边界，破解了自然资源“公地悲剧”的困境以及整治了自然资源“九龙治水”现象。虽然在名义上国家是国有自然资源的所有权人，但是有名无实，国有自然资源范围广阔，种类繁多，实践中极易出现国家所有权人缺位或虚位等现象，导致与自然资源相关的权利和责任难以落实。在2018年政府机构改革以前，自然资源管理体制依然沿用计划经济的管理模式，各类资源分属不同的政府部门管理，出现“九龙治水”的现象；不同的政府部门因分割化问题严重，在自然资源的类型界定时采用不同的标准，甚至相互矛盾，造成自然资源的利用、监管、保护极易出现问题。2018年党和国家机构改革方案提出组建自然资源部，统一履行自然资源资产所有者职责和所有国土空间用途管制职责。根据《自然资源统一确权登记暂行办法》第6条的规定，由自然资源主管部门开展自然资源统一确权登记工作，按照分级和属地相结合的方式进行登记管辖。《自然资源统一确权登记暂行办法》第30条第1款规定，在国家不动产登记信息管理基础平台上，拓展开发全国统一的自然资源登记信息系统，实现自然资源确权登记信息的统一管理；各级登记机构应当建立标准统一的自然资源确权登记数据库，确保自然资源确权登记信息日常更新，根治“九龙治水”问题。

四、我国自然资源统一确权登记制度的理论基础

（一）自然资源国家所有权理论

1. 自然资源国家所有权理论概述

自然资源的确权登记需要清晰界定全国国土范围内存在的各种自然资源及生态空间的权利归属主体。权利是构筑制度文化的核心要素；法学研究应当以权利本位为范式，以权利本位为起点和归结。[1]《荷兰民法典》将所有权描述为：所有权是人类对物所享有的最广泛的权利。[2]根据《自然资源统一确权登记暂行办法》第10条的规定，将所有权的主体分为两种，一种是国家所有，另一种是集体所有；所有权的行使方式分为直接行使和代理行使。本次开展全国性自然资源确权登记的主要目的是解决自然资源的国家所有权问题。因此，本部分主要探究自然资源的国家所有权问题。

2. 自然资源国家所有权的内涵

自然资源的国家所有权指的是国家有权依据法律的规定，对自然资源享有的占有、使用、处分和收益的权利。可以从以下三个方面理解自然资源国家所有权的内涵：一是自然资源的国家所有权属于国家，而不是政府、政府的职能部门或者政府下放管理权力的机构所有；虽然政府或职能部门会代理行使所有权，但是在法律层面上，所有权人仅是国家。二是从自然资源所有权的分类来讲，具体包括国家所有的自然资源、集体所有的自然资源以及法律允许的私有自然资源。国家只对属于国家所有的那部分自然资源行使所有权，而不是全部。三是自然资源的国家所有权是一种完整的权利，包括对自然资源的占有、使用、收益和处分等各种权利。主流观点认为自然资源的国家所有权是物权的一种，属于民法的调整范围，具有排他性、绝对性、可支配性的特征。但是自然资源所有权更多是体现公益的性质，保护自然生态环境，保障资源的可持续利用，维护国家政治和经济安全，实现人与自然的和

---

〔1〕 参见何志鹏：《权利基本理论：反思与构建》，北京大学出版社2012年版，第3页。

〔2〕 参见《荷兰民法典》（第3、5、6编），王卫国主译，中国政法大学出版社2006年版，第106页。

谐共生。

3. 自然资源国家所有权在确权登记制度下的具体体现

自然资源的所有权的界定法律依据主要存在于宪法、部门法和特别法中。宪法确定了自然资源权属的整体基调：我国对于自然资源权属并没有统一的法律规定，散见于自然资源单行法中，比如《森林法》《草原法》《海域使用管理法》《矿产资源法》等规定了森林、草原、海域、矿产资源的权属制度。自然资源所有权形式分为两种，即全民所有和集体所有。其中城市的土地资源、水资源和矿产资源全部归国家所有，其他的自然资源归集体或国家所有。《自然资源统一确权登记暂行办法》第2条规定，按照资源公有、物权法定和统一确权登记的原则确定自然资源的所有权。对于国家而言，不是赋予行政机关获取更多经济利益的私法权力，而是赋予其管理自然资源的公法义务。国家集自然资源的所有者、管理者、经营者三种角色于一身。将自然资源确定为国家所有，一方面是为了保护自然资源不被破坏，另一方面是为自然资源有效配置到社会的各个环节提供保障。但是，自然资源国家所有权制度在统一确权登记中会存在以下问题：

第一，国有自然资源所有权的虚置，自然资源所有权主体与代理行使所有权主体的利益冲突问题。国家要真正行使自然资源所有权，就必须将这一所有权委托给中央政府；但是中央政府不可能直接管理和使用所有的全民所有的自然资源，必将其委托给中央各管理部门和地方政府；各部门和各级政府也不可能全面、细致地管理和保护这些自然资源，它们也会去寻找具体的代理人去行使权利。[1] 比如，在自然资源确权登记过程中会发现，地方政府和国务院有关部门作为国家所有权的代理人，行使管理、使用和处分的权利，另外自然资源部也会组织成立相关的机构，如设立国有林场、国家公园管理局等来具体行使特定的自然资源的使用权能。这种层层委托的做法，每个环节的代理人与它的委托人的目标存在差异，将会催生国家和各级委托代理人之间的利益冲突。

---

〔1〕 参见黄桂琴：《我国自然资源国家所有权物权属性研究》，载《石家庄经济学院学报》2006年第3期。

国家自然是从整体上、宏观上平衡各方的利益需要，最大限度满足人类对自然资源的需要。但是各部门和各地政府则需要考虑自身的利益，在最末端的代理人与国家实施自然资源确权登记的目标相差甚远，可能存在代理人行为严重违背自然资源共有利益的可能。

第二，各级政府的管理职能与所有者权益相混淆问题。也就是各级政府在自然资源管理与保护的过程中既充当着使用者的职能，又扮演着管理者的角色。实施者与审判者于一身的自然资源所有权行使方式不仅会降低自然资源的交易质量与效率，也会降低政府行使公权力的威信，无法达到自然资源管理和所有权的运作的预期目标。所以，在自然资源确权登记过程中，要把国家对自然资源的行政管理权和所有权进行合理分离，从而提高自然资源的利用效率。

综上所述，自然资源所有权制度源自宪法的规定，是自然资源统一确权登记制度的重要理论基础。清晰界定我国全部国土空间各类自然资源的权属状况，可以保障国家应享有的权利，实现确权登记制度的初衷。

（二）物权登记理论

自然资源确权登记依托于不动产登记的经验，以物权客体为基础，将在客体上享有所有权的登记主体记载在以登记单元为划分标准的登记簿上，并利用“互联网 + 自然资源政务服务”公示在行政管理网站上。根据《自然资源统一确权登记暂行办法》的规定，自然资源统一确权登记制度确立了“自然资源”和“自然生态空间”双重客体，既体现传统物权权属确认的经济属性，又突出保护自然资源的生态属性。自然生态空间源自生态整体性理论，形象概括了自然环境要素的整体性；并且其含义不仅仅是区域内自然资源要素的简单相加，也突出其整体的环境影响。按照生态功能划分登记单元，并根据其重要性确定登记的优先性。

1. 自然资源统一确权登记客体与传统物权客体的比较

我们在讨论自然资源与生态空间可以成为确权登记的客体时，首先需要讨论自然资源及生态空间能否成为物权登记的客体。

第一，物权登记的客体为具有经济价值性的有体物。按照传统物权的观点，判断一个物是否为物权登记的客体，首要因素是其经济价值以及能为权利人带来的利益，并能为人类的生产生活提供需要。[1]传统的物权客体指的是特定的有体物，因其具有实用性、经济价值性，而将其纳入法律的调整范围。自然资源及其生态空间具有多元结构形态，其既可以是有体物，也可能是无法通过物理状态衡量的无形物；自然资源不仅具有经济价值，而且具有生态价值、文化价值和医学价值等，有些价值甚至超过经济价值对人类生产生活的重要性。单纯地以经济价值确定物权调整的客体，则会使自然资源及生态空间无法纳入物权法的客体，与我国自然资源统一确权制度相违背，最终导致权利人无休止地获取、利用自然资源的经济价值，而忽视生态价值，造成土地浪费、大气污染和水污染等一系列环境问题。当前人们对自然资源的需求增加，交易范围扩大，生态价值和经济价值并非对立关系，一些生态价值可以转化为经济价值。

第二，物权登记的客体必须具有特定性。根据物权的直接支配性，要求权利人可以按照自己的意愿使用、处分标的物，[2]则该标的物具有特定性，即该物只有一个所有权人。物权的特定性是为了明确权利的范围，方便权利人依法行使权利。如果物不特定，则权利人支配的对象无法确定，那么讨论物权则无意义。在环境法领域，《民法典》延续了《物权法》（已废止）中的建设用地使用权、海域使用权、探矿权、采矿权等，将海域、矿产资源等确定为物权调整的客体。有些自然资源无法准确测量边界，比如具有流动性的空气和河流等。根据《自然资源统一确权登记暂行办法》的规定，将自然资源与生态空间一同纳入确权登记的范围，生态空间是一种非实物性质的自然资源，利用区域内具体的自然资源要素整体发挥生态功能。生态空间嵌套于整个环境要素，无法单独从中剥离出来，很难确定其具体的数量和范围。由于早期物质的单一和匮乏，人们仅仅依据物理状态确定物权的客体，自然资源及生态空间不满足稳定性特点。但是随着发现自然资源的种类增多、

---

〔1〕 参见黄萍：《自然资源视角下的传统物权客体理论之反思》，载《江西社会科学》2012 年第 7 期。

〔2〕 参见王全弟主编：《民法总论》（第 2 版），复旦大学出版社 2004 年版，第 161～165 页。

人类的认知提升、交易范围的扩大以及自然资源理论发展，传统的物权观念被打破，一些不属于物权客体的自然资源及生态空间，利用科学技术、法律技术人为地将其确定为物权客体。随着自然资源的交易范围扩大，传统的物权客体理论已不符合时代的发展趋势，在物权客体特定化问题上要与时俱进，我们不要局限于物理状态，只要可以与其他物做区分，无论是自身状态属性，还是通过技术手段或人为确定将其特定化。比如，人为地划分土地使其特定化，根据干湿季确定河流范围。

第三，物权登记的客体必须独立存在。物权登记的客体指可以独立存在的物，并不依附于他物且具有明显的界限。有些自然资源是独立物，有些自然资源及其生态空间多以整体性的环境要素形式存在，属于集合物，如森林资源不仅包含森林、树木，还包含动物、植物和微生物等要素；海洋资源不仅包含水，还包含底土、矿产等；林地资源在确权上不容易与草地资源区分等。传统物权认为集合物不属于物权客体，只有独立物才符合物权客体。按照此观点将会使交易成本增加，程序复杂。比如，自然保护地属于集合物，如果把自然保护地中的单一的自然资源要素看作独立物，则交易时会增加双方的负担，因此将整个生态空间看作一个统一的整体，就会简化交易程序，减少双方的麻烦。

第四，物权登记的客体具有可支配性。人们为了满足生产生活需要，对特定物可以行使占有、使用、处分、收益的权利。在自然资源日益丰富的今天，自然资源对人们的益处越来越明显，比如，人们通过捕捞鱼类满足自身的营养需求，通过游玩环境优美的自然保护地满足精神文化需求，通过森林获取清洁的氧气满足生存需求等。人们对于物的可支配权既与物的经济价值、生态价值息息相关，也与自身发展的需要相关。随着社会的发展，人们对于自然资源的控制力也在不断地提高，之前不能认识和支配控制的自然资源，现在也能通过科技、法律等手段按照人们的意愿支配，并被国家的法律纳入物的范围。

总之，自然资源具有价值性、可支配性、可特定性等特点，与传统的民法物权具有共通的属性，具有成为物权客体的基础，能够成为确权登记的客体。

2. 自然资源统一确权登记客体对"一物一权"原则的发展

"一物一权"原则主要是为了保证交易的效率与安全，避免物权关系变动的复杂化，虽其没有在《民法典》中明确规定，但在民法理论的发展演变过程中，多数民法学者坚持"一物一权"的观点。"一物一权"理论不仅指物权客体特定，而且指一个物上只有一种权利，不允许有两个或两个以上互不相容的权利。[1]在罗马法中，"一物一权"原则要求明确权利的客体，由此可知，所有权的客体应当是独立物，而不是集合物。[2]这是由罗马当时的经济发展水平以及人们对于物的认知局限造成的。随着经济的快速发展，传统的"一物一权"原则受到了巨大的冲击。笔者认为，物的有体性对"一物一权"的稳定性起着重要的作用，"一物一权"原则的适用与维护交易秩序安全有关。随着现代社会的发展，自然资源的利用也从平面转向立体，对于自然资源的确权登记不能再局限于"一物一权"的表面含义，从保护生态环境的角度来看，将自然资源与自然生态空间同时赋予物权登记的客体，并没有与"一物一权"原则相矛盾，自然资源要素仍然作为自然资源保护的客体，生态空间实质上是整体的"物"，正如民法上的"人"不仅仅指自然人，同时也包含"法人"。自然资源统一确权语境下的"物"，不仅包含单一的自然资源要素，还包含具有生态价值的生态空间。如果我们仅仅将单一的自然资源要素列入确认的登记客体，割裂自然资源要素组合成的生态空间的整体性，就会出现过分重视自然资源的经济价值，而忽略整体生态空间上的生态价值，这与我们保护生态环境的初衷是不相符的。人们物质生活水平的提高导致其对自然资源的需求量增加，同时也对自然环境提出了更高的要求。确权登记的双重客体并没有突破"一物一权"限制，只是在"一物一权"的框架内，对"物"的定义进行适当的外延。

---

〔1〕 参见梅夏英、高圣平：《物权法教程》（第2版），中国人民大学出版社2007年版，第215页。

〔2〕 参见［日］我妻荣：《日本物权法》，台北，五南图书出版股份有限公司1999年版，第128页。

第二节 我国自然资源统一确权登记制度现状及存在的问题

一、我国自然资源统一确权登记制度现状

2013 年，十八届三中全会明确指出，对“水流、森林、山岭、草原、滩涂等自然生态空间进行统一确权登记，形成归属清晰、职责明确、监管有效的自然资源资产产权制度”；2014 年，中央有关部门《贯彻落实党的十八届三中全会〈决定〉重要举措分工方案》明确提出第 275 项改革举措由原国土资源部牵头推进；2016 年，中央全面深化改革领导小组（现为中央全面深化改革委员会）第 29 次会议审核通过《自然资源统一确权登记办法（试行）》，在青海等 12 个省份部署开展自然资源统一确权登记试点；2019 年，自然资源部等五部门联合印发《自然资源统一确权登记暂行办法》，启动海南热带雨林等 5 个国家公园、长江干流、太湖自然资源确权登记，并对试点成果进行完善；2020 年，自然资源部办公厅印发《自然资源确权登记操作指南（试行）》，各省印发省级工作方案，启动本省自然资源确权登记工作。自此，我国自然资源确权登记制度已经建立了相对成熟的体系，由点及面，进入了全面铺开、分阶段推进的时期。

自然资源统一确权登记制度是我国新创设的将自然资源所有权归属、内容以及公共管制状况记载于登记簿并向社会予以公示的制度，这个制度改变了我国过去自然资源分散确权登记的状况，逐步形成新型的确权登记方式，实现了我国自然资源管理从多层次权益叠加、多部门职能交叉转变到逐渐精细化、专业化和综合化。但是，由于自然资源统一确权登记工作开展不久，《自然资源统一确权登记暂行办法》的出台虽然给予确权登记工作一些思路，但是在地方具体开展确权登记工作时仍然出现种种问题，本节将重点分析《自然资源统一确权登记暂行办法》对自然资源统一确权登记制度的相关规定以及试点地区在实施确权登记的具体做法。

（一）《自然资源统一确权登记暂行办法》的出台

随着生态文明体制改革任务的不断推进，我国的自然资源管理也发生诸多变化。《自然资源统一确权登记暂行办法》的出台无疑为自然资源统一确权登记工作指明了方向，确定了确权登记的基调，促进了自然资源有序开发和保护的发展。首先，《自然资源统一确权登记暂行办法》的出台纳入了试点工作的相关成果，权利指向更加全面科学。第9条[1]将“国土空间规划明确的用途”明确列为确权登记的内容，与我国国土空间开发利用制度进行有效衔接；第10条规定了自然资源所有权相关主体结构，响应了国家机构改革对自然资源管理部门的统一行使自然资源所有权能和统一进行国土空间规划管制、生态保护修复的职能定位，衔接自然保护地管理的需求，减少全民所有自然资源所有者缺位、不到位导致的现实问题。其次，《自然资源统一确权登记暂行办法》实现了地球生态系统确权登记的全覆盖，将所有的自然生态空间纳入确权登记的范围，科学体现了自然资源物质形态与立体空间的统一关系，彰显了山水林田湖草“生命共同体”理念。最后，《自然资源统一确权登记暂行办法》专门对自然资源登记的资料进行了明确，为确权登记工作明确了操作指南，为自然资源所有权、使用权以及管理权的追根溯源奠定了牢固基础，提高了自然资源登记信息共享利用的水平和深度。

（二）确权登记工作现状

根据国务院《关于全民所有自然资源资产有偿使用制度改革的指导意见》（国发〔2016〕82号）的规定，以及国家发展和改革委员会等六部门关于生态文明先行示范区建设等相关方案，各地政府均已开始开展辖区内重点自然资源的统一确权工作，以不动产统一登记为基础，确定辖区的确权登记范围，以此划定登记单元进行确权登记，并依法向社会公开自然资源确权登记结果，实现自然资源确权登记和有效监管，构建自然资源统一确权登记体系。

---

〔1〕《自然资源统一确权登记暂行办法》第9条规定，自然资源登记簿应当记载以下事项：……自然资源登记簿应当对地表、地上、地下空间范围内各类自然资源进行记载，并关联国土空间规划明确的用途、划定的生态保护红线等管制要求及其他特殊保护规定等信息。

目前，实行自然资源统一确权登记工作的地区多采用“三步走”战略，即首先召开动员部署会议，传达中央相关精神，统一思想，明确工作任务、时间节点和职责划分，促使自然资源统一确权登记工作有条不紊地进行；其次相关部门组织实施；最后全面总结确权工作登记经验和需要完善的建议，制定相关的自然资源所有权争议处理的相关制度，探索建立全民所有自然资源资产有偿使用制度。其中，组织实施阶段又分为六部分：一是制定相关的规则，全面摸清辖区的土地、矿产、水流、森林等自然资源的数量及确权情况。针对国土资源、林业、水利等部门不同的管理规范和制度，进行充分探讨，提出合理解决自然资源类型分类和划分国有与集体两个边界问题的方案，并制定自然资源统一确权登记试点工作规则和调查类型。二是公开招标专业的调查队伍进行自然资源调查。三是收集相关资料：土地承包经营权、林权、矿产等登记资料，遥感影像图、城乡规划图、土地利用现状图，以及其他自然资源管理部门整理的相关调查资料。具体来说，原建设局提供的城乡规划资料，原国土资源局提供的永久基本农田的划分结果、矿产资料等，原环保局提供的生态保护红线资料，原农业局提供的土地承包经营权登记资料，原林业局提供的森林、林地资料等，水利局提供主要河流资源的基础数据资料。四是开展外业调查。制造工作底图，将收集到的资料标绘到土地利用现状图及正射影像图上，即“图层叠加”方式，结合已登记的不动产权属边界，按照自然资源的种类和相对完整的生态功能区在地图上预划自然资源登记单元。然后由作业队伍进行实地调查，查清每个登记单元里的各类自然资源的类型、边界、面积、数量、质量、权属等，形成自然资源调查图鉴和相关调查成果。五是根据自然资源调查成果以及相关审批文件，对登记的内容进行审核，对涉及争议的问题形成有效的解决方案，并将不涉密的自然资源登记事项进行公示。六是在不动产登记信息系统的基础上，开发自然资源登记信息系统，实现自然资源登记数据与不动产登记信息的有效衔接，实行统一的自然资源确权登记网络应用平台。

国家虽然规定了自然资源统一确权登记工作的实施办法和操作指南，但是各地区在进行具体确权登记工作时，会根据本地区的行政区划、自然资源种类、分布情况对方案进行细化，这一过程会导致各地在实施该制度时采取不同的确权登记方式和标准，且由于各地的发展水平和实际操作能力存在一定差异，各地的确权登记工作进展程度参差不齐，因此有必要结合试点地区的确权登记的具体做法分析自然资源统一确权登记制度存在的问题，并提出改善对策。

二、我国自然资源统一确权登记制度存在的问题

结合自然资源资产管理体制改革、自然资源资产产权制度改革、国家公园体制改革、统一调查规划，充分利用现有成果，提高自然资源所有权确认登记效率是此次确权登记实现的目标。在自然资源确权登记的试点地区得到两个重要的研究成果，一是逐步形成一套有效的自然资源确权登记工作程序、技术方法、标准和规范，验证了自然资源确权登记的现实性和可操作性；二是发现了在资源类型划分、登记单元确定、自然资源权属、管理体制等方面的问题和困难。

（一）确权登记的对象不明确

确权登记的自然资源的类型和分类标准是实现国家对自然资源实施统一管理、统一规划的前提之一。在确定自然资源类型之后，还需要对自然资源实施具体的类别划分，这也为制定自然资源登记单元提供一定的依据。如前文所述，对于“自然资源”的具体概念不管是在学界还是在实务界都没有形成统一的共识，现行的相关法律也没有对“自然资源”的明确定义或解释，这就导致了各地区在确权登记的时候极容易出现对自然资源的类型认定存在差异。《自然资源统一确权登记暂行办法》虽然在总则中就直接规定了确权登记的类型包括水流、森林、山岭、草原、荒地、滩涂、海域、无居民海岛以及探明储量的矿产资源等，但是这种分类方式是借鉴《宪法》第9条关于自然资源的描述。笔者认为，用这种笼统列举的方法去定义“自然资源”的概念以确定确权登记的对象，势必会给实践工作带来问题和困难。

1. 确权登记的对象在学理上表述模糊

第一，立法上对自然资源类型和分类标准表述含糊。《自然资源统一确权登记暂行办法》中关于自然资源类型的确定来自《宪法》第9条

的规定，其列举了 7 种具体的自然资源类型，又有扩展性的描述，一个“等”字就表示自然资源并不局限于条文规范，其作为一个兜底性的字眼。但从单列举的类型和兜底的规定来看，实践中认定自然资源类型还存在一定的难度。

第二，学科体系上对自然资源的类型和分类标准认定不一，大致分为以下几种观点：杨静等通过分析认为，实行一个统一的林地分类系统、林地识别标准，构建一个信息管理平台，实现林地资源地图化管理，可以为空间规划的建立、合理使用自然资源提供科学依据。〔1〕陈长成等认为，在国土空间功能利用的基础上，应构建国土空间自然资源规划的分类标准。〔2〕李杏茹等认为，可以从会计角度出发，提出以会计理论为主体，以统计核算方法为辅助，以生态文明建设和绿色政绩观为目标，改进自然资源资产体积核算和技术价值核算标准，构建统一可行的自然资源核算准则体系和资产核算报表标准体系，确定统一的自然资源分类标准体系。〔3〕邓玲等认为，可以建议优化和完善自然资源标准化管理机制，科学构建自然资源分类标准体系，探索和构建自然资源标准实施监督机制，提升自然资源标准的国际水平。〔4〕

2. 确权登记的对象在实践中分类不明确

确权登记实务工作中对自然资源类型理解差异大。通过调研试点地区的确权登记工作，发现试点单位在制作工作底图的时候使用的是原国土、林业、水利、农业、环保等部门关于自然资源调查、规划、审批和监管的数据。我国自然资源管理一直以来都是按照这些管理部门的职能分工和管理权限独立进行，制定一系列不同的自然资源调查和分类标准，缺乏有效的衔接机制，导致自然资源存在分类界定不统

〔1〕 参见杨静、张德礼：《适应自然资源统一管理的林地调查标准研究》，载《上海国土资源》2018 年第 3 期。

〔2〕 参见陈长成、邓木林、朱江：《面向国土空间规划的自然资源分类》，载《国土与自然资源研究》2019 年第 5 期。

〔3〕 参见李杏茹、申文金、于常亮：《编制自然资源资产负债表的标准化问题与建议》，载《标准科学》2019 年第 12 期。

〔4〕 参见邓玲、申文金：《自然资源资产管理体制下的标准化体系建设思考》，载《中国标准化》2019 年第 13 期。

一，管理权限重叠、交叉情况严重，审批界限的变化较大且仍在调整，无法形成统一的分类标准，不能满足实践工作的操作需要。自然资源仍然处于有限保护阶段，国家亦没有出台统一的自然资源分类标准，造成确权登记工作中从各自然资源管理部门收集到的数据因分类标准差异无法建立统一的数据登记簿，导致实践工作的开展进程缓慢。

一是试点地区对于“自然资源”的概念理解出现较大分歧，在试点区域内调查确权的自然类型区别较大。如长兴县规定了水流、森林、荒地、滩涂和矿产资源以及自然保护地等6种自然资源类型;[1]福建省要求对由本省负责开展的水流、湿地、海域、矿产、森林等5类自然资源的所有权和所有自然生态空间统一进行确权登记；江西省将水流、湿地、草原、森林、矿产资源等5种自然资源作为自然资源调查的对象，并结合实际情况，将滩涂资源划为水流资源，将经济林纳入了森林资源，排除了山岭资源。[2]江苏省如东县规定了10种确权登记的自然资源类型，分别是：土地、矿产、森林、草地、湿地、水、荒地、滩涂、地形和海洋；还有的市县考虑到当地自然资源的情况，将部分资源的类型进行合并，比如齐齐哈尔市由于地形条件，当地的滩涂资源多分布在河流之间，因此将滩涂资源划入水流自然资源中进行登记。通过查找各省市的自然资源统一确权登记总体工作方案可知，在确权登记的实际操作中，对“自然资源”的概念理解不同会直接导致确权登记的类型千差万别。

二是各省市对于自然资源的分类标准也有差异，对同一种自然资源可能存在两种以上的分类方法，且自然资源面积的标准认定不一。目前，各试点地区对自然资源再分类的标准主要依据《土地利用现状分类》、行业标准和第三次全国国土调查分类。浙江省长兴县根据《土地利用现状分类》（2017年版）将水利部门管理的大中小型水库、江河和

---

〔1〕 参见长兴县人民政府：《长兴县自然资源统一确权登记试点改革》，载《浙江经济》2018年第23期。

〔2〕 参见闫保银、崔立：《基于土地资源调查的自然资源统一调查方案》，载《现代农业科技》2018年第22期。

湖泊纳入水流资源；在《土地利用现状分类》的基础上，结合行业标准将滩涂资源以内陆滩涂为主进行认定。贵州省结合第三次全国国土调查的结果，将森林资源分为乔木森林、竹林森林、灌木森林和疏林森林；将水流资源分为江河和湖泊；将草原资源分为天然草原、人工草原和其他草原；将荒地资源分为裸地、盐碱地和沙地。对于“湿地资源”，河南省驻马店市将湿地资源种类分为河流湿地、湖泊湿地、沼泽湿地和人工湿地，不包含滩涂资源，而贵州省则把滩涂资源也纳入湿地资源调查范围。在贵州省自然资源确权登记工作中，出现同一块区域林业部门认为是林地，农业部门却认为是草地。同一块区域，省林业部门批复规划的面积为16,495公顷，县森林公园管理处提供的面积为162,377公顷，县生态文明建设局提供的面积是160,512公顷。

通过以上的研究发现，关于自然资源的类型和分类标准存在的问题可以概括如下：基于学理的自然资源具有较强的概括性和不同的学科的侧重点，无法形成统一的自然资源分类体系，在实践工作中应用较少，缺乏有效的衔接机制，不便于实际操作；基于实践管理的分类，由于各资源管理部门的职能不同，彼此之间缺乏有效的沟通，分类标准存在遗漏和交叉的现象。

（二）确权登记的登记单元划分不明晰

确定登记单元的目的是更好地确定自然资源的权属。《自然资源统一确权登记暂行办法》规定，由登记机关根据水利、农业、林草、生态环境等部门的自然资源所有权的范围，综合考虑不同自然资源的种类和在生态、经济和国防中发挥的重要作用，在相对完整的生态功能、集中连片等因素的基础上划定登记单元。国家公园、自然保护区、自然公园等各类自然保护地应当优先作为独立登记单元划定，水流、森林、草原、荒地、海域、探明储量的矿产资源可以单独作为登记单元。根据自然资源的属性特征，登记单元应具有以下两个特征：一是登记单元在自然资源确权登记中是一个立体的空间概念，是动态的。比如，水流资源，水的数量和质量一直在变化，因自然因素或人为因素，水道还可能被改动；森林资源和草地资源中野生动物是流动的，植物种群是可变的，这些都为确定登记单元带来一定的困难。二是自然资源具有整体性，自然资源存在交叉的情况普遍存在，比如在一片森林中穿过一条河流，是将森林和水流资源独立确权登记，还是按照一个生态空间确权登记，存在一定的不确定性。

根据前文所述的确权登记工作现状可知，自然资源统一确权登记单元划分所需要的数据信息是由各相关部门提供的，比如，林业部门提供本辖区内森林资源的基础数据资料，水利部门提供河流的分布情况、水流量等数据资料。同时将土地利用数据、地理国情数据、自然资源调查数据、行政区划界线等数据信息按照统一的标准进行图层叠加，参照明确的图层重叠界线预划登记单元，并进行编码；对于图层叠加空间不一致的部分进行实地调查，合理界定自然资源登记单位的边界，全面调查登记单位自然资源的种类、数量、质量和所有权信息，形成符合国家标准的数据结果，建立自然资源所有权数据库；自然资源权属数据库与自然资源登记确权管理平台相连接，实现自然资源权属数据与登记确权工作的有效连接，便于国家对自然资源的统一管理。这种确定登记单元的方法主要存在以下几个问题：

第一，多数试点地区采用的以图层叠加的方式预划登记单元，无法有效解决各类自然资源与生态空间交叉重叠的问题。采用这种方式主要是考虑到合理利用相关部门现有的数据信息，将不动产登记成果、单独种类自然资源调查成果进行扣除，避免重复统计，方便确权登记部门掌握国家未确权、未利用的自然资源的种类和范围。但是这种操作方式在实践中极容易转化为将此次确权登记的范围确定为国有土地上的自然资源，忽视集体所有土地上的国家所有的自然资源。比如，在锦屏县自然资源确权登记时出现国有自然资源单元与集体所有权的水作土、旱作土、河流、滩涂交叉重叠，所有权不同的自然资源边界不清，且分布零星、不成规则。[1]各试点地区的做法，容易导致国家自然资源权属界线划定不清晰，国家所有权主体与集体、其他权利主体发生权属争议。

---

〔1〕 参见吴才涛、任成冕、敖锐：《锦屏县自然资源统一确权登记试点现状分析与对策思考》，载《科技风》2018 年第 16 期。

第二，自然资源确权登记单元预划采用多图层叠加的方式，这些图层数据来自不同的管理部门，各类自然资源数据质量参差不齐，为制作工作带来了困难。目前没有统一的各类自然资源管理的技术规范，各个部门技术水平不统一且采用不同的制图标准，自然资源的数据在成图精度、成图方法、成图时间、数据格式等方面均有差异，部分自然资源存在重复统计和权力交叉。在图层叠加时需要转化为统一的数据格式，这会大大降低登记单元划分的准确性，不能真实反映自然资源的数量与权属，容易出现权属争议，为确权登记的后续工作带来困难。

综上所述，现行的自然资源统一确权登记单元划分要求充分利用现有自然资源的统计数据，虽然减少了确权登记部门的工作量，可以快速摸清自然资源的基本情况，以及国家所有和集体所有的边界，但是这种方式还是存在一定的问题亟待解决。

（三）确权登记的自然资源的权属模糊

自然资源的权属界线模糊指的是自然资源的所有权和使用权的权属界线不明确。确定自然资源的权属是自然资源统一确权登记的重要内容，是确定自然资源的拥有者和受益者。自然资源的权属主要讨论的是自然资源的所有权、使用权和经营权，涉及公法权与司法权，因此在确定自然资源权属划分上不能简单用民法的规则划定。目前，我国自然资源统一确权登记权属主要存在以下问题：

一是自然资源分布的地区差异性，导致人们对于自然资源具有主观上的差异性。自然资源是一个动态的概念，并不完全客观，人们对经常见到的自然资源有普遍的认同感，但是对特定环境中存在的自然资源，重视程度就会出现差异。例如，由工业城市的市民认定自然资源的权属，他们则会侧重规范矿产资源、土地资源以及水资源等界线，对于滩涂资源、林地资源的关注度会降低。又如，经济学家和生态学家对于自然资源的定义也不相同，前者侧重自然资源的经济价值，后者侧重自然资源的生态价值，在对自然资源权属界线划定上就会存在主观差异。再如，由于中国东西部自然环境和经济发展差异大，人们在界定自然资源权属上也会出现分歧。西北部地区由于常年缺水，划分自然资源权属会侧重草地资源、林地资源、山岭资源等，东部地区会侧重水流资源、海域资源、无居民海岛等。这些差异并不是人们没有意识到自然资源的存在，而是这些资源并没有在他们的生活中出现，对资源的认识上存在明显不足，自然是不可能将其列入自然资源权属去重点规范的。因此，人们由于认知的局限性，对于各种自然资源的重视程度是不一样的，导致自然资源权属边界模糊。

二是我国对于自然资源权属并没有统一的法律规定，只是通过单行法的立法方式确定权属制度，未形成统一的自然资源分类体系，因而各类自然资源管理部门在对自然资源确权时，容易出现自然资源的权属交叉重叠，同一个登记单元内可能包含不同权属的自然资源类型，甚至遗漏某些自然资源。当前各地区在解决这些问题时，通常采用两种办法。一种是对同一登记单元的自然资源权属进行详细的登记，既登记自然资源的基本状况，又将自然资源的所有权主体一并登记；另一种是对于自然资源登记单元中同时存在国家和集体两种不同性质的权属时，直接将自然资源的权属性质确定为全民所有权，比如，辽宁省在确权登记时，河流、水库、湿地类保护区其权属基本都为国家所有，而森林生态类的自然保护区，其国有占比均为50%以下，集体产权占比过大，其登记成果无法体现不同层级政府如何行使权利，因此就将集体自然资源通过征收、赎买、划转为国有。这两种做法都有点极端，一方面全部登记虽然可以在登记簿上清楚标明自然资源的权属状况，但是没有清晰界定自然资源的全民所有和集体所有的边界，不符合自然资源统一确权登记制度的初衷，不利于我国自然资源产权制度的完善；另一方面粗暴地将自然资源权属划定为“全民”所有，虽然可以加强国家对自然资源的管理与掌控，可以有效落实生态保护红线、公共管制等职能，但是不利于自然资源市场化发展，削弱集体所有权对自然资源的使用和保护也会带来一定风险。

三是自然资源的存在方式和生长空间在一定程度上是无法控制的，自然资源和生态空间在地理分布上出现交叉重叠问题，同时也可能出现资源权利重叠的情况，当出现权属争议时，纠纷解决的模式差异大，可以通过当事人协商、调解，自行解决矛盾冲突，也可以通过行政或司法的处理来解决。根据《行政复议法》第30条[1]的规定，我国自然资源的权属发生争议时，需要将复议前置。这无疑增加了解决纠纷的成本和时间，打击民众使用法律手段维护自己的自然资源权属利益。此外，各地区在开展确权调查时也常因争议无法有效解决而暂时搁置工作。贵州省开展确权登记工作时，对于出现权属争议纠纷时，先组织双方当事人协商，可以协商解决的，就进行勘测定界，双方确认、签字、盖章，若不能协商处理的，就搁置该界线的权属调查，减缓了确权登记的工作进程。

（四）确权登记的管理权限混乱

虽然自然资源部的成立在一定程度上改善了自然资源所有权主体缺位的问题，但是对于国家所有权的具体行使没有明确规定，对于自然资源管理部门和地方政府在权能行使的角色与定位没有详细规定。一是全民所有自然资源分别由原国土、水利、林业、农业、海洋等部门按照类型独立进行管理，传统上，自然资源开发利用一直是被放在最优先的位置，优先考虑工业的发展，服务经济建设，对自然资源收费很低甚至无偿使用，修复和保护的成本往往被忽视。二是纵向自然资源的管理权分级行使又层层下移，许多由基层政府直接配置，往往导致各自为战、开发过度、保护不足。[2]三是横向部门职责分割，“多龙治水”，既有交叉又有空白，难以实现整体保护。这种状况就会导致自然资源确权登记出现诸多问题。

1. 自然资源的分类管理的现状短时间内很难扭转，自然资源清单尚未建立，各级政府的确权登记任务无法明确。我国之前开展过一些专门的自然资源确权登记工作，有一定的基础和成果，但是划清全民

---

〔1〕《行政复议法》第30条规定，公民、法人或者其他组织认为行政机关的具体行政行为侵犯其已经依法取得的土地、矿藏、水流、森林、山岭、草原、荒地、滩涂、海域等自然资源的所有权或者使用权的，应当先申请行政复议；对行政复议决定不服的，可以依法向人民法院提起行政诉讼。根据国务院或者省、自治区、直辖市人民政府对行政区划的勘定、调整或者征收土地的决定，省、自治区、直辖市人民政府确认土地、矿藏、水流、森林、山岭、草原、荒地、滩涂、海域等自然资源的所有权或者使用权的行政复议决定为最终裁决。

〔2〕参见成金华、尤喆：《“山水林田湖草是生命共同体”原则的科学内涵与实践路径》，载《中国人口·资源与环境》2019年第2期。

所有、不同层级政府行使所有权的边界是一个新的命题，各级政府在分配确权登记任务时经验匮乏，对于哪些自然资源由省级或市县开展没有明确的依据，工作量的分配也存在一定的争议。自然资源的分类管理包括调查、规划、审批和监管，这就需要各级政府或部门积极配合，切实做好每一环节，目前实际工作中各部门的工作衔接仍有困难。

2. 各类自然资源管理权限重叠，交叉情况严重，审批界限的变化较大且仍在调整。因行政区划不同、自然资源类型不同、自然资源保护地管理单位不同，通常将空间位置相邻的自然保护地划分成了不同的自然资源登记单元，造成自然资源登记单元的破碎和孤岛化，不利于自然资源有效管理。管理权限重叠严重，同一保护区分属不同单位管理，保护区与森林公园界线既有重合又不完全一致，因此哪些需要升级为自然保护区，哪些调整为自然公园，管理部门是否调整，这些问题都对确权登记工作带来一定的难度，需要制定相应的政策进一步细化。

第三节 完善我国自然资源统一确权登记制度的对策

通过试点地区的经验总结，为我国完善自然资源统一确权登记积累了大量的经验。笔者通过对自然资源统一确权登记相关理论进行阐述，同时结合试点地区的工作情况，对该制度实践中存在的问题进行深入剖析，下面就对以上问题提出相关的完善建议，以期对我国自然资源确权登记工作提供一点思路。

一、明确确权登记的对象

只有通过建立统一的自然资源体系分类的标准，明确界定各类自然资源的定义范畴，我们才能开展生态空间规划、产权界定、质量评估、生态保护、资源开发利用等科学利用自然资源的工作，才能明确自然资源的所有者、使用者和管理者及其行使、开发和保护自然资源产权所享有的权利和承担的义务，为实现“山水林田湖草是生命共同体”奠定坚实的基础，推动生态文明建设的发展。

（一）完善和创新现行法律对自然资源类型划分

我国的自然资源开发利用保护长期实行独立的管理体制，形成了专业化的管理经验，这为我国自然资源的科学分类等提供了专业保障。笔者认为，自然资源分类要充分依靠原有的分类标准，不能全部被推翻。原有的分类标准已经在对每一类自然资源的调查、评估和确权登记过程中建立了相应的体系，并形成了一套管理模式，应在继承的基础上加以完善和创新，以此改善现行的《宪法》《民法典》《土地管理法》《水法》《森林法》《草原法》《海岛保护法》等，对各类自然资源分类存在交叉或重叠的问题。《自然资源统一确权登记暂行办法》中将确权登记的自然资源的类型分为水流、森林、山岭、草原、荒地、滩涂、海域、无居民海岛以及探明储量的矿产资源等。根据多数试点单位的自然资源调查情况来看，很多地区的自然资源的调查类型是根据第三次全国国土调查的分类确定的。在《第三次全国国土调查工作分类地类认定细则》（以下简称《第三次地类认定细则》）中将湿地资源确定为一级分类，并且将滩涂资源划分到湿地资源里。因此，笔者建议将自然资源的确权登记类型明确为水流、森林、山岭、草原、荒地、湿地、海域、无居民海岛以及探明储量的矿产资源等自然资源的所有权和所有自然生态空间，以期解决立法上的自然资源类型分类与实践中自然资源调查类型不同步导致的数据不一致、无法共享的问题。

（二）明晰界定自然资源的二级分类

解决了确权登记自然资源一级分类的问题，接下来自然资源的二级分类才是我们需要着重讨论的重点。本章主要从自然资源的特征属性、用途管制、保护生态等角度，根据自然资源的类别、土地利用现状以及行业标准，结合《第三次地类认定细则》中对自然资源的分类，对水流、森林、草原、湿地等自然资源的分类进行详细阐述，以期对自然资源统一确权登记工作提供可行性建议。

1. 水流资源的分类标准

水流按照通说的观点指的是水的流动或者流动着的水，泛指江河。自然资源确权登记中的水流通常指的是流动的地表水，依据《不动产登记暂行条例》《环境保护法》《水法》《水资源论证分类分级指标》（SL－322－2013）的相关规定，将水资源的类型分为河流、湖库、海体、其他水体等4类。在《第三次地类认定细则》中将水流资源的二级类解释为河流水面、湖泊水面、水库水面、坑塘水面、沟渠、水工建筑用地、冰川及永久积雪。结合土地利用现状、水流分布现状、水资源调查成果，笔者认为可以沿用《第三次地类认定细则》对水流资源的规定，对于水流资源的数量和质量，可以借鉴水利部门“多年平均水流量”的标准和环保部门或水利部门的水质监测监管结果。

2. 森林资源的分类标准

《森林法》的附则将森林资源以两种方式分类，一是分为乔木林、竹林和国家特别规定的灌木林；二是按照用途可以分为防护林、特种用途林、用材林、经济林和能源林。在《森林法实施条例》里又将森林资源分为：森林、树木、林地以及依托森林、林木、林地生存的野生动物、植物和微生物。由此，笔者认为可以根据法律法规将确权登记的森林资源分为乔木林、竹林、经济林、灌木林和其他种类森林，对于森林资源的数量和质量标准，可以参考林业部门调查的“林木蓄积量”、“林木郁闭度”、“森林健康等级”和“林地质量等级”等。

3. 草原资源的分类标准

在《第三次地类认定细则》中，草原资源被定义为以生长草本植物为主的土地，不包括沼泽草地。我国的《草原法》对草原资源进行了比较细致的分类，不仅规定草原包括天然草地和人工草地，还在第42条[1]对其进行了二级分类，根据草原资源不同的用途，将其细化为7种不同的类型。在《草地分类》（NY/T 2997－2016）和《草原资源与生态监测技术规程》（NY/T 1233－2006）中将草地资源分为温性草原类、高寒草原类、温性荒漠类、高寒荒漠类等9类国家标准和青藏高原高寒草

---

〔1〕《草原法》第42条规定，国家实行基本草原保护制度。下列草原应当划为基本草原，实施严格管理：（1）重要放牧场；（2）割草地；（3）用于畜牧业生产的人工草地、退耕还草地以及改良草地、草种基地；（4）对调节气候、涵养水源、保持水土、防风固沙具有特殊作用的草原；（5）作为国家重点保护野生动植物生存环境的草原；（6）草原科研、教学试验基地；（7）国务院规定应当划为基本草原的其他草原。基本草原的保护管理办法，由国务院制定。

甸草原、西北温带暖温带干旱荒漠和山地草原等7类行业标准。

4. 湿地资源的分类标准

《第三次地类认定细则》将湿地资源定义为红树林地，天然的或人工的，永久的或间歇性的沼泽地、泥炭地，盐田，滩涂等。又将湿地资源细化为8个二级类，包括红树林地、森林沼泽、灌丛沼泽、沼泽草地、盐田、沿海滩涂、内陆滩涂和沼泽地。

综上所述，确权登记的自然资源类型的确定是确权登记工作顺利进行的前提条件，目前《自然资源统一确权登记暂行办法》中只确定了自然资源的类型，忽视将其二级分类，导致确权登记单位出现自然资源类型和分类标准不明确的问题。为避免"地方实施乱套"的问题，首先，要从立法上完善自然资源的类型划分，将确权登记的自然资源与第三次全国国土调查规定的自然资源类型相结合，以第三次全国国土调查的自然资源种类为基础，确权登记的自然资源与其相对应；其次，对于在第三次全国国土调查中无法找到相匹配的自然资源，要根据自然资源的类别、土地利用现状以及行业标准，结合《第三次地类认定细则》中对自然资源的细致分类，建立统一的、科学的、可操作的分类制度，减少确权登记工作中的困扰，提高确权登记工作的质量和效率，为全部国土空间范围内的自然资源权属的登记奠定坚实的基础。

二、明晰确权登记的单元划分

如前文所述，通过图层叠加的方式确定自然资源统一确权登记单元，无法有效解决各类自然资源与生态空间交叉重叠、数据质量不准确问题，需要完善自然资源统一确权登记单元的划分方法，以期为确权登记工作提供明确的操作方法。

（一）依据《自然资源统一确权登记暂行办法》的规定，合理划分登记单元

针对上述问题，《自然资源统一确权登记暂行办法》规定了登记单元划分方法，要将国家公园、自然保护区、自然公园等各类自然保护地作为优先的独立登记单元，管理或者保护审批范围在同一区域内越界或者重叠的，应当按照最大管理或者保护范围界限划定登记单元。对范围

内存在集体所有的自然资源，也要划入登记单元，并对其相关信息进行详细记载。该规定的出台，一方面给各地确权登记部门提供了划定登记单元的操作指南，有利于解决全民所有自然资源中包含集体所有自然资源的问题；另一方面省级及以下的自然资源主管部门相互配合，共同调查核实、确认自然资源的界限，有利于解决各部门在提供自然资源数据信息时出现的交叉重叠问题，提高自然资源数据利用共享程度，合理划分登记单元。

（二）利用第三次全国国土调查成果，解决自然资源与生态交叉重叠问题

笔者建议，在今后的自然资源确权登记工作中，可以将第三次全国国土调查成果作为划分预登记单元的基础，并进行相应的自然资源专门调查作为补充，全面、合理划分登记单元。根据第三次全国国土调查的要求，要对耕地进行详细调查，充分掌握耕地的数量、质量、分布和组成；对低效闲置的土地开展调查，全面掌握土地利用情况，同时开展自然资源的专门调查，整合相关自然资源的专业信息，确定自然资源的权属；建立国家、省、地、县四级互联共享的土地调查数据库，包括土地类型、范围、面积、权属和相关自然资源信息，完善各级网络管理系统，实现管理信息互连和共享；完善国土、森林、草原、水、湿地等自然资源信息变更的调查和统计，以及全天候、全覆盖遥感监测和信息快速更新机制。据了解，全国首轮初始调查汇总了292亿多个图斑。图斑是行政区、城镇村庄等调查界线或土地权属界线分割的单一地类地块，它也是最后形成第三次全国国土调查汇总数据的最基本的单位。第三次全国国土调查数据就是由这近3亿个图斑数据逐地块加总而成的。[1]第三次全国国土调查是以国家为主导的，全方面、多层次的各类自然资源调查，对此次自然资源确权登记工作具有一定的参考价值。在第三次全国国土调查结果的基础上，专门的自然资源调查作补充，可以有效解决各类自然资源与生态空间交叉

〔1〕 参见《53个国土调查不实典型案例公开通报，第三次全国国土调查预计今年完成》，载百家号网2021年3月16日，https：//baijiahaobaiducom/s%3Fid%3D1655771465019338002%26wfr%3Dspider%26for%3Dpc。

重叠问题，减少权属发生争议。

（三）引进第三方制作和评估机制

针对各类自然资源数据质量参差不齐，为制作工作带来困难的问题，可以引进第三方制作和评估确权登记单元，弥补自然资源管理部门提供的自然资源数据信息的缺陷。自然资源的数据信息主要来自自然资源管理部门，这些管理部门的制图技术有待提高，且真正了解自然资源状况的往往是县、乡的管理部门和农民。引进第三方制作和评估确权登记单元划分，具体可以分为专业公司制作评估模式、民众参与制作评估模式和高校专家制作评估模式。专业公司制作评估模式就是自然资源管理部门可以通过招标，委托专业、信誉高、能力强的自然资源制图公司进行自然资源的单元图层制作，减少因制图技术出现的问题；民众参与制作评估模式就是利用民众对于自然资源的熟悉情况，加大群众参与，有利于减少确权登记时发生的纠纷；高校专家制作评估模式就是让高校中的专家学者作为“第三方”接受管理部门的委托，为自然资源确权登记单元的划分提供专业的学理上的评估，提高登记单元划分的理论基础。第三方的制作评估是一种必要的、有效的外部抗衡机制，是社会组织加强自身建设的重要力量，规范第三方评估的范围、内容、程序，重点培育和发展第三方评估制度，[1]努力建立第三方评估制度和政策保障机制，使第三方评估成为政府管制的重要载体，成为社会监督的重要平台，弥补管理部门自我划分登记单元的缺陷，促进社会组织在经济和社会发展中发挥更大作用。

三、明晰确权登记的自然资源的权属界线

（一）编制自然资源权属界线规划

针对人们的认知差异以及自然资源的分布差异、自然资源权属模糊的问题，本书建议编制自然资源权属界线规划，从制度层面解决问题。比如俄罗斯建立的覆盖全国的土地地籍制度有利于区分自然资源的不同

---

〔1〕 参见民政部：《民政部关于探索建立社会组织第三方评估机制的指导意见》，载《中国社会组织》2015 年第 10 期。

类型，如森林资源、水资源、特殊保护区域等；澳大利亚的宗地登记，包括宗地的法定描述（宗地位置和宗地图编号等），土地权利人、共享权益或共有权益人的姓名、地址，宗地上存在的各种权益如抵押、租赁、地役和收益等，以及土地用途与限制等内容，有利于区分土地权利主体。因此，笔者建议在我国现行的按照各类自然资源的单行法的基础上，如《森林法》《土地管理法》《矿产资源法》《水法》《草原法》《海域使用管理法》《海岛保护法》等，可以考虑适时启动我国自然资源权属界线规划的研究和筹备工作，其主要内容要明确自然资源全民所有和集体所有之间的边界，全民所有、不同层级政府行使所有权的边界以及出现争端后的有效解决机制。这种做法可以解决单行法制定出台时间前后不一致导致的关于自然资源权属的规定存在重复、冲突、空白、不衔接、滞后等一系列问题。以法典形式来实现自然资源法律制度的整体性、系统性，不仅可以提高权属争议解决的效率，而且有助于弥补现在自然资源权属争议的空白，提高国家治理能力的现代化，实现社会公平正义。

（二）完善自然资源权属争议解决机制

自然资源权属界线模糊既包含自然资源所有权模糊，也包含自然资源使用权模糊，而且它的解决方式不同于平常的争议解决方式。主流的争议解决方式依靠政府的介入，因为争议的双方的焦点往往需要通过查询权属的初始登记佐证，根据行政法的相关规定，自然资源的权属争议需要先经过行政处理，对于跨省、自治区、直辖市的争议最终还要国务院裁决。本书建议简化争议解决的程序，提高司法审查的应用范围。行政相对人已经取得的自然资源所有权或使用权受到行政行为的侵害时，可以通过向法院起诉的方式，维护自身的合法权益。后者比前者多了一种救济途径，就是引入司法最终裁决，可以在维护公平的基础上提高争议解决的效率。同时，通过司法审查不只可以利用法律程序有效解决争议，更深层的含义是通过审查行政行为的合法性和合理性，加强对行政权力的监督制约。对于法律规定诉讼时效不一的问题，可以统一我国《行政诉讼法》和自然资源单行法之间的诉讼时效。对于时效的选择，本书建议统一使用《行政诉讼法》的诉讼时效期间即 6 个月，因为行政相对人作为在行政诉讼中比较弱势的一方，起诉时间长可以较大程度地保护行政相对人的权利，维护行政相对人的利益。通过实施有效的自然资源权属争议解决机制，为自然资源统一确权登记工作在权属调查时提供合理可行的解决方法，既满足确权登记制度要求的划分“四个边界”的要求，也可以实现双方利益最大化，促进确权登记工作的顺利开展。

四、完善确权登记的管理体制

自然资源统一确权登记是我国自然资源产权制度中的重要环节，它打破了长期以来各资源部门按照自然资源单行法单独管理的格局，将全民所有的自然资源资产的所有权人的责任整合到一个机构统一行使，建立权属清楚、权责明确、监管有效的自然资源管理体系，逐步推进确权登记的法治化和规范化。为解决自然资源确权登记管理体制的问题，笔者将从以下几方面提出完善建议。

（一）建立自然资源清单，合理划分各级政府的确权登记任务

自然资源统一确权登记制度不同于不动产登记制度，它是以从国家到地方自上而下的分级登记与属地登记相结合的方式来展开。国家要建立自然资源清单，确定确权登记的名录和计划、时间表和路线图等，便于各地可以尽早提前准备。同时，国家层面已经完成的国家级公园、大江大河等登记成果也可以为各地确权登记提供经验，以指导本地区的工作实践。

各级政府和部门要加强全方位协调。下级政府积极主动地把自然资源确权登记工作要义向上级政府汇报，使政府之间的消息可以及时交流沟通，对确权登记过程中出现的瓶颈问题，可以及时协调和督办，真正负起政府主导的主体责任。同时，要加强各阶层中的各部门的横向协调，使各职能部门协同配合做好自然资源分类管理和统一登记的业务衔接，争取密切配合，形成共管的氛围。

（二）推进自然资源管理权限改革，取得确权登记实质性进展

首先，逐步推行自然资源所有权能与监管职能分离。在立法层面上将自然资源的开发利用的财产性权利与自然资源监管保护的职责进行分别规定，以此达到所有权与职责分离的目的。其次，加强各个自然资源

主管部门和各地政府的沟通，对于管理权限有重叠的地方，要先主动协商，找到最有效的解决模式。如果协商无法解决的，可以上报上级机关，上级机关在考量行政区划、自然资源的类型、自然资源保护地管理单位等相关因素的基础上，最终确定自然资源确权登记的部门。比如，美国国家公园的管理边界登记，其登记是以保护为目的的，经提案申报、资源调查与评价、协调关系等流程确定国家公园的管理保护边界，再以该边界为登记单元进行登记，更有利于明确监管的范围和权限。最后，改变当前政府主导的自然资源确权登记模式，建立自然资源所在地的政府、公益组织、民众等多元主体共同参与的确权登记体系。一方面切实保障公众的知情权、参与权和监督权，提高政府工作的质量，提升民众对政府确权登记工作的认同感，减少矛盾和隔阂的发生；另一方面可以增强民众节约自然资源、保护生态环境的意识，共同推进自然资源的可持续发展。

健全和完善自然资源统一确权登记的管理体制和机制，是确保自然资源确权登记顺利进行的核心关键。当前在自然资源管理体制改革过程中仍然有很多问题亟待解决。为了解决这些问题，我们应该充分考虑到许多客观和现实因素对自然资源统一确权登记工作的影响，而不是纸上谈兵，进而形成以实践为导向的解决方案。

第六章　自然资源资产分类调整机制

第一节　自然资源资产分类调整机制的基本理论

一、自然资源与自然资源资产概述

（一）自然资源概念辨析

辨析“自然资源”的概念是研究分类机制的必要前提，尽管“自然资源”这一用语在不同学科的语境下各有侧重，但表达的方式终归大体相近。《辞海》（第7版）中将自然资源解释为“人类可直接从自然界获得，并用于生产和生活的物质资源”。语言学往往依赖于拆解和重新组合字词的方式进行语义解释，譬如，“直接从自然界获得”对应了天然性，“用于生产和生活”体现出资源的价值性，其他定义也采取了这一逻辑结构。1972年，联合国环境规划署将自然资源定义为“在一定（的）时间（和技术）条件下，能够产生经济价值、提高人类当前和未来福利的自然环境因素的总称”。可见，在一个较早的时期内，人们已经意识到自然资源与环境之间的密切关系，在定义上进行了谨慎的条件限缩，这一特点从法律观念升格为法律规范时，措辞往往更加严格和谨慎。我国尚未颁布统一的自然资源法典，现行《环境保护法》在涉及自然资源概念时，采取了典型的列举法，[1]诸如"大气、水、海洋、土地、矿藏、森林、草原、湿地、野生生物、自然遗迹、人文遗迹、自然保护区、风景名胜区、城市和乡村等"等要素，既囊括了目前大部分已知的自然资源，实际上也将作为载体的空间与其所承载的物质都纳入环境的范畴中。此外，第29～30条、第32～35条对"具有代表性的各种类型的自然生态系统区域，珍稀、濒危的野生动植物自然分布区域，重要的水源涵养区域，具有重大科学文化价值的地质构造、著名溶洞和化石分布区、冰川、火山、温泉等自然遗迹，以及人文遗迹、古树名木""生物多样性""大气、水、土壤""农业环境""海洋环境""植被、水域和自然景观""城市园林、绿地和风景名胜区"分别构建了一系列的制度予以特殊保护。

我们似乎发现，无论采取何种学科视角，只要是天然产生的并且具有价值便符合对自然资源的定义。这两种特性既直接源于文本解释，能准确地描述其典型的特征，也影射了其他相对间接的属性。所以天然性与价值性并非争议的焦点，争议的焦点是经影射产生相关间接属性是否应当被认可。

天然性是自然资源的生成逻辑，它解释了价值来源。能量总是守恒的，最常见的能量来源是地质作用、太阳照射，天外陨石亦无须人的作用，应当视作天然产生。但值得注意的是，排除了人的作用固然是天然性，天然性却不是对人工性的全盘否定。认为"天然产生的才是自然资源""人工产生的是人造资源、社会资源"或许有太过机械的嫌疑，对人工草场、人工林地的建设和利用是对这种观点恰当的反驳。天然性并不绝对排斥人的能力，而是更加强调自然所发挥的功能。在大自然有能力生成的资源品类中，人的参与只是推进了这个进程，而非替代了自然要素所发挥的作用。即使人类有能力在一定程度上取代自然规则产出成果，但终归会回到成本的问题上。

价值性是自然资源的利用逻辑，它体现了一定时空范围内满足需求

---

〔1〕《环境保护法》第2条。

的能力。从这一角度来看，时空的限度决定了所有自然资源的有限性。观念中取之不尽用之不竭的气象资源，既要通过土地资源的空间功能发挥作用，也会在某些阶段呈现稀缺性。即便是通常认为可循环的自然资源，其中的能量也在不可避免地逐级递减。自然资源的价值性是消耗速度与恢复速度的博弈，越是可替代性较弱的战略资源，有限性对价值性的贡献率越明显。科技固然提升了自然资源利用效率，但其更加快了人类对自然资源的利用速率。因此，无论是谈及空间上的集聚性、不均匀性，还是时间上的可循环性、不可再生性，与其将其称为定义自然资源的本质属性，毋宁称其为自然资源表现出的外部特征。

（二）自然资源资产概念辨析

在地方工作文件中，自然资源资产被解释为“政府等公共部门依法享有所有权或探明的，并实际控制的，可以在市场上交易，或预期能够产生服务潜能或者带来经济利益流入的经济资源的自然资产”。[1]意即边界清晰、产权明确，价值能够在市场上流通的自然资源，或被定义为“自然资源资产是指其中具有稀缺性、有用性（包括经济效益、社会效益、生态效益）及产权明确的自然资源”。[2]鉴于前文已论述过自然资源的有限性和价值性，通过拆解自然资源资产的概念，自然资源资产化的过程是对自然资源勘探调查，对自然资源的经济价值、社会价值、生态价值进行定量评价和注册登记，在此基础上进行科学规划、有效管理的过程。将自然资源资产化也是将不同类型的自然资源放在同一个参照系内进行评价，将相对抽象的自然禀赋换算为容易量化的价值指标，主体明确和边界清晰的自然资源才能更胜任资产化的需求，这也是根据排他性等特征设定管理模式的必然结果。在这一过程中，自然资源空间不重叠为自然资源资产使用权不重叠提供了物质前提。

“资产”是经济学常用的概念，自然资源资产来自自然资源，两者概念本就存在互相包含的关系。在两者意涵高度重合的情况下，一些语

---

〔1〕 宁夏回族自治区财政厅《关于做好2016年度政府资产报告试点工作的通知》［宁财（资）发〔2017〕256号，2017年4月21日施行］。

〔2〕 贵阳市人民政府办公厅《关于印发贵阳市自然资源资产产权制度改革工作方案的通知》（2014年7月22日施行）。

境中两者几乎被等同视之。[1]但也应当注意到，我们不太可能将一切自然资源都评价为自然资源资产，亦无此必要，资产化管理的视角注定集中于最能满足人类生存发展刚性需求、难以被替代的自然资源。自然资源资产的价值固然由客观区域自然资源禀赋决定，但有时人口密度差异对稀缺程度的贡献率更令人关注。我们通过持续完善自然资源产权制度，围绕自然资源权利归属、开发利用、流转方式、责任承担等调整规则体系，促进自然资源价值得以保全和增值。此外，与客观实在的自然资源不同，作为价值的自然资源资产既可能是正向的，也可能是负向的。[2]

（三）自然资源分类

对自然资源进行分类管理既是一项贯穿于自然资源法的重要原则，也是一整套具有可操作性的干预手段。在自然资源法律规范中往往开宗明义强调分类施策是基本原则，[3]而具体的分类方法既可能以明示的方法明确规定在国家标准之中，有时也散见于法律规范的条文之间。分类的前提是对某一具体类型自然资源资产的定义有清晰认识，借此将其与其他类型自然资源资产剥离，这是最初酝酿自然资源资产分类思路的雏形。尽管这种分类方法是模糊的，乍看很难将其与观念中严格意义上的分类方法相提并论，但定义不断演化的过程则完美诠释了人们对自然资源认识逐渐加深的进程。正是在这一历史进程中，自然资源的天然属性逐渐溶解于社会属性。不同类型的自然资源资产满足人类生产生活需要的实现方式各有侧重、程度不尽相同，在不同领域的可替代性不同，越是难以替代，这种类型的稳定性就越强。自然资源资产分类的级别越高，越体现出天然属性的差异性；分类越细，越能看到社会属性所发挥

---

〔1〕 全国人民代表大会常务委员会预算工作委员会、全国人民代表大会财政经济委员会、全国人民代表大会环境与资源保护委员会《关于2020年度国有自然资源资产管理情况的调研报告》中指出，国有自然资源资产是宪法和法律规定属于国家所有即全体人民所有的各类自然资源，是全体人民和子孙后代共同拥有的宝贵财富。国家统计局《关于政协十三届全国委员会三次会议第1458号（资源环境类092号）提案答复的函》中指出，自然资源资产是指那些人类能够控制和管理且能够给人类带来经济、社会和生态利益的自然资源，如土地、林木、水资源、矿产资源等。

〔2〕 参见谷树忠、谢美娥：《论自然资源资产的内涵、属性与分类》，载《中国经济时报》2015年7月31日，第14版。

〔3〕 《森林法》第6条、《草原法》第18条第2款、《湿地保护法》第16条。

的作用。这一规律不因分类级别的增加而消亡，若未能在同一级别的分类体系中予以彰显，就可能影响分类逻辑的完整性，继而损害实施分类机制的实际效果。

二、自然资源资产分类调整机制的理论基础

1. “两山论”

“两山论”统筹协调“绿水青山”和“金山银山”的关系，揭示了社会经济发展与生态环境保护的价值规律，已写入党章，是新时代生态文明建设行动指南。[1]以“两山论”指导自然资源资产分类，应在分类标准中兼顾两种价值的实现，自然资源资产的经济价值孕育于天然禀赋，而生态价值只有通过经济价值才能有效评价，才能得以有力保护，这两者缺一不可。根据不同类型制定具有针对性的措施，以推动在同等生态环境下的价值产出，而不能以盲目牺牲环境利益换取经济利益。

习近平同志在浙江省安吉县考察时，明确提出了“绿水青山就是金山银山”的科学论断。之后，习近平同志进一步总结了人类认识的三个阶段：第一个阶段是“用绿水青山去换金山银山”；第二个阶段是“既要金山银山，但是也要保住绿水青山”；第三个阶段是“绿水青山本身就是金山银山”。党的十八大以来，习近平总书记从战略高度更加重视生态文明建设。2013 年 9 月 7 日，习近平总书记在哈萨克斯坦纳扎尔巴耶夫大学发表题为《弘扬人民友谊　共创美好未来》的重要演讲，并在回答关于环境保护的学生提问时指出：“我们既要绿水青山，也要金山银山。宁要绿水青山，不要金山银山，而且绿水青山就是金山银山。”党的十九大把“两山论”写入《中国共产党章程》，成为生态文明建设的行动指南。习近平总书记在参加十二届全国人民代表大会四次会议黑龙江代表团审议时指出：“绿水青山就是金山银山，黑龙江的冰天雪地也是金山银山。”

2. “生命共同体”理念

生命共同体指出了自然资源是一个有机整体，我们积极推进的自然

---

〔1〕 参见沈满洪：《“两山”理念的科学内涵及重大意义》，载《智慧中国》2020 年第 8 期。

资源资产分类同样是一个有机整体，其中是存在普遍的内在联系的，而不能孤立、割裂地看待具体的自然资源类型。我们实现统一管理和分类管理正是遵循生命共同体理念要求，力求做到一体保护、一体修复，尊重自然资源系统性规律。任何一种类型的自然资源资产都是生态循环系统的组成部分，既要实现具体类型的自然资源资产价值，也应保护系统功能的多样性、完整性和稳定性。[1]

生命共同体包含“山水林田湖草沙冰”。1997 年，习近平同志在福建省调研时提出：“青山绿水是无价之宝，山区要画好‘山水画’，做好山水田文章。”这开启了生态治理理念的理论思辨进程。“我们要认识到，山水林田湖是一个生命共同体，人的命脉在田，田的命脉在水，水的命脉在山，山的命脉在土，土的命脉在树。”习近平总书记就关于《〈中共中央关于全面深化改革若干重大问题的决定〉的说明》中的精彩论述，反映出“生命共同体”此时已经形成了逻辑极为紧密、内涵非常丰富的生态理念。2018 年，全国生态环境保护大会习近平总书记强调：“山水林田湖草是生命共同体，要统筹兼顾、整体施策、多措并举，全方位、全地域、全过程开展生态文明建设。”这是在原先“山水林田湖”的基础上更进了一步。2021 年，习近平总书记在参加内蒙古代表团审议时强调：“要统筹山水林田湖草沙系统治理。”山水林田湖草沙怎么摆布，要做好顶层设计，要综合治理，这是一个系统工程，需要久久为功。2021 年 7 月，在西藏自治区林芝市，习近平总书记强调，要坚持保护优先，坚持山水林田湖草沙冰一体化保护和系统治理，加强重要江河流域生态环境保护和修复。在《生物多样性公约》第十五次缔约方大会领导人峰会上习近平总书记提出：“让我们携起手来，秉持生态文明理念，站在为子孙后代负责的高度，共同构建地球生命共同体，共同建设清洁美丽的世界！”习近平总书记以全球视野、世界胸怀、大国担当，向国际社会作出的一系列重大宣示，无一不体现天下大同、命运与共的中国主张。

---

〔1〕 参见赵文霞：《关于“山水林田湖草生命共同体”的几点哲学思考》，载《国家林业局管理干部学院学报》2018 年第 4 期。

3. 帕累托最优、纳什均衡与科斯定理

帕累托最优是指资源分配的一种理想状态。自然资源资产分类应实现整体利益最大化，而不能以损害整体利益换取局部利益。如果开发利用一种类型的自然资源资产势必影响其他类型自然资源资产的价值，且已穷尽了替代途径，也应尽可能采取损害较小的方式。帕累托最优为协调局部的效率和公平构建了一个理想状态，从技术上证实了绝对平均的不公平性。将这一理论运用于实践时，仍存在许多细节值得注意，主要是难以对利益进行量化，尤其是在局部之间体量差异较大时，倘若某一个组成部分已占据整体体量的一半以上，此时则形成牵一发而动全身的局面，同等价值的利益在局部之间就体现出显著失衡。反映到自然资源分类制度中，也可能存在关键少数对全局产生较大影响的情形。

纳什均衡则是指任一参与主体都将选择某一确定的决策，而无论其他参与者如何选择。纳什均衡绝不是为了整体利益的最优解，而是在各参与主体信息闭塞情况下，同时也建立在参与主体无力对其他参与主体产生影响的情况下所能形成的个体决策的最优解。在自然资源分类制度当中，标准不统一的自然资源分类方式指向了不确定的预期结果，便难以将各参与主体引向互利共赢局面，因此完整的自然资源分类机制有利于建立科学的外部评价标准，也是规范有效监管的前提。完善自然资源分类制度既能尊重市场主体趋利避害以追逐自身利益最大化的市场规律，也是一次突破事前监管抑制经济活力、事后监管应急能力不足“瓶颈”的尝试。因而只有拓宽多元参与渠道，有效居中协调，才能不断达成共识和继续巩固共同利益。

科斯定理是指当一项权利具有明确边界并且交易成本为零时，无论我们如何进行资源配置，资源都会朝着效率最大化的方向流动。这一定理起初是为了证明经济活动在无干预的初始状态下能获得最优效果。换言之，任何对初始状态进行调整的制度性措施都只能降低效率，因此管理者应该充分信任和依赖市场手段的自然运作，而不应以构建产权制度制造麻烦。然而，交易成本当然不可能为零，这一理论的现实意义不应仅仅停留在过分夸大市场经济对资源配置的作用，而更应为产权制度发挥作用指明方向，即明确、完善权利边界。因此，在科斯定理的基础上，研究者提出了反定理，他们认为在交易成本不为零时，资源配置的效率与权利边界具有显著相关性。即当自然资源资产的权利边界处于零散、破碎状态时，其分配方式稳定性就难以保障，其分类体系也很可能陷入模糊、混乱的状态，交易费用无疑会成为评价标准。因此，基于这一理论，自然资源资产分类制度应关注对自然资源交易成本和制度本身成本的预判，更进一步讲，则是关注实施该制度花费和预期收益的比较。

4. 可持续发展理论、绩效经济理论

可持续发展理论首先肯定了当代人追求发展的权利，并同时设定了底线，即不损害后代人发展的权利。可持续发展这一理论的历史几乎与现代环境与资源保护法学的历史同轨同行——两者都发端于共同的源头。从蕾切尔《寂静的春天》描绘的景象，到《增长的极限》中对工业时代的反思，要求实现持续的、持久的、均衡的增长，再到 1987 年联合国世界环境与发展委员会发布的《我们共同的未来》，可持续发展正式从一项学说概念成为一项具体的法律规则，或至少是法律原则。历经数个国际条约将可持续发展纳入其中，目前可持续发展已被广泛确认为环境与资源领域的基本原则。反映到自然资源分类机制中，我们既要立足当下，解决目前分类体系和管理制度中亟待解决的现实问题，也应具有前瞻性，为未来可能产生的特殊情况适当留白，避免制度陷入僵化，为灵活处置预留余地。可持续发展理论协调短期利益与长期利益，反对偏激复古式的裹足不前，归根结底是要求发展和进步，以简短有力的说明告诫我们应具备更长远的眼光，恰如其分地厘清了发展速率与利用效率之间的关系。

绩效经济理论关注在同等单位的资源消耗下对经济发展的贡献效率问题。绩效经济理论是现代环境资源法的重要思想，它围绕拓展环境资源利用的服务环节，通过消耗可再生的劳动资源来替代不可再生资源的消耗，以劳动附加值延长产品责任，提高了产出价值与生产成本的比率，继而在社会总体财富持续性增加的情况下减少了资源消耗并提供了更多的就业机会，从“工业经济”走向“绩效经济”。显而易见的是，发展增速减缓的经济问题、失业率提升的社会问题、高资源消耗和高污染排放的生态问题都是现阶段世界范围内的共同难题，而早已不断提高财政赤字的政府亟须转变解决问题或降低危害的思路。工业革命以后，机器工厂替代手工工厂的高社会生产率极大缩短了产品生产周期，令消费者无法拒绝的低廉价格是工业生产忽视环境成本的动力。而随着自然资源数量上趋于稀缺，自然资源的价值对商品价值进行了重新定义。绩效经济有利于指导商品回归使用价值，社会生产提供的不仅仅是商品本身，还包括产品所附加的服务，继而“促进收入和财富的增长与资源投入量的脱钩”。这种既能积累社会财富、提供就业机会和减少环境污染的功效，从根本上依赖于科技创新对经济发展的刺激作用，即提高知识转化为财富的效率。相应地，如果创新向科技的转化率并不高，或者说是在短期内技术难以实现较大突破，那么这一理论对经济发展速度的作用亦很有限。改进自然资源分类无疑是从效率导向型的清洁生产、重新评估走向效果导向型的“环形经济”“湖泊经济”。

三、自然资源资产分类调整机制的实践基础

对自然资源资产实行分类施策，建立在自然资源管理的实践基础上，是总结了自然资源开发利用过程的一般性规律，提取共性以解决普遍性问题的必由之路。在实现自然资源资产价值的过程中，我们已经积累了相当丰富的历史经验，产生了丰富的自然资源分类方法。这使我们得以在多元化的分类标准中做出价值判断和方案取舍。

将实物性质作为分类依据是自然资源资产分类研究的起点。因此，在平面视角上分出的田地、林地、草地、荒地、水域，均是以土地为载体，按其所承载的自然资源类型进行划分的。而观察者改换为立体视角时，则会注意到地下空间和地上空间的利用方式，从而找到矿产资源和生物资源所应放置的位置，继而产生了是否属于原位性自然资源的判断；也会意识到海拔高度影响了自然资源分布，考虑到地质稳定性对自然资源价值的作用力。因而将矿产资源继续分为金属矿产、非金属矿产；或分为能源矿产和其他矿产；又或者分为固态矿产、液态矿产、气态矿产。这些都是根据矿产资源本身属性进行的进一步详细划分。

以自然资源资产权利主体和利用方式进行分类是实践操作的落脚

点。按权利所有者是否专有的而分为公有、私有，当然也存在混合所有、共同所有的情形，当下已经不太可能存在无主形式的自然资源。将自然资源分配给不同权利主体是为了保障公益性或非公益性的使用目的得以实现，这就产生了保障生存类和激励发展类。使用权利在不同利用阶段还可以进一步分解。例如，将水权分解为取水权、排污权以及包括航运、渔业等功能的使用权；又如，将矿权分解为探矿权和采矿权。

如果将前文论述的两种性质姑且称为自然属性和社会属性，那么自然属性就是社会属性实现的基础前提，而社会属性则是发挥自然属性的目的所在。同种类型的自然资源也可能因其禀赋或利用限度，导致其满足人类生产、生活需要的能力不同。我们在评价河流、湖泊、海洋、地下水等水体时，显然会采取不同的质量标准。再根据满足能力、供求紧迫程度、可替代性程度分出了战略性自然资源和非战略性自然资源。更大胆地讲，消耗是利用自然资源的必然结果，所谓的非消耗性利用方式，要么消耗过程相当缓慢，要么是消耗与收益相比不值一提。

自然资源是人类生存、生活、生产的基本要素，以此为考量，将自然资源分为公益性自然资源资产与经营性自然资源资产是容易达成共识的，这种二元论也应成为未来构建自然资源分类管理体制的底层逻辑。[1]公平与效率这两种价值的对立性使这种分类的区分方式相当明显，而两者的统一性则为生态类和公共类的产生留出了空间。环境法律关系自身的独特属性，使其不太适合与民事法律关系、行政法律关系放到同一类型进行规制。这充分表明仅仅依赖于解释既有法学理论体系，赋予“用益物权”或“行政权力”等概念更丰富的内涵来协调分类管理很可能力有未逮。同时，更进一步提出在当前自然资源分类基础上增设公众共用物理论是恰当的。正是基于这些认识，产生了自然资源应分成生存类、生态类、公共类和经营类的理论。[2]

---

〔1〕 参见赵娜：《自然资源产权制度建设有待破题》，载《中国环境报》2014 年 11 月 25 日，第 6 版。王凤春：《分类施策，实现自然资源统一管理》，载《中国国土资源报》2017 年 12 月 14 日，第 5 版。

〔2〕 参见张牧遥：《国有自然资源使用权分类新论》，载《内蒙古社会科学（汉文版）》2017 年第 1 期。

综上所述，对自然资源资产进行分类施策已经形成了相对复合的制度体系，积累了丰富的分类方法，这也正是当下不得不面对的问题。这些理想状态下的分类方式往往在现实应用中存在一定竞合情况。在数量庞杂的诸多分类方法、交叉重叠的分类标准之中，唯有突出重点，挖掘出最不能忽略的本质特征，才能直指难题发端，从根本上解决问题。

第二节　我国自然资源资产分类调整机制的历史、现状和问题

自然资源资产分类调整机制的历史发端于“发现一起解决一起”的处理模式，仅有当开发利用自然资源的技术能力达到了一定水平时，我们才有能力对自然资源产生影响；换言之，自然资源也才开始能够为我们提供价值，我们对自然资源进行立法规制才具有了实施的土壤。有朝一日，当人类具备从外太空获取自然资源的能力时，对地球以外的自然资源立法规制才具有可行性和必要性。因此，因法律本身滞后性而造成的规范失位，并非否定自然资源的生态属性和经济属性。

从这种立法体制诞生的角度来看，这种“发现一起解决一起”的诞生方式表明，各种资源开发利用方式从诞生起就具有各自的特点，因此分类施策是必然的。但在开发利用的过程中，有一些自然资源的开发方式实质上具有较高的重合度，并且对其开发不可避免地影响了另一种开发的可实行性，从这个角度来谈，自然资源分类调整机制就存在合并同类项的必要性。因此，在今天谈分类施策和统一管理，一方面是要明确必须分类和必须统一最本质的特征，在两者之间寻求最适当的平衡点，使双方特点得以彰显；另一方面则是突出重点，在这种平衡点过于动态、过于精细以至于难以确定的情况下，应该设计具有一定容错率的标准，从中选择一个更值得探索的方向。

一、历史和现状

有多少种语言角度，就有多少种自然资源类型。以古汉语中对水体

的描述为例，现代汉语中丰富的词汇在文言文中大多数情况下均以单字的形式表达，仅考察以三点水偏旁的、表达名词含义的单字，并排除湘、汉、泗等表达特定对象的专有名词，对水体的类型划分就可达30种（见表6－1），更遑论荡、塘等其他偏旁的水域类型。我们可以观察到，语言学上对水体进行划分无非根据其水面形态、径流量、深度等地理因素，其间当然也有天然形成或人工开凿的判断。时至今日，这些类型大多已合并为江河湖海等常用类型，仅余少数在漫长历史中因已形成约定俗成的称谓而得以保留。这反映出一种趋势，无论在命名时设计多少种类型，历史是实用主义者，文学价值所能吸引的关注度远小于现实用途。

表6－1 部首为“氵”的古汉字

序号	字	解释
1	江	〈名〉泛指江河；河流。《劝学》：“假舟楫者，非能水也而绝江河。”
2	池	〈名〉护城河。《过秦论》：“然后践华为城，因河为池。” 〈名〉水池；池塘；湖泊。《孔雀东南飞》：“揽裙脱丝履，举身赴清池。”《雁荡山》：“山顶有大池，相传以为雁荡。”
3	污	〈名〉停积不流的水。《吊屈原赋》：“彼寻常之污渎兮，岂能容夫吞舟之巨鱼？”
4	汤	〈名〉水波；波浪。《涉江》：“乘舲船余上沅兮，齐吴榜以击汰。”
5	沛	〈名〉杂草丛生的湖泊。《管子·揆度》：“焚沛泽，逐禽兽。”
6	河	〈名〉泛指河流。《劝学》：“非能水也，而绝江河。”
7	泊	〈名〉湖泊，湖泽，如“梁山泊”。
8	泽	〈名〉聚水的洼地。一般指湖沼。《滕王阁序》：“山原旷其盈视，川泽纡其骇瞩。”
9	洄	〈名〉曲折的水道。《诗经·秦风·蒹葭》：“溯洄从之，道阻且长。”
10	洋	〈名〉海洋。《宣和奉使高丽图经》：“黑水洋，即北海洋也。”

续表

序号	字	解释
11	洫	〈名〉田间水道。《左传·襄公十年》："子驷为田洫。" 〈名〉护城河。《东京赋》："邪阻城洫。" 〈名〉水门。《后汉书·鲍昱传》："昱乃上作方梁石洫，水常饶足，溉田倍多。"
12	洿	〈名〉浊水池不流的浊水。《孟子·梁惠王上·寡人之于国也》："数罟不入洿池，鱼鳖不可胜食也。"
13	浍	〈名〉田间大沟渠。《荀子·王制》："修堤梁，通沟浍，行水潦，安水藏。"
14	济	〈名〉泛指河水。《登楼赋》："路逶迤而修迥兮，川既漾而济深。"
15	流	〈名〉河流；水流。《劝学》："不积小流，无以成江海。"
16	浜	〈名〉小河沟。《吴郡图经续记·城邑》："小浜别派，旁夹路衢。"
17	浥	〈名〉深水潭。《上林赋》："逾波趋浥，涖涖下濑。"
18	海	〈名〉百川汇聚处；大海。《劝学》："不积小流，无以成江海。" 〈名〉大湖。《兵车行》："君不见，青海头，古来白骨无人收。"
19	浸	〈名〉大水，湖泽。《庄子·逍遥游》："大浸稽天而不溺，大旱金石流，土山焦而不热。"
20	涓	〈名〉细小的水流。《后汉书·周纭传》："涓流虽寡，浸成江河。"
21	渊	〈名〉深水潭。《劝学》："积水成渊，蛟龙生焉。"
22	渎	〈名〉小水沟；小水渠。《论语·宪问》："自经于沟渎而莫之知也。" 〈名〉河流；水道；沟渠。《五蠹》："天下大水，而鲧、禹决渎。"
23	渠	〈名〉（人工开凿的）沟渠。《西门豹治邺》："西门豹即发民凿十二渠。"
24	湍	〈名〉急流的水。《水经注·江水》："素湍绿潭，回清倒影。"
25	湫	〈名〉水池。杜甫《乾元中寓居同谷县作》诗："南有龙兮在山湫。"

续表

序号	字	解释
26	溟	〈名〉海。《庄子·逍遥游》："北溟有鱼。"
27	潢	〈名〉积水池。《左传·隐公三年·周郑交质》："潢污行潦之水。"
28	潴	〈名〉水停聚的地方，坡塘。《周礼·地官·稻人》："以潴畜水。"
29	潦	〈名〉泛指江河湖泊的水。《过小孤山大孤山》："是日风静，舟行颇迟，又秋深潦缩。"
30	瀼	〈名〉流入江河的溪水。《察变》："犹瀼渴之水，比诸大江，不啻小支而已。"

资料来源：《部首为"氵"的古汉字》，载文学网2022年3月7日，https：//wywhwxnetcom/。

艺术价值追求更多元的选择，但法学意义上的自然资源分类则指向实用。在不同实践基础上形成的分类标准固然是多元的，文化的多样性让步于出于提高效率的现实需求却是历史趋势。无论是语言文字的统一，还是度量衡的统一，这一规律已在至少两千年以来被无数次证明。

（一）我国古代朴素分类管理

中国古代形成了许多重要的自然资源管理的理念。至少两千多年前，孟子所提出的"不违农时""数罟不入洿池""斧斤以时入山林"[1]就已经体现出当时人们已有不得突破自然资源利用上线的底线意识，也已经意识到人口密度与自然资源利用限度的辩证关系。即便将自然资源划分为农业、渔业和林业资源等类型，但在节用的层面上是一致的，分类施策与统一管理并不是互相妨碍的。同时他所提供的"树之以桑""无失其时""勿夺其时"等措施也未止步于原始的节约资源理念，[2]而是统筹提高自然资源利用效率、保障自然资源恢复速率的具体举措。直到今

[1]《孟子·梁惠王上·寡人之于国也》。
[2]《孟子·梁惠王上·寡人之于国也》。

天，采伐林木必须申请许可证、在一定区域内禁止生产性捕捞仍然是能够直接影响自然资源资产价值的有效手段。[1]这些自然资源管理理念和方法在《商君书》和《吕氏春秋》中亦能看到详细记载，这些自然资源保护和开发利用的思想既揭示了人与自然和谐相处的客观规律，也构建了古代成文法中自然资源管理的法律精神。[2]

秦律实现了从法治思想到法律规范的蜕变，将这些法治精神上升到了法律规范的层面。秦律明确规定禁止过早砍伐林木、采摘未完全成熟的果实、猎取幼兽、在夏季以外的时间烧草堆肥、毒杀鱼鳖等行为，这些规范体系相当完整，覆盖了农业、渔业、林业、动植物等各种不同类型的自然资源，揭示了人类开发利用自然资源所应遵循的客观规律。同时，又为司法和执法预留了适当的裁量空间，譬如横死者因棺椁所需林木，不受限令所禁；家犬进入禁苑，也只有威胁到了其他保护动物，才可以猎杀，否则亦禁止猎杀。明确规定不禁止百姓猎杀野兔等繁殖过快的小动物，不禁止猎杀豺狼等对其他生物具有严重威胁的凶兽，意即对其他动物的生存繁衍进行保护，体现了维护生态系统平衡的思想。

汉律在体例上大量承继和效仿秦律，并屡屡增设法律条文，在自然资源管理体制方面抑或不乏过苛、过严之嫌。但汉律中把侵占太庙用地视为严重的犯罪行为，处以"弃市"的死刑。[3]即使违反者贵为皇子，即使其修建宫殿所占用的土地为空地，也难以逃离法律责任的追究。[4]"国之大事，在祀与戎"，这可以视作违反了土地用途管制招致严厉惩处的例证之一，即使以今天的眼光来看或可通过拆除宫殿恢复土地原状，但这一行为依然和劫掠、盗窃贵重财物一样被列入最重一级当中。

唐朝对土地资源的分类是通过分配方式体现出来的。设立公廨田使政府部门通过出租土地以补充财政收入，基于当事人职务分配的土地称为职分田；基于当事人德行分配的称为德分田；按照人口进行分配的则

---

〔1〕《森林法》第56条、《长江保护法》第53条。

〔2〕参见李玲玲：《论秦代法律中的自然资源保护》，载《黄河科技大学学报》2012年第6期。

〔3〕《汉律摭遗》："盗事之重大者。"

〔4〕《汉书·临江闵王荣传》："坐侵庙壖地为宫。王恐，自杀。"又见《汉书·景帝纪》："三月，临江王荣坐侵太宗庙地，征诣中尉，自杀。"

称作口分田。这些类型的土地制度是唐朝所创制的，可以理解为按人口分配后用以满足日常口粮需要的农田，仍然属于国家所有，在死后均须归还给国家。与此相对应的还有唐朝效仿前朝经验建立的永业田，因其可以通过继承使后人世代耕种，故得此名。永业田的分配数量与当事人社会地位息息相关，对于职级较高的，分配的永业田数量比较大，并且享有自由售出的权利，对于老者、重病者、残疾者和女性则分配数量较少，并且庶民通常不允许出售田地，但法律也规定了一些例外的特殊情形，譬如极度贫困以致无法治丧或无法流迁。从保持耕地数量上看，这一制度已具备了一些基本农田制度的特征。

《唐律疏议》中记载了比较有趣的两条规则。一是做出了自然资源属于公众共享的判断。[1]因此，法律规制这类侵占行为并非完全出自维护“普天之下，莫非王土”的皇权，也存在保障公共利益的考量。公共所有与统治者私有当然不可能是完全一致的，统治者无权肆意调动自然资源满足个人愿望，此时法律已做出了价值判断和价值选择。《唐律疏议》虽然是法律解释，但是实际上已经能够在审判中直接适用，因此具备了与法律相当的效力，自然资源国家所有或全民所有的价值至少可以追溯至此。二是明确了劳动是个人取得自然资源所有权的路径。[2]草木药石至少可以理解为指代了植物资源，未付出等价劳动的情况下占有自然资源将被视作盗窃行为，更有时可能侵犯了他人劳动所赋予的价值。该规定从法律文本上将自然资源保护与其他具有价值的物放在同一维度，体现出法律保护自然资源价值甚至超出了物品价值本身，这同样是对公共利益的保护。

从管理体制上对自然资源进行分类管理更是可以追溯到周朝。《周礼·地官司徒》中记载了山虞、林衡、川衡、泽虞等官职，明确了他们的职责是掌管山林、林麓、川泽、国泽的政令、禁令，以厉行赏罚的态

---

〔1〕《唐律疏议·卷二十六》：“占山野破湖利诸占固山野破湖之利者，杖六十。疏义曰山泽破湖物产所植所有利润与众共之，其有占固者，杖六十，已施功取者，不追。”

〔2〕《唐律疏议·卷二十》：“山野物已加功力诸山野之物已加功力，刈伐积聚而辄取者，各以盗论。疏义曰山野之物，谓草木药石之类。有人已加功力，或刈伐、或积聚，而辄取者，各以盗论。谓各准积聚之处时价，计赃依盗法科罪。”

度保护生产、完成祭祀。根据自然资源分布的集聚程度，决定任职官员的级别和数量。这一制度设计几乎在此后的两千多年里都在沿用。[1]即使从三公九卿制到三省六部制，隋朝也设立了虞部侍郎，属于工部下设机构，唐、宋沿用了前朝的规定，形成了分工颇为细化的虞部、都水监、水部、河渠署。在明初更是从掌管自然资源扩充到桥梁道路、车船运输、织造生产、契约签订、度量衡等职能。从农业生产到工业制造，[2]再到商业贸易，这一发展规律清晰表现了自然资源法的发展历程注定要从粗放的直接生产价值演变为对更高效率发展方式的关注。

这些条文即使尚不具备现代自然资源法的体系，但统一收纳在唐律中的若干规定也已孕育了自然资源法的雏形，对自然资源分类机制提出了初步构想。追根溯源的道路是漫长的，现存最早、最完整的唐律已让我们看到从古至今一脉相承的自然资源分类思想和方法。遗憾的是，无论是集法典之大成的秦律，还是继承和调整秦制的汉律，如今大都散佚，我们只能从散落的只言片语中隐隐窥见前人的智慧。倘若我们试图总结中国古代自然资源分类制度的形成、运行和责任追究中的共性，不难看出以下三点：

一是源于实践构建分类制度。其中既有对成功经验的继承和发扬，也有对导致资源枯竭恶果的不恰当开发方式进行反思。只有在这一历史进程中不断认识自然规律、利用自然规律、尊重自然规律，才能越来越重视对制定科学环境规划所能发挥的作用。要求对自然资源实现分类施策，分类本就是施策的前置条件，对分类手段的运用本身就孕育着预先规划的思路。

二是预留空间运行分类制度。制度化思路是在总结一般问题的共性中产生的，然而任何一种方法总会在个别案件中暴露出短板。在自然资源分类施策的过程中，立法者应当具有前瞻性和预见性，充分预料到需

---

〔1〕（清）梁章钜：《称谓录·虞衡司》："《通典·职官五》：魏尚书有虞曹郎中，晋因之，梁陈曰侍郎，后魏、北齐虞曹掌地图、山川远近、园囿、田猎、杂木等。"

〔2〕隋唐所构建的三省六部制任命了吏、户、礼、兵、刑、工六部尚书，未尝不是对周礼分离宫廷、民政、宗教、军事、刑法、营造的天官冢宰、地官司徒、春官宗伯、夏官司马、秋官司寇、冬官司空的继承与发展。

要灵活处置的例外情形。出于治丧需要砍伐林木和变卖田产，是永不停息的社会生产力积累对生老病死自然规律的短暂让步。保全逝者的尊严是社会礼法保障人权的基本要求，也是使万千生民愿意信赖和遵守法律的重要前提。

三是中国古代在追究违反自然资源资产分类制度的法律责任方面。中国古代重刑轻民的法治传统在自然资源领域仍然十分明显，管理者存在以严刑峻法推进法律实施的路径依赖。对实施违法行为的当事人施加承担沉重的法律责任的确能在短期内取得显著成效，在这些封建王朝经济繁荣时，这种矛盾尚且还能暗流涌动，但不断积累的生态矛盾与其他社会矛盾集中爆发时，则导致难以承担的恶果。因此，该领域往往需要更加长远的眼光来审视制度效果，采取多管齐下的综合手段方应题中之义。

诚然，中国古代已形成了诸多即使在今天看来仍相当先进的自然资源分类管理理念，对自然资源分类管理的方法进行了伟大的积极探索，其中许多经验仍值得我们学习。但是，我们同时也应该清晰认识到古代自然资源分类是一种原始朴素的治理方式，与今天我们所处于的社会阶段、达到的社会生产力水平、采取的社会生产方式、面临的主要矛盾和治理的预期目标均不相同。古代自然资源分类管理同时源于“普天之下，莫非王土”和“天下为公”的政治愿景，所有政治经济改革围绕公权力核心展开，以农为本、以田养战都只是维系王朝生存的具体措施。不应忽视我们所面临的自然资源问题主要是进入工业时代以来高能耗的工业生产对资源造成了巨大压力，这一阶段的化石能源、矿产资源在自然资源类型中的重要战略地位更加突出。以古鉴今，不在于经验主义者的生搬硬套，而在于不重蹈覆辙。

（二）我国传统的分散分类管理

自然资源主管部门出于行使职能的需求为开展自然资源分类管理工作注入了极大动能。近年来，我们所构建的自然资源分类体系基本上是由法律提供最外层的框架（这也是一级分类最主要的来源），再由国家标准在具体层面进行落实的。例如，《土地管理法》进行了农用地、建设用地和未利用地的划分，《土地利用现状分类标准》（GB/T-21010 -

2007）扩充了分类指标，分成了耕地、园地、林地、草地、商服用地、工矿仓储用地、住宅用地、公共管理与公共服务用地、特殊用地、交通运输用地等类型。又如，《草原法》第 2 条将草原分为天然草原和人工草地，《草地分类》（NY/T 2997 – 2016）又继续按照气候、海拔、坡度等因素进行了进一步划分。再如，《森林法》第 6 条分出了公益林和商品林，《林业资源分类与代码　森林类型》（GB/T 14721 – 2010）划分了针叶林、落叶阔叶林、常绿阔叶林、季雨林和雨林等 11 类。复如，与前述《草地分类》殊为相似的《湿地分类》（GB/T 24708 – 2009）。

不难看出，利用方式、自然资源存在形态和质量状况等标准都在自然资源资产分类体系中扮演了重要角色，且这些因素还存在互相包含的内部规律，能够以此推论出稳定的分类级别。目前来看，围绕土地资源资产的分类最为翔实，足以担当其他自然资源分类的基础。特别是以利用方式为分类标准的情况，《海洋功能区划技术导则》（GB/T 17108 – 2006）按照功能分出的农渔业区、港口航运区、工业与城镇用海区、矿产与能源区、旅游休闲娱乐区等类型，能够与《土地利用现状分类标准》（GB/T-21010 – 2007）相适应。针对质量状况的分类也表明了自然资源资产所能承载的环境功能。《地表水环境质量标准》（GB 3838 – 2002）将水质分为五类，严格限制每种类型所应执行的标准值，此类规定还有《耕地质量等级》（GB/T 33469 – 2016）、《公益林与商品林分类技术指标》（LY/T 1556 – 2000）等。

在这一时期，我国的自然资源分类标准不断健全，一些特殊自然资源类型被更加重视，逐步建立起了体量庞大、内容细致的自然资源资产分类体系。但分散的部门职能反映到自然资源资产分类管理体制中，则暴露出既有规定系统性不足、存在交叉重叠等问题，不利于实践中科学适用。

（三）新时代统一管理和分类管理结合

2020 年年底自然资源部发布的《国土空间调查、规划、用途管制用地用海分类指南（试行）》（以下简称《用地用海分类指南》）是集中体现当前对自然资源资产进行统一管理与分类施策的重要成果。《用地用海分类指南》特别重视与《第三次全国国土调查技术规程》（TD/T

1055－2019）（以下简称《三调》）的对接工作，这既是充分借鉴前期探索实践先进经验的合理举措，也是为改革行稳致远护航的有力手段。

《用地用海分类指南》的另一特点是在说明中大量留白，其明确指出不必设置混合型，而是在实践中根据需要确定，也表示使用中完全可以根据需要继续细分。因此在确有必要的情况下，《用地用海分类指南》的三级分类完全具备拓展到五级的潜力。在整合分类标准的过程中，《用地用海分类指南》拆项分类，名称与《三调》相比更加详细，而非大规模合并同类项。例如，将特殊用地划分为军事设施、使领馆、宗教、文物古迹、监教场所、殡葬用地以及其他特殊用地；又如，将设施农用地改为农业设施建设用地，并分为种植设施建设用地、畜禽养殖设施建设用地、水产养殖设施建设用地和乡村道路用地；再如，将公用设施用地细分为供水、排水、供电、供燃气、供热、通信、邮政、广播电视设施、环卫、消防、水工设施用地干渠和其他公用设施用地；复如，将科教文卫用地细化为机关团体、科研、文化、教育、体育、医疗卫生和社会福利用地。这些具体使用方式都体现价值实现过程，是对实践经验的总结。

当然，《用地用海分类指南》仍存在进一步完善的空间，与既有规定的相似性体现出对前沿研究的审慎态度，相关学术观点有机会、有必要进一步展开探讨。首先，《用地用海分类指南》在不同类型自然资源资产分类上用力不均，土地资源分类承继以往规定具备较完整的系统性，而矿产资源的分类标准难称完备，因此在三级分类中再分三类是否只是权宜之计；其次，基于水资源的分类标准比较少，同样的问题也摆在了水资源的分类面前，《用地用海分类指南》囊括了地表水域和地下空间，却未能为地下水的地位精准定位；最后，《用地用海分类指南》也未从分类上直接体现《森林法》区分公益林和经济林的要求，而是通过附录来解释林地的含义，表明《用地用海分类指南》中的林地更侧重于天然性。[1]

---

〔1〕 自然资源部2020年11月17日颁发的《用地用海分类指南》规定，林地的含义是“指生长乔木、竹类、灌木的土地。不包括生长林木的湿地，城镇、村庄范围内的绿化林木用地，铁路、公路征地范围内的林木，以及河流、沟渠的护堤林用地”。

二、存在的问题

自然资源资产分类调整机制的问题主要体现在两个方面：一是分类制度本身还不够健全，公益性和经营性的区分并不够明显，虽然《用地用海分类指南》已经提供了相对于以往比较统一的分类体系，但是我们仍不难看出，这种整合各具体分类标准的模式从整体上仍存在不完全协调之处，在进一步分析细节时还有待打磨；二是分类制度存在的问题进一步延伸到了分类管理制度之中，更兼主体定位不清、管理权能交叉等现实情况，阻碍了具有针对性的价值实现制度的顺利构建。

（一）自然资源资产分类制度存在的问题

自然资源资产类型的复杂性表明，从混乱重叠的标准中统一自然资源分类注定需要一段持续的进程。实际上，这已经不仅仅是一个技术问题，从更深层次的维度看，更体现了理想状态下顶层设计的制度与现实状态下实践需求的方法之间的艰难磨合过程。在诸多细节各异的方案中，对任一理论的采纳都可能意味着对其他理论的否定，对原有制度的任何改动，都可能伴随此前未曾充分预料到的新风险。

无论是将自然资源资产分为公益性、经营性，还是更详细地将公益性分解为生存用、公共用和生态用。对自然资源资产分类方式的理解都应体现出系统、动态和灵活的特点，尽管从目前的分类制度上来看似乎仍显僵化。

一是片面地观察分类制度。事实上，传统分类中某一具体类型的自然资源可能同时兼具上述属性。土地资源无疑是典型代表，因其承载了种植、畜牧、居住、交通等人类生产、生活的全部功能，是人类生存、发展全部阶段的基础；同理，水资源饮用、喂养、灌溉、能源、交通、工业、旅游等丰富功能也推导出相似特性。因此，两种自然资源分类思路下的客体并非一一对应的关系，而是相互包含的关系。在实践中应当针对具体情形判断分类方式。

二是静态地理解分类制度。以不同时间维度、空间维度观察自然资源资产，其自然资源内在属性可能随着地位的升降悄然改变。例如，从全球范围来看，渔业资源作为重要食物来源的地位是直到近几百年才逐渐凸显的；又如，从青铜时代到铁器时代的历史变迁中，铁矿资源逐渐积累的优势替代了铜矿资源的战略地位。

三是机械地执行分类制度。构建自然资源分类制度本是为了共性问题统一处理、个别问题专项处理，但实践中的现实困难类型不一、制度理解深度不一、规范执行力度不一，往往导致在解决问题时引入了更多变量，特别是一些本不必考虑的问题，为解决相关问题造成困扰。

（二）自然资源资产分类管理制度存在的问题

从法律规范的角度来看，既尚未明确自然资源的概念，也未完全解决自然资源资产主体模糊的问题。实践中占据最高位的《宪法》仅规定了“矿藏……自然资源，都属于国家所有，即全民所有”，而法律制定过程中又继续援引了《宪法》的规定，继续交由下位法落实可操作性。而随着权能层层剥离、逐级递减，最终形成了宣示性有余而难言可操作性的法律规范，以至于我们似乎很难想象，法律规范何以在面对如此重要的问题时，竟形成了云遮雾绕的局面。

国家终归是一个抽象的概念，能够落实国家所有、全民所有的重任就只能落在不同层级、不同部门的行政机关及其工作人员身上。主体不清具体表现为所有者、使用者和监管者身份不清，这成为自然资源资产分类管理上的痼疾。毋庸置疑的是，法律不应在此时失声，因此亟待法律解释自然资源的概念，明确自然资源所有者的实现路径。

1. 自然资源资产分类管理制度中主体存在的问题

一是所有者和使用者不清，导致自然资源所有者权益或使用者权益得不到有效实现和维护。作为抽象概念的国家和作为整体概念的全民只能是自然资源所有者，不太可能对自然资源直接使用，需要私权利主体作为使用者对自然资源进行开发利用。在一些问题上，使用者已经拥有了接近完整所有权的权能，而所有者在赋予使用者占有、处分、收益等权能之后，注定越发接近一个名义上的概念。更何况，这一过程很可能是不可逆的。比如，《民法典》第 359 条规定住宅建设用地使用权期限届满自动续期，便是相较以往在时间上更进一步地充实了土地资源使用权能；而农村宅基地与城市建设用地中的商住用地价格失衡也早已上升到土地资源经济价值和社会价值实现的层面。

二是使用者和监管者混淆，导致监管难以着力、发力。这一问题主要发生在过去的一段时间内，在今天已经有了显著改善，并且相关的措施还处于持续健全的状态。在计划经济时代，市场经济初期非公有制经济规模有限，政企不分的现象一度比较常见，政府试图通过企业去完成不便以行政主体身份推进的工作。或多或少，这其中存在试图以企业破产规避风险的侥幸心理，但实际上在区域经济的崩溃之下，任何形式的经济主体都不可能幸存。更值得关注的是这种行为的逻辑矛盾。如果政府在已经是裁判员的情况下，又成为运动员，那么其他运动员就不太可能在公平环境下竞争，此时设置的监管者显然已经违背了创制初衷；同时，事后监管本身就意味着事中监管者的失职，监管自然无处发力、无法发力。而在进入 21 世纪后，特别是近十年以来，政企分离的要求越来越严格。打铁必须自身硬，国企也需要转变角色，适应在更加公平的环境下与其他企业开展竞争。

三是所有者和监管者混乱，导致自然资源管理手段竞合。在涉及行政处罚的案件中，原告律师常将“以罚代管”作为起诉的依据。无论是否值得采纳，但其中至少反映出了两个值得关注的问题：其一，应该承认管理和处罚的确具有相似之处；其二，必须明确绝不能将管理和处罚画上等号。不断赋予生态环境主管部门与自然资源主管部门更大的行政职权是当前的主要趋势，这正是为了适应目前和未来一段时间内更加重视生态环境保护和自然资源利用效率的现实需求。但与此同时，“回头看”督查巡视发现问题仍未解决，33 份罚单堵不住排污口呼吁建立长效机制;[1]一关了之的“雷霆手段”更屡屡受到质疑。[2]可见，从所有者的角度出发，价值最终得以实现的结果是更值得关注的点，并且这种价值应当是整体利益和长期利益的结合；而对于监管者来说，应将工作重心放在价值实现的渠道上，事先体现出预防问题的前瞻性意识，在项目和规划实施前留出适当的自由空间，在追究责任前将问题按照严重程度精准分类，这是合法、合理地妥善运用法律手段解决问

〔1〕 参见郑言之：《33 份罚单为何管不住排污口?》，载人民网，http：//opinionpeoplecomcn/BIG5/n1/2018/0620/c1003－30068835html。

〔2〕 参见张志锋：《“雷霆手段”要经得起法治推敲》，载《理论与当代》2018 年第 12 期。

题的治本之策。

2. 自然资源资产分类管理制度中客体存在的问题

虽然，目前分类理论都要求分离自然资源资产的公益性和经营性，但这并非要进行二选一的放弃，而更应是在两者之间体现出重点。公共价值和经济价值的重要性均不容忽视，这两者价值目标都必须实现，而经济价值从功能上看更适合成为量化评价的指标，公共价值须从管理思路和方法上彰显公正的终极目标。因此，要兼顾效率与公平，妥协不是为了降低标准，而是为了达成一致。与民事法律关系和行政法律关系相比，环境法律关系中的自然资源资产所有者更加复杂、使用者不特定、使用方式非排他性、用途价值非财产性，具有显著的独特属性。

(1) 公益性自然资源资产管理制度存在的问题

公益性自然资源资产是为实现国家利益和社会公共利益而使用的自然资源资产，通常由行政主体、社会组织等公共主体主导或推行。主要有国防用地[1]、军事、湿地、水资源、生态国家公园以及行政机关用地等自然资源资产。

公益性自然资源资产面临的最大难题是难以把握发挥公共性的限度。公众共用物中提出了公物面临的两种悲剧：一是在监管缺位的情况下，共同占有的自然资源成为各权利主体选择优先滥用的目标，导致消耗速度远远超出恢复速度，在短时间内突破资源利用上限，造成永久性的功能丧失；二是管理者排他地占有公物，修建铁丝网、栅栏阻碍甚至断绝一般主体使用的可能性，公物成为公有私物，理论上的共同所有权不可能转化为个体的使用权。

公益性自然资源资产面临的另一难题或许可以表述为经济价值的不确定性。从设立目的来看，公益性自然资源资产应将公益目的实现情况作为评价标准，法律规范也明确要严格限制以行政手段分配资源，[2]应该说，对于公益性自然资源资产来说，这本不应当是一个问题。然而，现实中实现自然资源经济价值的迫切需求反过来对法律规范形成了事实

[1] 参见《国防法》第40条。
[2] 参见《民法典》第347条。

上的压力。理论上认为，公益性自然资源资产的经济价值应与规模和时空分布相近的经营性自然资源资产相差不远。但实践中，严格限制使用目的必然限缩使用者的权能厚度和选择广度，诸多研究农村宅基地使用权的学者或许正是建立在这一认识上提出扩权赋能的呼吁。

（2）经营性自然资源资产管理制度存在的问题

经营性自然资源资产是通过市场手段完成交易、配置资源、发挥经济价值的自然资源资产，私主体是决定市场规模和活力的细胞。具体来说主要包括工业、商业、旅游、娱乐和商品住宅等经营性建设用地，国有农场、经济林、草场、海域、矿产资源等。

健全的自然资源资产产权制度是健康市场机制的前提，产权边界清晰度越是不足，交易中的不确定因素就越多。我国在自然资源主管部门统一行使全民所有自然资源资产所有者职责的框架下，通过设立用益物权，将自然资源资产的所有者和使用者分离。譬如，探矿权、采矿权、取水权等。用益物权虽然在相当长的一段时期内发挥了特效药的作用，但毕竟不是万能药，更何况纵观整部《民法典》对用益物权的规定仍显粗糙和不系统，故而应继续完善配套的法律规范。

经营性自然资源资产在市场机制方面所面临的问题同样令人忧虑。通过比较自然资源一级交易市场和二级交易市场便可以明显看出，市场在资源配置和价值形成中的决定性作用还不够显著，尚存在进一步激活和解放市场活力的空间。供求机制和竞争机制不够完善是详细表现。倘若国家作为自然资源资产唯一的供给者，行政机关就很难从行政审批中抽身而出，就更难以实现从事前监管转向事中、事后监管的落实。

第三节　国外自然资源资产分类调整机制的经验参考

在自然资源资产分类最初成为一个值得研究的问题时，各国采取的方式都是相似的。但随着这种管理体制的深入，各国自然资源资产分类机制的特点就愈加明显。

一、国外自然资源分类调整机制介绍

（一）美国：作为资源大国的新理论

作为资源大国的美国，广阔的国土面积使其具有了类型齐全、储量丰富的自然资源。美国以私有土地为主的国情，形成了美国保障私权、鼓励交易的经济传统，通过构建和完善市场交易机制，实现自然资源向价值更大的区域流动。各州政府能够独立行使较大权力的政治体制，最终导致美国形成了多元化的自然资源分类管理体制。

完善的市场交易体系，必然依赖于边界清晰的产权制度和符合价值规律的有偿使用制度。美国自然资源管理部门设置了对不同类型资源进行调查和评价的专职部门，保障自然资源的经济价值和生态价值得以有效实现和可持续性利用。从行政管理体制上来看，分别设置了土地、矿产、地质、水资源、国家公园和野生动植物的管理机构，这也切实反映出了美国对自然资源类型的划分。开采矿产、砍伐林木、草场放牧、海洋开发都需要向政府申请许可证，并通过向自然资源所有者付费的方式取得开发和利用自然资源的权利。美国依托国家公园等自然保护地开发旅游业也已成为实现自然资源价值的重要形式之一。

在美国司法实践中不断完善的公共信托理论为自然资源分类管理经验注入了新鲜的血液。例如，在伊利诺伊州中央铁路公司诉伊利诺伊州案中，[1]应注意到这种理论在海岸地、河流等部分自然资源类型中发挥了比较理想的效果，并且，其所保护的通航等权利具有明显的公共属性。这既表明行政机关许可私人开发利用自然资源的权利，不应以毁损公众非排他性的基础权利为前提，也不得由此减少行政机关监督管理的义务。美国学者萨克斯总结了数次美国各州法院运用公共信托原则的案例，[2]尽管这些判决对公共信托原则适用的边界不完全相同，至少，这提供了解决一类问题的新思路。

---

〔1〕 参见《美国法律汇编》第146卷，第887页。

〔2〕 Joseph L. Sax, *The Public Trust Doctrine in Natural Resource Law: Effective Judicial Intervention*, 68 Michigan Law Review 471 (1970).

（二）澳大利亚：重视自然资源价值实现

澳大利亚地广人稀，人口主要分布在沿海岸区域。国土面积约为761万平方公里，与我国国土面积相差不算太大，但澳大利亚全国人口数量约为2500万人，与我国的14亿多人口相比，堪称天差地别。澳大利亚矿产资源丰富，被称为"坐在矿车上的国家"，是世界上主要的矿产资源出口国之一。澳大利亚空间规划比较成熟，依托土地资源的载体形成了完备的多规合一体系。澳大利亚联邦政府和州政府分别由联邦选举和各州选举产生，联邦政府负责处理国家级别的事务，对州政府成员不具有人事任免权。州政府高度独立自主制定政策的权能使各州形成了各具特色的自然资源分类管理体制。澳大利亚通过不同层级的规划立法控制土地开发，由土地开发的形式实现各种类型的自然资源价值。对土地进行开发利用须申请许可证，并经过环境影响评价、开发事项公示、专家小组实地调研、利害相关人访谈等前置程序。

（三）俄罗斯：统一管理的分类体制

俄罗斯是世界上国土面积最大的国家，森林覆盖面积、淡水资源储量、煤炭资源和天然气储量均属世界前列。各类自然资源均以公有制为主体，国家公权力在自然资源价值实现中发挥主导作用，对生态环境和自然资源进行统一管理。俄罗斯自然资源与生态部是主要的自然资源管理部门，统一制定自然资源管理政策，分别下设不同专门部门管理地下空间、矿产资源、水资源、林业资源和动植物资源；另设能源部门管理化石能源开采和发电行业；又设农业部门管理种植业、渔业、畜牧业，体现出公益性自然资源和经营性自然资源的分类管理。

（四）日本：资源节约型的分类管理体制

国土面积狭小、人口稠密的日本自然资源极其匮乏，特别是原料和能源等矿产资源主要依赖进口，因此形成了精细化节约利用本土自然资源和高度重视引进自然资源的分类管理体制。日本虽然资源总量有限、类型单一，但林业资源和海洋资源相当丰富，是世界上森林覆盖率最高的国家之一。这得益于日本在林区利用上的慎重态度，通过发挥林业资源的生态功能，法律上对砍伐林木进行严格限制，对相应资源恢复做出详细规定。在日本，土地的私有化程度较高，主要体现在建设用地上，而国有、公有的土地，则承载了数量较大的森林、淡水资源。基于这种现实情况，日本在机构设置上体现出对自然资源的分类管理，将作为空间载体的土地和淡水资源由国土交通部门管理，又将农业、林业、渔业等基础资源由民生部门管理，将作为战略资源的矿产资源和能源由经济发展部门管理。

日本环境与自然资源的管理模式具有比较鲜明的时间特征，譬如大规模土地私有化发生在明治维新以后，而从资源消耗型到生态保护型的管理体制则于20世纪80年代之后逐渐形成。这种认识的变化过程体现了不同时期对国外实践的积极参考和对国内经验教训的有效总结。

二、国外自然资源分类调整机制启示

首先，辽阔的国土面积更有可能形成高储量和高质量的自然资源，但自然资源价值实现效率却和人口密度关系更加密切。稠密的人口摊薄了人均自然资源占有量，迫使国家采取更加集约化、精细化的高效利用手段；而相比之下，未面临紧迫人口压力的国家则更倾向于通过实现自然资源价值推动社会经济发展。在自然资源类型丰富的国家中，管理者得以关注高质量的自然资源类型；而在自然资源类型比较单一的国家中，相对高储量的自然资源类型处于管理机制中的核心地位。

其次，单一制国家的中央政府更有机会采取统一的自然资源管理模式，不因部门纠葛而互相掣肘，有利于集中力量办大事、办急事。而地方政府是中央政策的执行者，更有利于统筹兼顾使资源在全国范围内流动，实现整体利益的最大化。此时，权力出自相同源头，强有力的共同上级发挥了理想的协调作用。复合制国家的地方政府享有更加独立的权能，甚至中央政府需要在地方政府的同意下才能处分地方政府控制下的自然资源，此时中央政府常将管理不同类型自然资源的权能分散到各部门，地方政府也更具有主动性地探索符合区域实际情况的规则，这种探索则同时孕育着风险与机遇。法律传统也发挥了重要的补充作用，大陆法系国家形成的法典化管理模式有助于提炼经验共性，而英美法系国家将上级法院判例作为司法依据时，各州最高法院本来就更可能形成各具特色的分类管理规范。

最后，也是最重要的一点是平衡国家对自然资源控制能力和市场配置功能之间的关系。自然资源私有化程度越高，私有财产的所有者呼吁国家立法保护私权、鼓励交易的诉求就越强烈，更容易形成发达的自然资源产权交易制度，但国家也更难以实现对自然资源的有效控制。反之，尽管不少国家都将自然资源分成提供食物的生存类自然资源、提供其他生活产品的生态类自然资源、提供社会发展产品的经营类自然资源，但有效控制直接意味着设置了较多限制开发利用的条款，难以激发市场活力。即便如此，市场配置对实现自然资源生态价值和经济价值仍举足轻重，这并不意味着国家能够在管理自然资源中抽身而退，相反，行政机关应当有能力在事项审批和权利许可的过程中获取足够信息，避免自然资源价值流失和管理权能流失。

第四节 完善我国自然资源资产分类调整机制的对策

我国自然资源资产分类调整机制可以选取的完善路径是丰富的，法律、分类标准和政策在不同的层面发挥作用。即便存在功能近似交叉的部分，却不可偏废，而是应多项进程共同推进，分工协作构成完善自然资源资产分类机制的三重维度。法律有其不可回避的问题，对其进行解决从而顺利完成权利授予的重要任务，任何模糊、抽象的表述都只会最终影响具体制度的可操作性。而诸如自然资源的概念和管理方式等问题在现阶段仍较多由分类标准和政策所规范，在法律上的体现程度是不充分的。在自然资源分类标准和政策方面，需要在主体上更加明确所有者、使用者和监管者的关系，在思路上更好处理统一管理和分类管理的结合、分区管控和分类管理的结合，在方法上更具体区分公益性自然资源和经营性自然资源。

一、完善我国自然资源资产分类调整机制的指导思想

正如前文所论述的，立法实践中对自然资源概念采取列举式规定体现了法律规范的严谨措辞和审慎态度。同时，这也表明法学中的自然资源概念要比语言学、地理学中的概念更小，广义的自然资源唯有上升到不得不以立法调整来解决时，才真正成为法律意义上的自然资源。因此，在我们尚未拥有符合经济价值规律的科技手段去开发地球以外的资源时，我们就不太可能急于制定外星资源开发利用法，更不具有讨论保护与开发关系的现实条件。但这并不排斥外星资源属于自然资源这一事实。现在的自然资源分类制度中任何一项自然资源的演化历程都反映出我们在漫长的历史时间内对自然规律的摸索和利用，我们不断加深国际海底区域认识的过程堪称最新的例证。因此，在何种范围选取自然资源放入分类体系中势必体现我们的价值取向。

（一）统一管理与分类管理相结合

统一管理是将原先分散的资源在一定范围内重新整合和科学配置，以控制自然资源利用限度和效度，弥补自然资源匮乏区域的发展短板，促进自然资源富集区域充分利用区位优势高效发展。下好统一管理与分类管理相结合的这盘棋，必须摆正棋盘，统一自然资源调查监测体系和统一确权登记是制度前提，自然资源部“两统一、六方面”是权责范围，更须注意我国以公有制经济为基础的所有制结构。前一段时期水资源和能源是统一管理的重点领域。例如，南水北调和西气东输都是在全国范围内对水资源、天然气资源重新配置的成功经验。无论是牵头、协调还是执行，统一管理其实是主体导向型的，在何等范围内整合一直都是统一管理的重点。一方面，涉及中央与地方之间分工的问题，各级政府都是本行政区域内自然资源统一管理的责任主体，基层对管理成效的贡献率尤其明显，地方积极性总是与中央直接管理程度成反比，管理层次复杂所导致的强弩之末局面就走向了另一个极端。所以与探索和试验新的管理方案相比，监督既有规范是否落实或许对管理效能的提升更加明显。另一方面，自然资源分类管理所涉及的重难点问题往往是跨行政区域的，自然资源标准不一、执法不严等现象是行政区域交界处的痼

疾。真正落实行政区域管理与自然资源区域管理相结合，离不开省际地方政府的协同治理，探索自然资源统一管理与分类管理相结合能为推进土地、人口统一管理、协同治理提供有益经验。

（二）分区管控与分类管理相结合

在以精细化管理解决自然资源领域的差异化问题上，分区管控与分类管理的结合先天高度契合。分区管控的指向性显著，作为坚守底线的标准和责任追究的依据的“三线一单”自无须赘述，国家公园更是分区管控的核心对象。〔1〕国家建立自然保护地体系的具体操作方式是通过将自然保护区归并纳入国家公园、自然保护地、自然公园管理体系，设立核心保护区和一般控制区。〔2〕无论是制度设计阶段还是政策执行阶段，地方政府最了解本地自然资源状况，能完整发掘最亟待保护的部分。显然，分区管控的过渡阶段首先要面对地方复杂的历史遗留问题和尖锐的现实矛盾，需要激发地方活力才能实现重点突围。

（三）自然资源分类思路

1. 在分类项目中体现出价值取向

将土地看作自然资源的主要载体已经是共识，海洋则是不可或缺的重要补充。以立体化视角延展这一论点，一切自然资源都离不开承载空间。基于这一解释，将空间上重叠的自然资源分解到各自的位置。长期以来，对自然资源分类都停留在平面的视角，这种趋势也终将导致对自然资源价值目标的片面性、实现手段的单一性和管理运营的零碎性。不妨以备注的方式逐步将地下空间和地表以外地上空间的自然资源纳入自然资源分类体系当中，随着土地资源日益紧缺和空间开发手段日益丰富，对自然资源按照空间进行分类势在必行。

2. 在分类标准中体现出实现路径

大多数研究者认为三级分类比较妥当，也有学者论证了五级分类的必要性，但在对分类的选择上，不同的类型具有各自的优势。倘若我们

---

〔1〕 中共中央办公厅、国务院办公厅《关于建立以国家公园为主体的自然保护地体系的指导意见》（2019年6月26日施行）。

〔2〕 自然资源部、国家林业和草原局《关于做好自然保护区范围及功能分区优化调整前期有关工作的函》（自然资函〔2020〕71号，2020年3月30日施行）。

以相对综合的视角观察现行的分类体系，不难看出，在同级分类中客观上存在多个分级标准。譬如，我们在一级分类当中将自然资源划分为农地、林地、草地、水域、宅基地、居住用地、商业用地、工业用地，既区分了城市土地和农村土地，也包含了对分类项目是否属于建设用地的判断。在这一分类思路尚能满足现行管理体制需求的情况下，就没有必要将其拆分为不同级别的分类标准。《固体矿产资源/储量分类》的修订过程也充分体现了实用指向性：如不再按“三轴”分类，避免可行性评价与经济评估交叉重复；删除预测资源量、基础储量，以避免与查明矿产资源量、储量混淆；不再使用经济的、边际经济的、次边际经济的、内蕴经济的、经济意义未定的概念。

将自然资源的实物性质作为分类标准是古今中外长期以来的广泛实践成果，以客观属性为依据形成了将自然资源划分为提供食物的生存类自然资源、提供交通居住功能的生活类自然资源、提供能源的发展类自然资源的管理目标。这是自然资源满足人们生存发展需要最基础的功能。在此基础上，自然资源分类标准从自然属性到权利属性，自然资源分类级别从自然属性到社会属性逐渐演进。譬如，在一级分类中的林地划定了自然资源范围，体现了该类自然资源能够在何等区域内发挥作用，在二级分类中表明林木种类，才有可能在更详细的分类中表明经济用途或生态用途。这已充分说明了确定权利归属堪为施行管理政策的法定前提。这一趋势在分级数量较多的体系中更加明显，属性渐进过程作为分类级别的底层逻辑应是稳定有效的。

3. 在分类体系中体现出阶段特征

我国目前已经形成了体量庞大、内容丰富的自然资源分类制度，我们所面临的急迫问题是协调各分类方法中的不同标准，在现有基础上构建统一的分类体系。首先，应凝聚共识，在零散的分类标准中提取最大的公因式，如土地应作为预期分类体系中最核心的部分；其次，针对次一级的共性，在相对更低级别的分类指标中予以反映，如森林与草场都应包含天然和人工的分类。

4. 在分类设计中体现出基本国情

中国既是地域辽阔的自然资源大国，也是人口大国，自然资源人均占有量小的人地关系现状要求形成具有本国特色的自然资源分类管理体制。仅仅依靠同一套模式大多数情况下很难在全国范围内成功复制，因此在分类制度上要形成良好的上下联动机制。在中央层面把握分类机制的核心因素，在此基础上适当留白，为地方政府应用分类机制解决区域性问题留出发挥空间和制度接口。同时从中汲取优秀经验，在具有相似特征的地域进行推广。

同时中国作为发展中国家，还有广阔的发展前景，未来制度演化很可能还有漫长道路。在当前的新时期，我们追求高质量发展更加强调资源效率，这就需要转变思路，制度建设的阶段性任务要求更长远地实现发展。转变思路并非要彻底推翻以资源类型划分的传统，而是在体制改革中体现出能够因管理目标不同而采用针对性方法的新趋势，继而将这种新模式应用于自然资源资产管理体制当中。

在健全自然资源产权制度方面，进一步完善《民法典》中的自然资源所有权和使用权部分能为构建自然资源产权体系提供有力支撑，也是鼓励和保障交易稳定、实现权利安全让渡的必要前提。构建科学规范的市场规则，使市场在资源配置和价格评价中起决定性作用。统筹城乡发展，妥善处置收益分配。

二、完善我国自然资源分类的对策

理论和实践需架起桥梁，法学学者是否有可能在公法和私法的台阶上更进一步，歧见较多的分类技术也很难都写入现有标准中。政策须在不同专业的学术研究之间发挥胶水的作用，黏合自然资源分类中不同视角和视野可能存在的割裂。

（一）以地理空间因素确定一级分类

一级分类的标准应充分考虑地下空间和海拔高度等因素，将自然资源的空间属性差异作为分类标准，体现出基于空间、区位因素获取自然资源的过程。首先，倘要体现空间因素，将其放到一级分类中很可能是唯一选择。一级分类作为最高的分类级别，应有能力囊括更低级别中的所有自然资源类型，需要提取公因式。目前自然资源分类体系事实上是根据地球表面自然资源类型进行划分，因此任一条目都潜在包含了地下、地表和地上的立体空间体系。如果拟在更详细级别解决这一问题，整个分类体系将陷入冗杂和混乱。其次，纳入空间因素将是一次大胆尝试，更是为构建更加形式完备、结构科学的分类体系提供了绝佳的机会。包含物质和能量的无线电频谱资源等非传统自然资源都能在分类体系中找到对应位置，借此使分类标准对自然资源定义更有力地正面回应与支持。[1]最后，这也是分类标准所应发展的方向。自然资源分类标准需要衔接多规合一，正如以空间规划替代此前重叠规划是必行之举，在自然资源分类标准中彰显空间因素是“六统一”（“统一组织开展、统一法规依据、统一调查体系、统一分类标准、统一技术规范、统一数据平台”）的大势所趋。

长期以来，一级分类一直以来被默认为用以区别农林牧渔，在早期的分类中缺乏空间因素或源于思维惯性。一方面行政管理体制具有明显的部门分工，另一方面也受到了《宪法》第9条中“矿藏、水流、森林、山岭、草原、荒地、滩涂”分类方式的影响。扁平化的研究视野仅聚焦于地表自然资源类型，学术讨论长期在维持一级分类标准的情况下展开讨论，以致空间因素似乎不值深究。2020年出台的《用地用海分类指南》将地上、地下空间统筹作为总体原则，将地上、地下空间复合利用，授予国土空间详细规划，具体落实，将地下空间分类为地下交通运输设施、地下公用设施、地下人民防空设施、其他地下设施，并严格限定未列出用途应符合这一规定来补充。[2]显然，以空间视角分类自然资源的问题早已引起注意。纳入空间因素是有必要的，但在分类技术上仍存在一定难度。岩石圈、水圈、大气圈、近地太空作为一级分类的思路是极具开放性和前瞻性的构想。[3]除此之外，也可以考虑根据海拔和

---

〔1〕 在全国人民代表大会环境与资源保护委员会《关于第十三届全国人民代表大会第二次会议主席团交付审议的代表提出的议案审议结果的报告》中，全国人大环境与资源保护委员会经研究认为，无线电频谱资源在国家安全、公众传媒领域有广泛应用，是一种宝贵的、稀缺的非传统的自然资源。

〔2〕 参见《用地用海分类指南》。

〔3〕 参见张文驹：《自然资源一级分类》，载《中国国土资源经济》2019年第1期。

相对高度分出平原、丘陵、山地和高原，以在本级分类中基本确定山岭和矿产资源等项目。

（二）以公益性和经营性因素确定二级分类

公益性自然资源和经营性自然资源并不难判断，确有必要时，在时机成熟的情况下进一步在二级分类中分为生存用、生活用、生态用和经济用亦无不可。纳入自然资源分类体系当中是建立相同评价体系的前置必要条件。该分类实施的难点在于，不仅所有的自然资源都具有公益性或经营性的倾向，而且几乎任何一种自然资源都同样可能被划分成公益性或经营性。这可能造成的问题是，一方面这一分类标准几乎能放在任一位置，在各级分类中都隐含了对公益性或经营性的判断；另一方面却又都各不合适，放在较高级别的分类将形成两套下级分类相似度极高的“双胞胎”，放在较低级别又会出现每一个具体项目都需要判断对公益性和经营性的判断。因此，放在二级分类中，已经是相权之下的折中方案。进一步提高可行性的措施是着力突出重点，至少国家公园的公益性和矿产资源的经营性是特征比较明显且容易划分的。适当探索混合性的开发方式，对于特征不明显的暂不轻易分类，从而形成比较灵活的具体操作方法，去应对现实中可能出现的各种情形。

（三）以地表自然资源类型和利用方式确定三级分类

地表自然资源类型和利用方式几乎是处于两个不同阶段的同一种分类思路，前者判断“是什么”，后者规划“怎么用”，在规划科学的情况下，分类的结果是趋同的。将地表自然资源类型作为分类指标一直以来都在一级分类中处理，在三级分类中处理此前一级分类所关注的问题，将原先的三级分类整体迁移到新的分类体系中，有利于在制度改革过程中体现出前瞻性、连贯性和平缓性。在《用地用海分类指南》中的一级分类，已经实质上对建设用地和非建设用地进行了区分。但在16项用地分类一级类中，除耕地、园地、林地、草地、湿地以外，几乎均为建设用地。这5项是从原先诸类国家标准、行业标准中拣出整合的，与建设用地分类的形成路径逻辑并不相同，两者放在同级分类中存在一定程度上不匹配的问题。三级分类有承上启下的任务，因此，仍应继续提取公因式、合并同类项。《用地用海分类指南》与《三调》相比已在尽可能充实细节、调整顺序以及合并项目，但从附录A中代码为16的“留白用地”与代码为2301的“空闲地”等项目来看，似乎还有进一步整合的潜力。[1]

（四）以天然和人工因素确定四级分类

从法律规范上来看，将自然资源分成天然形成和人工形成已经相当成熟。《草原法》第2条、《湿地保护法》第2条的规定是明确的，其他法律规范相比之下虽然并不直接，但是也能够推导出相同效果，涵盖范围极广。[2]这一分类标准指向的自然资源具有明显共性，只有在人工参与能明显加快恢复速度的自然资源才具有此种分类的意义，这一类型自然资源能在较短时间内快速形成服务于社会生产的功能。显然，形成缓慢的矿产资源就无法进行这种划分。将工矿用地分成工业用地和采矿用地在分类体系中显得格格不入，应进一步探索在本级分类中仍需解决的问题。

在现有分类体系中，天然和人工因素是通过二级分类来具体落实的，但除草地分为天然牧草地和人工牧草地以外，其余自然资源类型并不够明显。《用地用海分类指南》中的湿地资源并未直接沿用《湿地分类标准》（GB/T 24708－2009）中天然湿地和人工湿地的表述，而是将《三调》水域及水利设施用地中的沿海滩涂、内陆滩涂、沼泽地改为湿地，将《三调》中认为是湿地的盐田归类到工矿用地中。采取这种分类方式可能是因为《湿地分类标准》（GB/T 24708－2009）中的水库、淡水养殖场、海水养殖场、池塘、沟渠、水田、城市人工景观水面和娱乐水面等人工湿地都被纳入其他类型，导致人工湿地的内容范围大幅减少。更进一步讲，这反映出对湿地定义认识的动态性变化过程，目前处理方式的过渡性特征比较明显。林地分成乔木林地、竹林地、灌木林地

〔1〕在《用地用海分类指南》中，留白用地，指国土空间规划确定的城镇、村庄范围内暂未明确规划用途、规划期内不开发或特定条件下开发的用地。空闲地，指城、镇、村庄范围内尚未使用的建设用地。空闲地仅用于国土调查监测工作。

〔2〕《森林法》第6条关于公益林和商品林的规定、《野生动物保护法》第3条关于人工繁育的规定、《渔业法》第1条关于人工养殖的规定、《水法》第27条关于人工水道的规定、《水污染防治法》第43条关于人工回灌补给地下水的规定。

和其他林地的分类方法，则与草地几乎完全舍弃《草地分类》（NY/T 2997－2016）而以湿润度、降水量、气候带定类、以优势种、共优种定型的丰富的分类体系形成了鲜明对比。

（五）以管理方式确定五级分类

五级分类已经是分类体系神经的最末端。由于不再继续往下分解，五级分类中的每一个项目都是一个独立个体，具有鲜明的独特属性。更进一步讲，管理方式应不必过分顾虑类型化管理对抓住共性的需要，而是更加侧重于顺应局部特征以充分发挥其特殊优势。从这个角度来讲，五级分类承载的功能是丰富的，是实现上级分类中所未能全尽功能的最后时机。

《用地用海分类指南》中的三级分类以留白为主，在实际中根据需要展开细分，[1]主要是将设施和环境作为评价标准，将城镇住宅用地、农村宅基地、工业用地、物流仓储用地划分成了不同档次的级别。一个直接的现实后果是，地方政府在实践工作中很有可能继续沿用此前的国家标准、行业标准，导致重新回归到多规并行的局面。以解决实际问题为导向，五级分类未必需要采取强制性规定，因此不妨通过列举更多推荐性措施，引导地方政府结合自身需求选择。

三、完善我国自然资源资产分类管理的对策

尽管《宪法》和《民法典》均规定了自然资源属于国家，即全民所有，但两者的实现路径却存在差异。《宪法》作为国家的根本大法，提供公权力的实现路径，在这一话语体系当中，强调的是国家权力至高无上，国家一切权力属于人民；[2]强调这种权力是至高无上的主要体现为，任何组织或者个人都不得有超越宪法和法律的特权。[3]既要在职权边界范围内按照法定程序行使权力，也要明白职权就是职责，是必须履行不可放弃的，权力的稳定运行总是以一定的作为形式表现出来的。而《民法典》中的规定，则更加清楚地疏通了自然资源所有权在私权利层

〔1〕《用地用海分类指南》“3.3 细分规定”。
〔2〕《宪法》第2条。
〔3〕《宪法》第5条。

面的功能，在这一话语体系下，私权利并不需要通过行使，仅通过法律文本和社会常识就能宣示自身存在，私权利所有者无论是在行使的时间、方式、程度等方面都享有高自由度。当我们提到权利人行使权利不应损害他人合法权利时，已是针对两组权利义务关系进行评价了。

但不可否认的是，倘若我们将国家所有和全民所有联系起来，国家是一个抽象概念，国家所有权的落实必须依赖于一个能够明确承担权利义务的确定主体；与此同时，全民是一个集体概念，无论是将全民理解为公民还是人民，在这里所规定的自然资源绝非某个自然人个体所能直接行使的权利。因此，人民行使国家权力的机关是全国人民代表大会和地方各级人民代表大会，自然资源资产作为国有财产由国务院代表国家行使所有权，而国务院正是最高权力机关的执行机关。[1]同时，公权力或私权利都被要求在一定范围内行使，都以恢复到未受损害的状态为遭到损害时法律救济的目标。显然，两者的运行逻辑既存在显著差别，同时也存在一定相似性。真理与谬误是邻居，将两者混淆是一种误读，系以权利、义务、责任的逻辑解释权力运行规律；将两者彻底割裂亦是荒谬的，因为它是从公权力与私权利之间泾渭分明的表现形式，错误地推论出两者势同水火的对立关系的。

（一）完善公益性自然资源资产管理制度

公益性自然资源资产公共属性显著，解决问题应以政府等公共主体为主导，在国家权力的框架内完善各项制度。

1. 完善国家所有公益性自然资源资产行使主体

“国家”作为所有权主体，为确保公益性自然资源资产行使主体的具体明确，应将行使所有权的职责委托给具体的部门行使，并设立监管部门对其进行监督。根据中共中央办公厅、国务院办公厅《关于统筹推进自然资源资产产权制度改革的指导意见》可知，国家所有公益性自然资源资产将由自然资源部行使。为确保委托管理和分级管理的有效实行，避免地方利益侵害国有资产，应建立完善的分类行使机制，将公益性自然资源资产的形式主体分为三级：自然资源部、省级政府、市级政

[1] 《宪法》第85条、《民法典》第246条。

府。涉及跨省以及具有巨大公益价值的公益性自然资源资产，应由自然资源部直接管理；涉及跨市以及重要公益价值的公益性自然资源资产，应由省级政府进行管理；市级管辖范围内的公益性自然资源资产，由市级政府进行管理。国家已明确将国家公园内国有自然资源资产所有权归属中央。这些国家公园或具有极为重要的全国性公共物品属性，或拥有极为重要的珍稀野生动植物，如东北虎、东北豹、大熊猫；或是跨行政区域如三江源。

为确保上述主体的权责，首先，应完善资产评估制度，制定资产价值表，区分“巨大公益价值”和“重要公益价值”，明确自然资源部、省级政府、市级政府的权力界限，确保公益性自然资源资产由确定的部门管理，避免推诿职责。其次，无论是哪一级部门行使公益性自然资源资产，其他部门应提供协助。尤其是跨省、跨市的公益性自然资源资产，如国家公园、自然保护区，需要地方之间的相互配合。最后，因公益性自然资源资产的管理牵涉当地经济的发展，在行使职责时应充分考虑当地公众和企业的意见。对于当地居民，可以采用社区共管制度，鼓励公民积极参与公益性自然资源资产的管理建设；对于企业，可以鼓励企业参与国家公园等的建设，同时给予其一定的福利。如允许企业在国家公园内参与科学研究；或承诺在一定期限内恢复草原平衡的企业能够在一定权限内享有该片草原的使用权，获取经济收益。

2. 建立公益性自然资源资产动态机制

对于为公益目的已通过划拨手段让渡的公益性自然资源资产，确有需要将自然资源类型转变为经营性自然资源资产的，应由国家收回并重新出让、出租。通过建立健全公益性自然资源资产退出机制，加强监管，维护公共利益的实现。

3. 完善统一的信息服务平台

信息获取与共享是统一自然资源调查监测体系的最后一环，也是顺利开展管理工作的重要硬件。依托2020年正式上线运行的自然资源标准化信息服务平台，继续提供类型多元、内容翔实的自然资源分类数据，落实地方政府自然资源重要信息报送工作。地方政府亦不妨参照这一系统搭建本省的信息服务平台，分担在高峰时段的流量压力。

4. 形成多渠道的补偿机制

公益性自然资源资产亦应完善收益机制。维护公共利益强调公共价值和生态价值是工作重心，不以营利为目的是价值冲突时的选择倾向。但生态价值并非天然排斥经济价值，追求共同价值最大化是价值对立不明显的情况下的理性选择。

在做好充分前期调研工作的基础上，根据不同区域生态环境的承载限度，对公益性自然资源资产进行进一步细分。对生态环境比较脆弱的区域重点保护；对于有条件适当开发的区域，在不损害资源可持续利用和环境功能的前提下，授予管理单位不同限度的经营权限，包括但不限于生态旅游、文创产品等形式。这一举措既能引入社会资本，降低财政维护国家公园的负担，有利于解决生态补偿难以对等的问题，使国家利用经济杠杆发挥作用；又能为人民群众提供高质量的生态产品，满足人民群众对于美丽生态的现实需求。

5. 丰富多元的公众参与机制

要讲好自然资源的地方故事，须持续完善公众参与的法定程序。公益性自然资源资产的管理单位可与当地的环保组织等团体建立沟通机制，向公众宣传当地自然保护地体系的基本情况和主要特色；有计划地组织开展征文、知识竞答等活动，使群众成为宣传主体。在编制规划和环评文件时，将利益相关者诉求表达作为征求意见的必经环节。通过邀请人民群众担任志愿者和环境公益诉讼制度、人民陪审员制度等途径，让人民群众有机会成为自然资源执法和司法的有机组成部分。最后落实到完善信息反馈机制，畅通投诉、举报、诉讼等表达批评权、建议权的渠道，聆听来自人民群众的声音。

6. 完善公益性自然资源资产收益制度

公益性自然资源资产通过有偿使用获取的收益应得到合理分配。一方面，国家作为公益性自然资源资产的所有权主体，公益性自然资源资产的管理资金由中央下拨到地方，因此收益应归中央；另一方面，实际使用、处分公益性自然资源资产的主体是地方政府，如果地方政府没有收益，则容易导致政府不作为、少作为的现象出现。为确保公益性自然资源资产不流失，同时增强当地政府管理积极性，应制定一定的标准分配收益。首先，应制定分配标准。明确中央与地方的收益分配比例，可以按照3：7的比例进行分配。其次，应设立独立于地方政府的监管机构，地方获得的70%收益中的50%应投入公益性自然资源资产的再开发利用（如生态修复、生态补偿），并按期公布收益使用情况，保证信息公开。监管机构定期对地方获得的公益性自然资源资产收益评估，评估的结果可以作为地方政府的考核内容。

（二）完善经营性自然资源资产管理制度

完善经营性自然资源资产应继续推进政企分离，找准政府角色定位。经营性自然资源资产的价值实现不仅反映在收入水平上，更与相关产业良性成长息息相关。通过政企脱钩，让熟悉经济规律的市场运作专家承担经营者职能，以市场手段而非行政手段参与经营，由经营者对其决策负责，综合正负双向激励手段，形成系统的收益分配机制。要实现权利和责任相适应，赋予经营者独立判断风险的权能，就应使其自主承担经营风险，能因管理手段获利。同时，这也剥离了政府实现经济价值的压力，使政府回归监管者位置，通过制定市场规则和事中事后的监督审查规范自然资源资产市场机制。

1. 建立健全统一的一级交易市场

建立健全统一的一级交易市场，是为了解决交易成本的问题。一是统一，二是公开。不统一的交易市场产生的价格差异为投机者留出空间，从而摊薄了资产所有者和正当经营者的利润。公开招拍挂出让是最公平的交易方式，交易信息一体发布，交易者不需要通过渠道便能快速获知购买条件，能最大限度发现潜在交易者，避免以较低价格成交导致的国有资产流失。构建全省统一的交易市场，采用了一致权利转移程序，每一个经营性自然资源资产交易环节都是公开透明的，自然难以产生权力寻租的空间。

2. 构建合理的收益分配机制

地方政府财政对自然资源收益依赖比较明显，特别是在土地资源、矿产资源方面，央地惠益分配问题比较棘手。透过惠益共享，应看到根源乃是发展的优先级顺序。应将自然资源收益拆解为成本和净收益，成本包括开发过程中的各项必要支出，只有净收益才是真正应由中央根据各地实际需求重新分配的部分，并且这一分类也应适用于其他经营领域，从而将自然资源有偿使用制度放在为资源付费的整体制度框架之内。

从长期收益的角度来看，构建更加丰富的自然资源收益获取渠道是有必要的。直接出让自然资源资产虽能在短期内快速获益，但随之也削弱了公共行政权力精细化管理的意愿。综合我国土地资源利用现状等因素，以收取租金或服务税费等形式获益，能够拓宽经济价值实现路径和延长产业链条产生就业岗位；国有企业直接经营或将自然资源转为股权参与经营也是获取收益的重要方式。总之，深化推进供给侧结构性改革，在国有土地出让中应保持审慎态度。

3. 推进事后监管的制度建设

从审查许可制转向备案登记制是政府职能转型的一项重要举措。一是充分发挥公众的监督力量，既能提升公众监督意识和能力，也有利于监管机关针对群众举报有的放矢，降低监管成本和提高监管效率。二是事前审查转向形式审查，将行政工作人员从烦冗的审核中解放出来，使有限的行政资源转向专业性更强的领域，从整体上加强了队伍建设。三是要求自然资源权利使用者担当好自身责任，对失信者予以严厉的惩戒，行政机关真正从家事清官难断、两头难管的家长转变为专注于提供政务服务的管家。加强领导干部自然资源资产离任审计和成立自然资源国有资产监督管理委员会的作用。

第七章　自然资源资产收益管理制度研究

第一节　全民所有自然资源资产收益管理的基本理论

一、自然资源资产收益的概念和种类

1. 自然资源和自然资源资产的概念

关于自然资源的定义，《辞海》认为："自然资源指人类可直接从自然界获得，并用于生产和生活的物质资源。"《〈中共中央关于全面深化改革若干重大问题的决定〉辅导读本》认为："自然资源是指天然存在、有使用价值、可提高人类当前和未来福利的自然环境因素的总和。"而联合国环境计划署认为："自然资源是指在一定时间、地点和条件下，能够产生经济价值的，以提高人类当前和将来福利的自然条件和环境。"上述定义虽然在表达上不一样，但内在含义是一致的，都准确地描述了自然资源的特性。自然资源和自然资源资产的区别在于是否具有经济价值，当自然资源具有稀缺性、能产生经济效益，具有可量化的价值时，便成为自然资源资产，我国国有资产分类中

的资源性资产便特指自然资源资产。《辞海》中将自然资源资产称为自然资产，意指“国民经济核算体系中的一个概念。判断某一个自然资源是否被纳入自然资产范围依据两个标准：（1）是否受有效的所有权控制；（2）是否能够给其所有者带来经济利益。满足这两个条件的自然资源被确认为是国民经济核算意义上的自然资产”。

2. 自然资源资产收益的概念和种类

根据联合国综合环境经济核算体系，自然资源资产只是作为环境资产的一个子集被纳入核算的，从资产核算的角度可将其分为土地资源资产、生物资源资产、矿产资源资产、水资源资产，这些资源资产都具有经济价值、生态价值和社会价值，如生物资源资产的森林可以通过出售树木获得经济价值，也具有涵养水源、防风固沙等生态价值，还存在休闲娱乐、教育科研等社会价值。广义的自然资源资产收益包括经济价值和生态价值的双重收益，有时也会对社会价值加以考虑。我国目前所指的自然资源资产收益大部分仅指经济收益，不过我国目前也对生态价值的收益进行试点，如自然资源部正在进行的自然资源领域生态产品价值实现机制试点工作。根据自然资源资产的收益价值来源和资源的权属不同，其自然资源资产收益也应当相应地分为所有权收益、使用权收益和规制权（管理权）收益。根据自然资源资产的种类不同，可以将其分为公益性自然资源资产收益和经营性自然资源资产收益，前者指公益性自然资源资产的经济价值实现过程，但是由于是公益性的，相应地会更注重生态价值的维护；后者是指经营性自然资源资产的经济价值的实现过程。

二、自然资源资产收益管理的概念

1. 自然资源资产管理和自然资源资产收益管理

自然资源资产管理是指对自然资源资产涉及的全过程进行管理，既包括自然资源资产（一般分为建设用地、耕地、园地、森林、草原、湿地、矿产、水、海洋、自然保护地、野生动植物）总量情况[1]的梳理，

〔1〕 参见陆昊：《国务院关于2020年度国有自然资源资产管理情况的专项报告》，载中国人大网，http：//wwwnpcgovcn/npc/c30834/2021－10－21/d1fc1e63e20e4dfe9b5fad0839 ab8129shtml。

也包括对自然资源资产的产权管理和开发利用的监督。而自然资源资产收益管理仅是对自然资源资产开发利用后，进入市场后的收益阶段（其经济价值的实现过程）进行管理，但是由于收益管理是被包含在整个资产管理中，其资产管理中涉及的产权也是收益的前提，需要加以确认。自然资源资产收益过程中涉及的价值除去经济价值和生态价值，还包括一定的社会价值，只是社会价值不便量化，形式上一般为在特定环境下对资源开发时保留一些特殊的要求，如对地方具有文化等层面特殊贡献的，一般需要特殊对待，不能完全开发。

2. 自然资源资产收益管理的各阶段

一般而言，一个完整的自然资源资产收益管理过程以进入市场进行交易为界限可以分为三个阶段：第一阶段是交易前的明晰产权阶段，因为产权是资产收益的基础，如果自然资源资产没有确定的产权，就不能进入市场交易，就无所谓的收益；第二阶段是进入市场交易产生收益的阶段，该阶段政府职能具有双重性，一方面是作为交易的民事主体，另一方面是作为该民事活动的规制者；第三阶段是收益后分配阶段，政府作为分配主体和监管者（见表7－1）。除此之外，关于自然资源资产收益管理的相关法律制度应当是贯穿全过程的，为此提供制度保障。

表7－1　自然资源资产收益管理的各阶段

阶段	特点	政府职能
进入市场交易前	明晰产权阶段	确定产权
进入市场交易时	产生收益	交易主体和规制者
进入市场交易后	收益分配	分配主体和监管者

三、自然资源资产收益管理的理论基础

（一）“经济人”理论

约翰·穆勒提出的“经济人”理论是指在一定约束条件下追求自我利益最大化的“人”。传统经济学从人与自然的关系出发，认为“经济人”应当最大限度地开发和利用自然资源，用以尽可能地创造最大限度

的财富。这种范式认为只有尽可能地对自然资源进行无限制的开发，才能满足无限的需求。但是这种理论中的利益最大化的追求没有考虑到资源利用的环境保护，而且也没有考虑到代际公平。[1]若需在环境资源研究中引入“经济人”的概念，应当抛弃“自私理性人”的概念，在追求自身最大经济利益的同时，还应当考虑社会利益和社会成本。在自然资源资产收益管理中，政府作为理性的“经济人”，应当首先对资源资产作出最优配置，兼顾社会公平，达到帕累托最优。

之所以引入“经济人”理论，是因为该范式并不仅仅是在经济活动领域适用，还可以推广到政治活动中，因为自然资源资产本身的特殊性，其收益管理制度必定是在政治、经济和社会的多重结合下制定的。政治学上的“经济人”范畴主要有三个特性，一是以政治利益为导向；二是采用交易方式，经济学的核心问题在于资源的稀缺性，具体到政治学上就是个人和集体、不同集体之间为形成制度性公共产品，进行一系列的磋商、权衡利弊等交易过程；三是政治上的政府是受到宪法规则约束的，宪法规则调节个人利益的同时促进公共利益的实现。

布坎南将人在经济市场的利己主义和政治活动中的利他主义纳入同一范式进行统一分析。“经济人”的理论引入到政治活动中的意义在于打破“经济人”的利己行为，更多地为公共利益考虑，这也是基于环境资源的特殊性。因为在“经济人”理论之下，自然资源领域更应该考虑的是“生态经济人”这一概念。人与自然这对概念一直是相互制约的，正如马克思所言：“只要有人存在，自然史和人类史就彼此相互制约。”[2]人与自然关系失衡激发了生态经济，对传统经济进行思辨，强调在经济生活中人与自然的协调发展。“经济人”作为一个历史范畴上的概念，突出行为人的社会属性。每个人都有其私益，但是政府代表人民利益在自然资源资产收益管理中制定这些制度的时候需要从人民的利益和公共利益角度出发设计制度。

---

〔1〕 参见王玉婧：《环境成本内在化：环境规制及贸易与环境的协调》，经济科学出版社2010年版，第61页。

〔2〕 韦建桦主编，中共中央马克思恩格斯列宁斯大林著作编译局编译：《马克思恩格斯文集》（第1卷）人民出版社2009年版，第515~516页。

（二）“公共共有物”理论

罗马法将物按照是否可交易分为公有物、共用物、共有物、私有物。公有物是指容易获取和管理的，为了公共目的，公民可普遍使用的物。共用物是指不容易获取和管理的，需要法律加以保证公民使用的物品，如空气、海洋等都属于万民共用物。这两种物都属于不可交易的、只能为了公共目的由全民使用，私人不可所有。而随着经济的发展，商品交换和流通的需求越来越高，共用物向共有物转换，即多数人或全民对统一物权享有共同所有权，强调物的共同所有，以多数人共有的形式流转，之前的公有物、共用物制度开始瓦解。相对应地也激发了私有物的产生，区别在于强调物的共同所有或单独所有。

自然资源收益管理制度中，与“公共共有物”结合最紧密的还有公共信托理论，公共信托理论源于罗马法上的公众共有物的概念，该理论将全民视为自然资源的所有权者，而国家和政府只是受全民所托，从公众利益出发对自然资源收益进行管理。普遍认为，在环境和自然资源中创设私有产权是危险的，在大多数国家中，自然资源都是属于国家所有，公众一般并不享有从这些资源中获取利益的普遍自由，自然资源国家所有在某种程度上和私有财产十分相似，不同的是国家可以通过创设法律制度等规则来保障和监管自然资源的使用。而关于环境资源保护的公共信托理论，20 世纪 70 年代约瑟夫·萨克斯提出三个相关的基本原则，一是将水、大气等对全体公民生存至关重要的公共资源作为私有财产是不合适的，在这种自然资源中不应当设立私有产权；二是公民可以平等、自由且不受影响地利用自然资源；三是政府不可以基于自身的利益将一般化使用的公共物加以限制。公共信托其实借用了私法的框架，信托的目的是最大限度地保障自然资源的公共利益，管理人必须以审慎的行为行动。

（三）自主治理理论

公共选择理论中的“囚徒困境”、“公地悲剧”和“集体行动困境”所指向的个人的理性行动最终导致的是集体的非理性结果，奥斯特罗姆在此实证研究的基础上开发了自主治理理论。自主治理理论的核心是一群相互依赖的委托人将自己组织起来，进行自主治理，使所有人在机会主义行为形态的情况下，仍然可以取得持久的共同利益。奥斯特罗姆还提出“公共池塘资源”（Common - pool Resources，CPRs）的概念[1]，其是指人们对公共资源享有共同使用、分别享有收益的权利，而且具有非排他性和竞争性特征。自然资源作为一种公共资源，当产生收益时，其作为公共池塘资源（森林资源、水资源等）的存在，逼近资源单位[2]的极限不仅会产生“拥挤效应”（Crowding effects）还会导致摧毁自然本身继续生产资源单位的能力[3]，进而导致一个资源系统的崩溃。

自主治理理论强调政府、市场以及社会三方主体之间的互动，关注制度供给、可信承诺和相互监督问题。在规模较小的公共资源利用中，主体之间可以通过经常相互沟通增进信赖感，个人之间可以组织起来，为了公共利益，遵循共同的行为准则，并采取集体行动进行自主治理。但是若规模较大时，集体之间可能因信息不对称等原因，使行动出现矛盾。自主治理理论的提出纠正以前政府市场二选一的局面，使公组织和私组织结合起来，而且将较大的政治系统划分为较小的自主组织更利于对当地自然资源的保护。

奥斯特罗姆还在多中心秩序的基础上提出多中心理论，用以克服以往单独权力集中和权利分散制度的缺陷，传统的市场行为主体既可以独立地追求自我利益，又会与其他主体之间相互磋商合作。在地方治理中，主张多样性的制度安排，通过政府、市场和当地社区自发组成的多中心主体，对自然资源资产进行管理，可以最大限度地实现环境公共利益。

（四）自然资源一体化管理理论

1. 生态一体化理念

生态一体化是自然资源资产收益管理中重要的理论支撑，所谓生态

---

〔1〕参见［美］埃莉诺·奥斯特罗姆：《公共事物的治理之道：集体行动制度的演进》，余逊达、陈旭东译，上海译文出版社2012年版，第36页。

〔2〕资源单位是指个人从资源系统中占用或使用的量。

〔3〕参见［美］埃莉诺·奥斯特罗姆：《公共事物的治理之道：集体行动制度的演进》，余逊达、陈旭东译，上海译文出版社2012年版，第39页。

一体化，是指某一区域通过制度创新跨越行政边界形成生态治理的合力，能够对区域内的公共环境实现有效的治理，提高公共区域生态环境质量，改善生态服务水平，为促进经济、社会发展提供良好的环境基础。生态一体化要求以一种全局观来应对全局与局部的生态环境问题，通过强调多主体参与、利益协调、协作共商的方式，共同构建区域内的环境保护体系，共同制定区域内的环境保护防范体系标准，并采取共同的政策与措施来解决区域内的生态环境问题。

区域经济的生态问题也在一定程度上制约了区域的高质量发展与一体化进程。生态环境质量会直接影响某一区域民众的福祉，单一地区往往难以解决跨行政区域的生态环境问题。现阶段区域的生态环境治理应充分借鉴人类命运共同体理念，跨越行政区域形成生态环境治理的合力，以能够对区域公共环境实现有效的治理。自然资源资产收益管理强调的生态一体化理论也是基于生态环境的特性，如河水具有流动性，区域内某一方河流的污染则会给区域内其他相关方造成利益的减损（如上游的排污可能会致使下游河水受污染，从而导致下游水资源使用价值的减损），甚至引发争端和纠纷。如果区域内所有地区都是仅为了自身利益而忽视其他方利益利用河流，不但有可能导致无休止的争端，还可能会严重地影响整条河流的生态价值和使用价值。一般而言，区域的生态一体化包括两层含义：一是区域内的经济发展必须与生态环境保护同时进行；二是鉴于区域内有些城市经济发展具有同质化竞争，所以必须从整体性视角统筹推进该区域生态一体化进程。

2. 协调发展理论

自然资源具有地域广的特点，这意味着自然资源的开发利用和保护不单单是一个地区的问题，而是一个“区域”社会的协调发展问题，虽然各个地区可能对自然资源仍有竞争，但未来的发展趋势必然要求更多的合作共识与合作实践。随着区域一体化的不断深入落实，区域社会经济发展开始转向全面协调可持续发展，区域协调发展强调资源开发利用以及环境保护等方面的全面可持续发展，达到一种区域内外部的和谐与共生。区域协调发展的内涵极其丰富，其本身是一项综合性、复杂性和系统性的工程，涉及经济、社会、资源、环境等多方面的内容。

我国自然资源分布广，也不乏很多跨流域、跨地区的自然资源，常见的如长江、黄河等，还有祁连山国家公园等跨行政区的自然保护地。区域内自然资源的协同发展是作为有机整体的区域经济和社会发展的内在要求，主要是通过区域之间的良性竞争和合作，形成融洽的区域发展关系，从而达到最佳效益，使社会、经济和环境走上可持续发展道路。首先，协调发展应当从政府层面开始，寻找满足区域自然资源发展的约束和激励相容机制；其次，还需要坚持处理好公平和效率的关系。区域协调发展的实现机制既可以是非制度化的，采取松散的组织集体协商模式，也可以是制度化的，区域间的政府通过集体谈判协商缔结区域间的协议，从而形成一种紧密的组织开展区域间的分工和合作，协议可完整包括区域内自然资源协调发展的目标、内容、主体、手段和程序，此外还要考虑具体协调政策的可操作性。

3. 合作治理理论

（1）整体政府理论的引导

整体政府理论打破了传统行政范式特征，主张有序合理的竞争，并强调各种形式的整合与协调，偏向于跨部门协同的工作机制。整体政府是20世纪90年代中后期兴起的政府改革运动，其在政府改革实践中的首次运用是1997年。整体政府作为一种新的改革理念，其目的是破解高度专业分工的政府体制所面临的部门主义、各自为政等问题。[1]2004年澳大利亚管理顾问委员会的联合政府报告中将公共服务中的“整体政府”定义为：“整体政府是指公共服务机构为了完成共同的目标而实行的跨部门协作，以及为了解决某些特殊问题组成联合机构。所采取的措施可以是正式的也可以是非正式的；可以侧重政策的制定、项目的管理或者服务的提供。”波利特则认为，整体政府是指一种通过横向和纵向协调的思想与行动以助力政府实现预期利益的政府治理模式。它包括四个方面内容：排除相互破坏与腐蚀的政策情境；更好地

---

〔1〕 参见曾维和：《当代西方“整体政府”改革：组织创新及方法》，载《上海交通大学学报（哲学社会科学版）》2008年第5期。

使用稀缺资源；促使某一政策领域中不同利益主体团结协作；为公民提供无缝隙而非分离的服务。[1]

基于自然资源整体性的治理模式，在治理的组织结构上，包括三个方面的有机整合：一是不同层级或者同一层级上治理的整合，其包括地方政府以及中央政府的整合；二是治理功能的整合，它既有同一机构内不同功能上的整合，也有不同功能部门之间的整合；三是公私部门之间的整合，即政府部门、私人部门以及非营利性机构之间的合作。自然资源资产的整体性管理正是基于这种整体政府理论，通过消除不同地方政策之间的矛盾，直接有效地增加区域内环境保护公共政策的效能；通过消除不同建设项目之间的冲突而使资源资产得到充分利用；并通过磋商在不同利益主体之间加强合作，形成协同机制；最后以公共利益为导向，提供一套整体性的服务。

（2）区域公共治理合作机制

区域公共治理合作，一般就是指区域内的政府、社会组织、私人部门和公民个人等治理主体，为实现区域公共利益最大化，在区域公共事务治理中，以平等协商的方式进行的共享裁量权的集体行动。区域的整体性、外部性等特征以及我国区域生态治理的碎片化问题，与协同治理理论的多元主体、协同特性等相互耦合、高度契合，既强调系统的有机整体，又讲究多元的相互协作。区域公共治理理论对于推动自然资源资产收益管理和生态环境建设具有重要的参考价值，自然资源资产的开发利用和环境污染具有明显的流动性和无界性的特点，环境的改善又具有显著的公共产品的特征和溢出效应，根据萨缪尔森的定义："公共产品是这样一些产品，无论每个人是否愿意购买它们，它们带来的好处不可分割地散布到整个社会里。"[2]这就意味着部分自然资源。例如，水资源等作为区域公共产品很难从产权角度进行清晰的界定而做到完全排他性，由各地独占，从而呈现跨行政区域的特点。

我国目前各地进行的跨行政区域的协同治理自然资源资产的改革实

---

〔1〕 Christopher, *PollitJoined - up Government*, 11A Survey Political Studies Review 35 (2003).

〔2〕［美］保罗·A. 萨缪尔森、威廉·D. 诺德豪斯：《经济学》（第14版）（上），胡代光等译，首都经济贸易大学出版社1996年版，第571页。

践和局部区域先期实践结果已经充分回应了我国区域合作治理的可行性，展示了区域协同管理的广阔空间。自然资源资产收益一体化管理实质上是一种在生态环境领域内根据资源特性开展的管理活动。

第二节 现有自然资源资产收益管理制度及其问题

一、我国全民所有自然资产收益管理政策概述

在自然资源资产收益管理中，除了法律提供制度保障外，其政策作为政府管理的基石，也为建立产权明晰、权能丰富、规则完善、监管有效、权益落实的全民所有自然资源资产收益制度提供研究基础。关于自然资源资产收益管理的政策梳理除了贯穿自然资源开发利用事前、事中、事后全过程的监管，其他的可从三个资产收益的三个阶段分别进行梳理。

1. 交易前

在自然资源资产进入市场交易前，政府主要的工作是履行所有者职责、摸清资产家底，首先需要整理自然资源清单，其次加上调查监测和确权登记，落实产权。与此相关的制度包括国土空间规划，该规划中强调健全用途管制制度，是各类开发保护建设活动的基本依据。在自然资源资产核算上，早在2015年，国务院印发《生态文明体制改革总体方案》就提出探索编制自然资源资产负债表，后通过的《编制自然资源资产负债表试点方案》进一步确定了探索自然资源资产核算方法。在明晰产权上，政府主要以《关于统筹推进自然资源资产产权制度改革的指导意见》加快健全自然资源资产产权制度，关于公益性自然资源资产的确权，政府主要以《关于建立以国家公园为主体的自然保护地体系的指导意见》明确以每个自然保护地作为独立的登记单元，进一步完善自然资源统一确权登记办法。

2. 交易中

该阶段主要是自然资源资产进入市场交易，以其交易方式的不同和资产性质的不同辅以多种政策。以促进自然资源资产集约开发利用为目

标，对全民所有自然资源资产划拨、出让、租赁、作价出资做出规定，深入推进全民所有自然资源资产有偿使用制度改革。对公益性自然资源资产，也提出对自然保护地创新自然资源使用制度，构建多样化的生态产品体系，推行参与式社区管理。

3. 交易后

首先，自然资源资产进入市场交易获得收益后，其收益分配是该阶段需要重点关注的事情，2012 年的《政府工作报告》和党的十八大中正式提出“公共资源出让收益的全民共享机制”，自然资源资产作为公共资源的一种，其收益自然也要纳入全民共享机制的建立中。其次，在对于开发利用后的自然资源资产的保护上，政府还提出生态补偿主要是以政府财政转移支付的手段实现，并提出将生态保护补偿作为建立国家公园体制试点的重要内容。全民所有自然资产收益管理政策（见表 7－2）。

表 7－2　全民所有自然资产收益管理政策的部分梳理

阶段	制度	政策名称
全过程	监测监管	《关于统筹推进自然资源资产产权制度改革的指导意见》（中共中央办公厅、国务院办公厅），《关于建立自然资源资金监测监管工作机制的通知》（自然资源部），《2020 年自然资源部网络安全与信息化工作要点》（自然资源部）
交易前	国土空间规划	《关于建立国土空间规划体系并监督实施的若干意见》（中共中央、国务院），《关于全面开展国土空间规划工作的通知》（自然资源部）
	自然资源资产核算	《编制自然资源资产负债表试点方案》（国务院办公厅），《关于印发自然资源统计调查制度的通知》（自然资源部办公厅），《自然资源分等定级通则》和《自然资源价格评估通则》两项行业标准（自然资源部）
	确权登记	《关于统筹推进自然资源资产产权制度改革的指导意见》（国务院办公厅），《关于建立以国家公园为主体的自然保护地体系的指导意见》（中共中央办公厅、国务院办公厅），《自然资源统一确权登记暂行办法》（自然资源部、财政部、生态环境部、水利部、国家林业和草原局），《自然资源确权登记操作指南（试行）》（自然资源部办公厅）

续表

阶段	制度	政策名称
交易中	资产流转	《关于统筹推进自然资源资产产权制度改革的指导意见》（中共中央办公厅、国务院办公厅），《关于建立以国家公园为主体的自然保护地体系的指导意见》（中共中央办公厅、国务院办公厅），《关于建立健全生态产品价值实现机制的意见》（中共中央办公厅、国务院办公厅），《关于创新政府配置资源方式的指导意见》（中共中央办公厅、国务院办公厅），《关于完善建设用地使用权转让、出租、抵押二级市场的指导意见》（国务院办公厅），《关于清理规范自然资源收费项目的通知》（自然资源部办公厅）
交易后	全民共享收益	《政府工作报告》（2012 年），《关于建立以国家公园为主体的自然保护地体系的指导意见》（中共中央办公厅、国务院办公厅）
	生态保护补偿	《关于健全生态保护补偿机制的意见》（国务院办公厅），《关于深化生态保护补偿制度改革的意见》（中共中央办公厅、国务院办公厅），《关于探索利用市场化方式推进矿山生态修复的意见》（自然资源部）

二、现有自然资源资产收益管理的主体

我国关于自然资源的权利主体多样，在一定程度上也决定了自然资源资产收益的行政管理制度，自然资源的所有权主体是国家即全民，根据 2019 年的《关于统筹推进自然资源资产产权制度改革的指导意见》，全民所有自然资源资产由国务院代表国家所有，授权自然资源部具体代表统一行使所有权，可以委托地方政府、相关部门代理行使。自然资源的使用权主体是市场，包括单位和个人。国家本质上只保留对自然资源资产监管利用和分享收益的终极权力。

1. 所有者

《宪法》第 9 条规定自然资源属于全民所有，即国家所有权。从自然资源所有权主体角度来看，“国家所有，即全民所有”表示自然资源所有权的主体是国家等同于公民。就国家与全民的关系而言，国家实际

上只是一个“代理”，代表全民行使自然资源所有权，但“全民”本质上是一个抽象的整体概念，又由于中央政府本身无力直接行使收益管理权能，故由资源所在地政府通过授权对其行使管理权能。自然资源所有权的行使主要由国家通过公法手段实现。每个公民都是“全民”的一分子，但实际上单个的公民并不享有所有权，一定意义上，自然资源全民所有权属于社会团体本位的所有权，个体不享有“私有个人本位的所有权”。自然资源资产的一级流转其实是公共财产在成员内部之间进行分配利用关系，二级流转就是一个再分配利用关系。

根据《宪法》第9条的规定，自然资源所有者除了国家所有之外，还包括集体所有，个别的还包括个人所有，但是由于本书主要讨论的是全民所有，即国家所有，故集体所有和个人所有自然资源的收益管理制度不是本书重点，故不再论述。自然资源所有权主体的划分（见表7-3）。

表7-3　自然资源所有权主体的划分及法律依据

所有者	自然资源种类	法律依据
国家	矿产资源、水资源、海域、土地（城市土地和法律规定的农村和城市郊区土地）、海岛、森林、山岭、草原、荒地、滩涂、野生动植物资源、无线电频谱	《宪法》第9条、第10条，《民法典》第247条至第252条，《土地管理法》第9条，《森林法》第14条，《草原法》第9条，《海域管理法》第3条，《水法》第3条，《矿产资源法》第3条，《野生动物保护法》第3条
集体	法律规定属于集体所有的土地（农村和城市市郊的土地）和森林、山岭、草原、荒地、滩涂	《宪法》第10条，《民法典》第260条，《土地管理法》第9条，《森林法》第20条
私人	房前屋后、自留地、自留山种植的林木，自有房屋的庭院内种植的林木，承包国家所有和集体所有的宜林荒山荒地荒滩营造的林木	《森林法》第20条

2. 使用者

在收益管理中，“国家”和“全民”都具有抽象性，国家只保留名义上的权利，实际上自然资源的开发利用都只能交与市场上的各民事主体（单位和个人）占有使用。故本质上是由市场民事主体作为自然资源资产的使用者。

3. 规制者（管理者）

虽然国家作为自然资源的所有权者，但是国家对资源使用仅起到保障管制作用，而不是直接利用者。自然资源资产被交易，为特定主体所支配，此时自然资源资产成为民法上的“物”，遵循相关民法规范，但是即使自然资源资产已经被分配给具体民事主体，国家仍然可以依据公权力对自然资源资产进行积极规制，但是须以“合理”为限。自然资源资产收益模式（见表7-4）。

表7-4　自然资源资产收益模式

权利	权利主体	收益形式		收益基础
所有者	国家	所有权权益收益	基于资源资产价值	自然资源资产价值
使用者	市场主体	用益物权权益收益	基于市场主体占用或使用自然资源资产	自然资源资产使用价值
管理者	国家	国家管理权能	基于国家公权力的税费收入	国家公权力

三、现有自然资源资产的收益管理路径

自然资源的收益管理，根据自然资源的特性，将其分为公益性自然资源资产的收益管理路径和经营性自然资源资产的收益管理路径，并各有侧重。

1. 公益性自然资源的收益管理路径

公益性自然资源资产，相对于经营性自然资源资产，其在收益权的实现上严格受控，更多的是以保护为主。公益性自然资源资产的收益管理首先，是关于权利的确权登记，应以每个自然保护地作为独立的登记

单元，并对每个独立登记单元内的自然资源资产的产权主体进行清楚的界定：(1) 明晰资产所有权主体，包括所有权代表行使主体和代理行使主体等；(2) 明确使用权的边界，使用又分为特别使用和一般使用；(3) 明晰自然资源资产的种类、面积和权属性质。例如，广西自从2019年全民开展江河自然资源的统一确权登记工作以来，其主要江河都已经完成调查工作，也编制了成果图件，每条江河都将首次拥有其专属"身份证"。其次，公益性自然资源资产的经营方式多为政府通过行政许可等方式引导社会资本参与其中。其中最典型的公益性自然资源的开发利用和保护模式就是国家公园的设置，国家公园主要是基于公共利益，收费低廉，同时兼具教育和科研功能。国家公园的首要目标是保持其生态系统的完整性，在满足公共福利的基础上开展教育、旅游等活动，进一步地延伸公益性，同时获取收益。此类国家和地方的自然保护地，如湿地公园、自然保护区、森林公园等，经费主要来自中央财政转移支付附加地方补贴，即使是国家级的保护区也是地方自管，其开发收益也由地方享有。因此其通过门票等形式获得的收益也应当主要用于自然保护区等区域的维护建设工作，在经营收益的同时也需要注意生态修复，对自然保护区内部进行分区经营和差别化管理（见图7-1）。

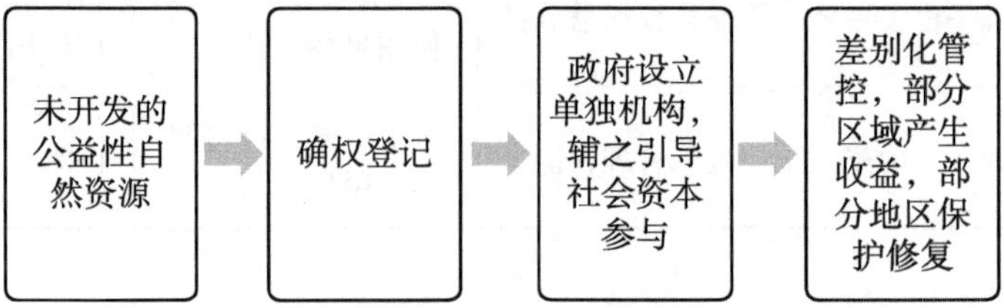

图7-1　公益性自然资源资产的收益模式

以西溪国家湿地公园的收益管理为例，除了一般的中央机构自然资源部及其下设的国家林业和草原局湿地管理司、地方上的自然资源厅和自然资源局、林业局之外，在机构设置上，杭州市人民政府根据《杭州西溪国家湿地公园保护管理条例》，设立杭州西溪国家湿地公园管理委员会（以下简称管委会）管理湿地内部各种活动，管委会下设湿地公园管理机构具体负责湿地公园的保护和管理工作。在开发主体上，由西湖区财政局出资成立的国有独资公司杭州西溪湿地经营管理有限公司进行湿地内部的旅游开发，设施建设等各种活动。在对西溪湿地进行开发时，也采用分类保护和分级保护相结合的方法，依据西溪自身的功能性和受损程度区别进行开发收益和保护（见表7－5）。这种以生态价值的实现为主，设置独立机构以及实施的自然保护地差别化管控，目前是我国公益性自然资源资产收益管理的主要路径。

表7－5　西溪湿地的收益管理模式

层级	机构/单位	职责	职权基础
中央	自然资源部	履行全民所有湿地自然资源资产所有者职责和所有国土空间用途管制职责，管理国家林业和草原局	所有者权益收益及管理
	湿地管理司	国家林业和草原局的内设机构	湿地的管理和生态修复（更多的是行政管理权）
地方	浙江省自然资源厅	履行全民所有湿地自然资源资产所有者职责和所有国土空间用途管制职责，管理原省林业局	代理履行所有者权益收益及管理
	野生动植物和湿地管理处	负责监督管理国家公园等各类自然保护地。包括对国际重要湿地、国家重要湿地、国家湿地公园的行政检查	湿地的管理和生态修复（更多的是行政管理权）
	杭州市规划和自然资源局	履行全民所有土地、矿产、森林、草原、湿地、水等自然资源资产所有者职责和所有国土空间用途管制职责	代理履行所有者权益收益及管理
	原杭州市林业水利局	组织开展森林、湿地、草原、陆生野生动植物资源和水资源的动态监测与评估，负责监督管理各类自然保护地	湿地的管理和生态修复（更多的是行政管理权）

续表

层级	机构/单位	职责	职权基础
中央	管委会	管理湿地内部各种活动	西溪湿地的管理机构
	杭州西溪湿地经营管理有限公司	进行湿地内部的旅游开发和设施建设等活动	西溪湿地的开发使用主体基于使用权的收益

2. 经营性自然资源资产的收益管理路径

经营性自然资源资产的收益主要是先将其所有权通过法定的方式占有确认，然后再通过使用及处分获得收益，在经营性自然资源资产的收益管理上，由自然资源部统一行使全民所有自然资源资产所有者职责，形成综合性的管理体制（见图 7－2）。在中央和地方的关系上，目前采取“所有权公有、实际管理权归属地方”的模式，具体表现为资产管理权在纵向上的分级行使和层层下移。但是我国目前也在进行改革，如对矿产资源的改革突破，将同一种矿产资源的探矿权和采矿权审批权限交给同一层级自然资源主管部门管理。这一变化彻底改变了以往“两探四采”（探矿权由国家、省两级管理，采矿权由国家、省、市、县四级管理）的管理模式。

图 7－2　经营性自然资源资产的收益模式

根据自然资源全民所有的特点，一般而言，应当是由全国人民代表大会来代替全民行使自然资源国家所有权，政府只是在全国人民代表大会通过的法律的授权范围内行使自然资源所有权。国家可以通过自然资源资产获取利益，这种利益包括经济利益、生态利益和社会利益，且经济利益的收益方式一般为收取出让价款、资源税费等。

依照我国现有的法律法规，可以将自然资源资产经济收益的内容概况分为价、金、税、费和息五类。“价”主要指一些自然资源出让的价款，主要指权益出让，如探矿权采矿权价款[1]等；“金”是指出租或出让自然资源获得的租金等收益，还包括各类自然资源资产的相关基金；“税”是指国家根据法律规定，对个人或组织参与的部分与自然资源资产交易有关的活动进行无偿征收的货币，是国家组织财政收入的基本形式；“费”是指政府相关部门为个人或组织提供与自然资源资产相关的活动时征收的费用；“息”主要是指所有权者将自然资源资产以作价出资的方式获取的利息和收益等。此外，从自然资源的收益构成上看，包括资源租金（开发资源所交的税费等）、其他要素成本（劳动力、资本、工资、利息和正常利润）和资源开发的机会成本（资源开发中的全部成本），以土地资源开发为例，其资源收益包括土地租金、其他要素成本中的劳动力成本、利息以及正常利润等，再加上开发企业的私人成本和社会的生态环境成本等。若是经营性自然资源的出让收益，则包括一次性出让收益和经常性出让收益。从自然资源收益的实现形式上看，其收益内容还可分为自然资源所有者权益（一般指地租等租金）、国家管理者权益（资源税费等）和使用者收益（资源开发后的利润）（见表7-6）。

表7-6　经营性自然资源资产的分立及相应的收益模式

种类	法律依据	收益	主体
矿产和能源资源	《矿产资源法》《资源税法》等	矿业权出让收益（探矿权采矿权价款）、矿业权占用费（探矿权采矿权使用费）、矿业权作价出资或入股分红等	所有权主体（国家）

〔1〕根据《矿产资源权益金制度改革方案》的规定，探矿权采矿权价款现已调整为矿业权出让收益。

续表

种类		法律依据	收益	主体
矿产和能源资源		《矿产资源法》《资源税法》等	开采矿产资源后出卖的费用、矿山环境治理恢复基金（矿产企业单独存放的费用）等	使用者
			资源税、矿产资源补偿费、石油特别收益金、水利建设基金等	规制者（国家）
土地资源	建设用地	《土地管理法》《农村土地承包法》《民法典》等	土地使用权出让金、城镇国有土地补偿费、临时使用土地补偿费、新增建设用地土地有偿使用费、增容地价、土地使用权作价出资或入股分红等	所有权主体（国家）
			二级市场流转	使用者
			城镇土地使用税、土地增值税、土地闲置费、水土保持补偿费等	规制者（国家）
	农用地		收取依承包合同规定数额的承包收益	所有权主体（集体）
			农产品收益、土地经营权（使用权）流转等	使用者
			耕地占用税、耕地开垦费（占用耕地进行非农业建设未做到耕地占补平衡的单位和个人）、土地复垦费［造成耕地或非耕农用地破坏的，用地单位和个人应当负责复垦；没有条件复垦或复垦不符合要求的，应当向市或区（县）自然资源主管部门缴纳土地复垦费、农村集体土地增值收益调节金等］	规制者（国家）

续表

种类		法律依据	收益	主体
水资源		《资源税法》《水法》《海域使用管理法》等	区域水权交易收益、海域使用金、无居民海岛使用金、水资源有偿使用等	所有权主体（国家）
			取水权交易收益、灌溉用水户水权交易收益等	使用者
			水资源税（试点）、排污费、污水处理费、船舶油污损害赔偿基金等	规制者（国家）
生物资源	森林	《森林法》等	林权有偿出让收益、林地经营权、林木所有权和使用权流转收益等	所有权主体（国家、集体）
			林业经营者依法取得的国有林地和林地上的森林、林木的使用权，经批准可以转让、出租、作价出资等	使用者
			森林植被恢复费、草原管理费等	规制者（国家）

关于经营性自然资源资产生态价值的实现主要通过政府补偿路径和市场交易路径，或者两者混合，一般先由市场交易实现，若市场交易难以实现就由政府主导下的生态补偿机制实现，如排污权交易、碳汇市场交易本质上也是一种生态补偿机制，首先排污权和碳排放权实质上是“公共池塘”资源，政府根据每个区域的自然资源调节能力，确定相应区域的生态承载力，其次再对当地的经济社会发展水平等因素加以考虑，确定区域排放总量，并通过配置产权，将其成为政府主导下，市场上可交易的生态资源指标。这种由自然资源衍生出来的可以带来经济效益和社会效益的生态资源，即生态产品，将生态保护融入市场机制中，解决了自然资源开发利用中出现的外部性问题。而由于我国是全民所有制，个人对自然资源并无所有权。因此，生态产品的交易实质上利用的是特许经营方式，政府将国家的生态产品租赁给私人生产使用，消费者

向其支付一定的费用来弥补私人成本和社会成本。

以矿产资源资产为例，矿产资源资产的收益管理就是矿产相关权利的分配，即矿产资源资产的所有权、使用权和管理权。国家行使所有权，相关的矿产管理部门行使管理权，相关企业和单位购买拥有矿业权。其具体的收益模式在前文中已经阐述过了，这种收益整个过程中所涉及的主体也是最后分配中应当考虑的主体，对这些主体监管形成一系列的规则构成制度。矿产资源资产的收益管理制度的实质是包括政府、企业以及矿产所在地居民等多主体参与的经济政治活动（见表7－7）。

表7－7　我国矿产资源资产的收益管理模式

收益名称	收益来源	收益限制	收益主体	制度依据	制度制定主体	收益分配	使用方式
矿业权出让收益	矿业权购买人	财产收益	矿管部门、财政部门	《矿产资源权益金制度改革方案》《矿业权出让收益征收管理暂行办法》	国务院财政部、原国土资源部	矿业权出让收益中央与地方分享比例确定为4:6	纳入一般公共预算管理，由各级财政统筹用于地质调查和矿山生态保护修复等方面支出
矿业权占用费	矿业权人	财产收益	矿管部门、财政部门	《矿产资源权益金制度改革方案》《探矿权采矿权使用费和价款管理办法》	国务院财政部、原国土资源部	中央与地方分享比例确定为2:8	
矿山环境治理恢复基金	矿山企业	使用收益	矿山企业	《矿产资源权益金制度改革方案》《关于取消矿山地质环境治理恢复保证金建立矿山地质环境治理恢复基金的指导意见》	国务院财政部原国土资源部原环境保护部	按照销售收入的一定比例计提，计入企业成本	由企业统筹用于开展矿山环境保护和综合治理

续表

收益名称	收益来源	收益限制	收益主体	制度依据	制度制定主体	收益分配	使用方式
资源税	矿山开采企业	规制收益	税务机关	《资源税法》	全国人民代表大会及其常务委员会	海洋石油资源税属于中央，其他属于地方	财政统一预算支配
石油特别收益金	石油开采企业	中央财政非税收入	财政部	《关于开征石油特别收益金的决定》《石油特别收益金征收管理办法》	国务院财政部	中央财政预算管理	

四、现有制度的问题

1. 交易前：自然资源资产产权不明晰

自然资源资产具有公共物品的属性，具有不可分割或难以分割的特性，使产权界定成本过高或者难以界定。自然资源产权制度中，所有权归属与收益归属主体不是对等关系，产权主体未确定，其财产权利和收益形式也存在冲突，自然资源资产的产权权能不完整，权责划分不明显，所有权和使用权无法分离，导致自然资源资产多被无偿占有使用。此外，产权在收益制度中的长期缺失，可能会出现负外部化现象、资源配置效率低下、自然资源资产被过度开发利用、生态环境恶化等问题。产权的本质是界定未来的收益权（见图7－3）。著名产业经济学家巴泽尔认为："产权界定越清晰，则产权所创造的财富被无偿占有的可能性就越小，被界定的产权价值就越大。"[1]

〔1〕［美］Y. 巴泽尔：《产权的经济分析》，费方域、段毅才译，上海人民出版社1997年版，第125页。

图 7－3　现代产权关系

此外，自然资源的开发利用若不受任何限制，则可能会使资源资产成为一种无效的配置。科斯认为，只要产权配置适当，政府不需要干预，市场也可以自行运作。但是这样夸大了产权的作用，自然资源资产是全民所有权，公共共有物，除了经济价值外还包括生态价值，政府不加干预，仅靠市场的作用，很可能会导致公共资源被过度开发和枯竭，使“公地悲剧”再次出现。而且自然资源具有区域性，若针对自然资源采取单一地区的管理，会可能会出现“上游污染，下游治理”的局面。

具体而言，从政府的横向管理上来看，自然资源资产涉及的横向部门众多，虽然目前机构改革后，看似权利统一到了自然资源部，但是实质上还牵扯生态环境部、农业农村部等多个部门，其后果是产权管理的职能未能得到落实。而且从政府的纵向管理上来看，自然资源资产产权问题还包括中央和地方产权配置的问题，中央和地方的权力划分不明显，自然资源的产权流转体系也不健全。

以矿产资源为例，矿产资源收益管理中，所有者权能和行政管理职能交叉也给自然资源的管理带来弊端。行政部门具有双重角色，从私权角度上看，政府是矿产资源的所有者，从公权角度上看，政府又是矿产资源的管理者。那么，一方面，政府作为所有者希望其所有者权益可以得到最大化；另一方面，政府作为管理者，当在代表社会公众利益时，又要保护其社会价值和生态价值。这样，由同一主体承担两种可能产生冲突的职能，难免会出现执行中的混乱。而且这种权能被分解，产权通过层层委托，层级赋权的模式，构成矿产资源的管理模式。但是这种模式带来的弊端是每一层级所追求的利益可能都各不相同，与顶端相距越远的基层管理者追求的利益可能偏离最初的意思，而偏向自身。并且这种复杂的管理模式也会使矿产资源管理的行政成本上升，出现“寻租”现象。

2. 交易中：收益产生“不经济增长”的困境

自然资源是经济发展的基石，经济增长离不开自然资源高效的开发利用，古典经济学家认为，自然资源丰富，其经济必然发展。但是有学者对其他国家的自然资源总量和经济增长之间的关系进行研究时却发现，部分地区存在自然资源丰富，但是经济却不增长或出现倒退的情形。古典经济学家之所以认为自然资源量和经济增长呈正比例关系，这是因为之前收益主要源于资源租金，加上外商较少，经济发展具有地域性特征。但是近现代以来，产业结构发生了改变，自然资源资产价格上涨，大量外资进入，资本产生了“挤出效应”，从而阻碍国家的经济增长。中国经济的高增长对能源资源、矿产资源等不可再生资源的需求增加，经济的增长幅度很大程度上也与主导性资源和主要原材料的供给能力相关。中国的经济增长方式其实强化了经济增长中的资源约束问题，同时粗放经营方式也加剧了资源短缺问题。而且自然资源所有者权益的实现要求资源共享，国家所有的特性也给政府提出了经营需求，但是资源收益中存在的社会成本界定过低，以及资源租金流失等问题，都会阻碍社会的经济增长。

当市场交易产生的收益并不能带来经济增长时，政府会希冀行政手段解决“不经济增长”的困境，但是长久以来我国政府对自然资源资产的认识不足，未能准确地将其资源性和资产性分开管理，在将自然资源作为一种资产在交易产生收益的时候，未能考虑到其同时也是一种资源，无视其资源性资产和其他资产的差异性，盲目实现资产化管理，或者因为政府作为自然资源资产所有者对其进行过多的行政干预，单纯地将其作为基本的生产资料，只考虑使用价值，早期的无偿使用自然资源资产，无疑浪费了大量的自然资源，也破坏了生态环境。

以矿产资源为例，政府需要做出有效的收益管理制度，保证矿产资源的收益对推动地方经济增长，经济转型起到关键作用，可以跳出地方“资源诅咒”的陷阱。但是尽管这些制度具有良好的设想和初衷，但是在实践中由于矿产收益管理的产权不明、征收方式、使用方式、监督制度等差异性，加上资源资产的本身特性，这些矿产资源的收益事实上可能只起到增加地方财政收入的作用，并没有对经济转型起到推动作用，反而可能加重了矿产企业的负担。

3. 交易后：收益分配格局需要改变

自然资源资产在开发利用和获得收益后，其收益的分配格局成为本阶段需要重点关注的问题，一方面政府收益调节手段匮乏，调节作用不明显，缺乏显著的激励机制和收益的跨期调节机制；另一方面本该全民共同享有的公共利益，成为地方财政的依赖和资源垄断企业的收入来源，造成了很多“煤老板暴富的现象”，但是环境损害成本却遗留给了当地居民。虽然我国目前在积极探索有关制度。例如，石油资源行业已经开始通过征收石油特别收益金来调控资源价格，当石油开采企业销售国产原油的价格超过一定额度时，国家对其按比例征收其收益金。但是该措施还未推广到所有自然资源资产领域，我国目前调节资产收益的主要手段还是税费制度。而且目前所有的资产价值和资源利用的风险评估标准尚未完善，资源资产的利用方式尚未实现自然资源资产全面有偿使用，自然保护地的经营方式还未全面考虑到原住居民参与特许经营活动的方式，其产权人的权益未得到充分维护。

自然资源资产收益的分配不均还体现在两个方面：第一个是中央和地方的收益分配比例和支出结构问题，中央和地方长期在资源收益上的博弈势必会导致其收益分配的问题；第二个是政府、资源开发企业和当地居民之间缺乏收益合理共享机制，资源开发后会对当地居民造成影响，包括环境污染和生态破坏，但是政府和企业享受金钱收益，将这种负外部性遗留给当地居民，自然资源资产收益的全民共享度低，资源性资产开发的收益分配失衡或者收益运用不合理。以矿产资源资产为例，地方政府不仅需要承担因采矿活动造成的生态环境恶化、区域可持续受损，还需承担征用土地的安置问题等社会性的事务，其所获取的收益难以与承担的责任相平衡。而且矿产资源所在地的居民只能从间接的服务中获得劳务收入，土地被征收后所获取的补偿也不合理，这不利于区域经济和矿产开发的可持续发展。

4. 收益管理中出现的法律制度滞后问题

首先，目前我国对自然资源相关的法律散见于各个单独的法律中，且自然资源资产收益的主要依据也多是部门和各级政府的法规规章，缺乏上位法依据。而且具体而言，自然资源资产收益中的产权法律体系也未能得到完全体现，自然资源资产的有偿使用原则尚未完全得到落实，收益分配过程也多是政策性的指导，然后由于我国目前自然资源资产涉及的部门仍然繁多，其具体的监管可能存在重复，无法得到落实。而且，在具体法律责任的设定上，还存在责任区分不清的问题，环境民事、刑事、行政责任三种责任混淆。这是因为在自然资源的开发利用时可能会侵害个人权利，同时也会损害公共利益。而且一些地方甚至将行政合法化作为免责理由，一些企业将已经缴纳相关费用和取得许可证作为对抗责任的理由。并且，在设置相关责任的程度时，可能会存在处罚过轻的例子，对于自然资源使用者来说，如果违法违规使用的处罚相比于获得利益较轻时，使用者可能会无视法律规定。

其次，就政府的责任而言，长期以来，我国政府多是强调自然资源上的行政管理权，忽视政府的环境责任。这种轻视政府环境责任的状态使政府在自然资源的收益管理中多行使行政管理权而忽略自身义务。针对未完成指标的追究更多基于问责制，主要包括行政上的问责和司法上的问责。我国目前的政府环境问责制，存在问责主体不够明确，问责对象不够确定，问责范围不够清晰，问责方式过于单一等问题，这种制度的不到位造成了相应主管部门的不作为现象。而且司法上的问责主要是指行政公益诉讼，赋予检察机关在履行职责中发现自然资源保护等领域负有监督管理职责的行政机关违法行使职权或者不作为，致使国家利益或者社会公共利益受到侵害的，可先提出检察建议，在行政机关仍不纠正违法行为的状况下提出针对行政机关的公益诉讼。这种诉讼模式从表面上看给行政机关施加了一层监管力量，但实际上由于检察机关和地方政府关系密切（受行政机关财政等手段反向控制），以及不能及时起诉等问题，效果有限。

再次，政府作为自然资源所有权主体，其具体委托代理经营自然资源的规则不清，也不公开其具体程序和内容，外界难以知悉，便无法做到有效监督。自然资源的授权管理也只是法律概括授权，没有明确规定授权的具体内容和权限等。

最后，在法律设置上，还存在更新不及时的情况。以矿产资源为例，根据《矿产资源权益金制度改革方案》（国发〔2017〕29号）和《矿业权出让收益征收管理暂行办法》（财综〔2017〕35号）的相关规定，“将现行只对国家出资探明矿产地收取、反映国家投资收益的探矿权采矿权价款，调整为适用于所有国家出让矿业权、体现国家所有者权益的矿业权出让收益”，以及“按照清费立税原则，将矿产资源补偿费并入资源税”，[1]可知，矿产资源税应当体现所有者权益以及调节极差收益，目前矿业权出让收益和资源税在设置上都包含了所有者权益，二者高度相似。但是《矿产资源法》还未做修改，对这两种收益的法律内涵未做进一步的明细，可能会造成矿业权人认为被重复收费的疑惑。

第三节　国外自然资源资产收益管理制度参考

一、国外自然资源资产收益管理制度介绍

1. 美国

美国的自然资源由其联邦政府内政部负责管理，在其内政部内单独设立了自然资源收益办公室，负责自然资源的收益管理。美国在自然资源管理上具有明晰的自然资源产权体系，且对所有自然资源产权的获取和交易都是有偿使用。在美国对自然资源的开采和利用必须持有许可证，且私人主体在公共土地上开采资源还需缴纳土地租金和资源费等。在公益性自然资源的收益管理上，如对于国家公园的收益管理，美国多是将这类自然资源的经营权以特许经营的方式委托给企业来进行收益管理。

美国在自然资源状况上面临和中国一样的自然灾害风险，据此，美国针对主要自然灾害和人为巨灾推出不同的保险计划，通过国家洪水保险计划（NFIP）、联邦农作物保险计划（MPCI）、人为巨灾保险计划来保障灾害下自然资源的灭失风险。美国在自然资源资产收益管理制度中

〔1〕 国务院《关于印发矿产资源权益金制度改革方案的通知》（国发〔2017〕29号），载中国政府网，http：//wwwgovcn/zhengce/content/2017－04－13/content_5187619htm。

还包括配额制，如被视为“共同财产”的美国海洋渔业资源，由政府为整个社会托管，这种资源不可转让给个人或由个人拥有，这种共有的自然资源的交易一般采取的是配额制，《麦格纳森渔业法案》认为，配额份额应当被视为“一种许可”，可以随时被撤销、限制或修改，渔民在捕获鱼之前不得对任何鱼的产生自我创设任何权利，包括所有权。

2. 日本

日本关于自然资源的物权性质主要有三种说法，第一种是民法上的物权，包括土地所有权，用益物权等；第二种是特别法上的物权，包括《矿业法》规定的矿业权、租矿权，《渔业法》规定的渔业权和入渔权等，这些物权内容与用益物权相似；第三种是日本习惯法上的物权，包括流水使用权和温泉权等。在自然资源的所有权上，日本将其分为三种，分别是国家所有、公共所有和私人所有。国家所有和公共所有土地大部分是山林、河川、海滨等，这类自然资源大多为国家和全民公益目的使用，强调对生态的保护。而且，为保障公共利益，日本也限制私人所有土地的转让和使用。日本对自然资源收益的管理主要是由日本环境厅下设的自然保护局负责，通过完善自然资源物权制度来保护自然资源，并将其作为一种私权交易。由于日本资源的匮乏，日本政府更加注重对自然资源的保护和合理利用，日本对自然资源实行生态型管理模式，在自然资源开发利用上，多采取许可证制度，以保障在限度内开发。例如，设立矿业权需要获得经济产业局局长的许可，根据法律规定在特殊区域采石时也必须获得经济产业局局长的许可。

3. 俄罗斯

俄罗斯自然资源所有权有四种构成结构，集体所有制、集体股份所有制、国家所有制和公民所有制。根据俄罗斯《底土法》的规定，国家对矿产、地下能源、水资源和地下空间等实现综合管制，形成了以公权力为主导、国家统一综合管理的控制模式。在自然资源资产的管理上，将能源、土地等经营性自然资源与公益性自然资源分离，经营性自然资源的收益管理主要归经济发展部和能源部管理。俄罗斯自然资源的管理与中国类似，是由自然资源管理部门作为国家所有权的代表将其使用权转让给个人或单位并以此来获取所有者收益，一般是由俄罗斯联邦地下资源利用局、俄罗斯联邦水资源局和俄罗斯联邦林业局作为俄罗斯自然资源资产所有者的代表通过招拍等方式将使用权转让给自然资源利用开发者，并定期收取产权收益。除此之外，在自然资源交易中，政府还包括各种税费的收益，如根据俄罗斯联邦《地下资源法》，地下资源利用者除需要向国家缴纳规定的税费外，还需要向国家资源管理机构定期交纳地下资源使用费。俄罗斯矿业税费体系包括矿产资源开采税和矿产使用定期付费、许可证发放费，以及约定一次性缴清的矿产资源使用费等。俄罗斯政府在对矿产收益进行征收时，也要保证企业本身的利益，一般是由政府授权财政部，财政部委托中央银行负责稳定基金的运营，每年不仅需要从下层到上层报告基金使用情况，还需要对全社会公开。

俄罗斯自然资源的开发利用和保护以俄罗斯联邦《环境保护法》为基本法，注重生态性。在保障公众参与方面，俄罗斯环境保护部门每年都需要发布《俄罗斯联邦环境保护状况年度报告》，其年报之目的便是保证公众可以获悉本年度内环境保护的情况，便于监督。此外，政府在生态决策时还考虑公众的声音，通过积极鼓励公民个人和社会组织参与到生态监测、环境管理和自然资源管理中，为公众保护环境的诉求提供帮助。

行使监管权方式上，其一，俄罗斯要求所有境内企业必须向国家生态委员会进行生态登记，其登记的内容涵盖生产中使用自然资源的种类，可能对环境产生的影响，自然资源利用许可证以及使用自然资源所需付费情况；其二，俄罗斯政府在企业的重大经济活动进行鉴定，进一步防止企业在使用自然资源时对环境造成破坏；其三，俄罗斯也依据“保护者受益、使用者付费、破坏者赔偿”原则对自然资源使用者采取收费和经济激励措施；其四，俄罗斯还通过生态保险、生态审计等措施降低自然资源使用时的环境风险；其五，俄罗斯建立了全城生态监测体系用以加强监管。

二、国外自然资源资产收益管理制度对我国的启示

对自然资源进行收益管理不仅可以兼顾经济和公平，还有助于实现

稳定地方或中央经济的宏观目标。自然资源的收益征收不仅需要维护政府的所有者权益，还需要保证企业的盈利目标，因此，政府对自然资源开发使用收益的每一笔征收都必须要有合理的制度依据。

首先，自然资源的收益管理还可以起到稳定资源价格的功能，国外大多采取设立稳定基金的做法也为完善我国稳定自然资源价格设置提供参考。其次，自然资源收益的征收需要以价格为标准，而不能以数量为标准，科学的做法是从自然资源开发企业的收入或净利润中按比例提取，而不是根据产量提取。

自然资源的收益管理需要专职机关的参与，如同日本环境厅下设的自然保护局，专职机关的管理可以避免其费用的多头征收导致的混乱。根据我国 2018 年国务院机构改革方案，设立专门的自然资源部，统一行使全民所有自然资源资产所有者职责，统一行使所有国土空间用途管制和生态保护修复职责。因此，当下的自然资源资产收益管理制度的改革方向应当是致力于由自然资源部统一负责收益的征收和利用，并致力于环境的恢复。

必须明确，自然资源的收益制度中不仅是自然资源本身，对自然资源的利用同时也利用了有关地域的土地使用权，不仅需考虑对于自然资源的收益处分，对于土地的使用费用也需考虑。此外，开采资源对生态环境不可避免地造成一定的影响，因此在征收相关费用时需加以考虑。

除此之外，对于信息公开也需加以重视。由于自然资源资产收益制度事关公共利益，为了群众的切身利益，防止腐败现象滋生，对于相关的信息应当公开以接受公众的监督。部分决策可征求公众的意见，采取听证会、调查问卷等诸多手段，以保障公众的利益。

第四节 完善自然资源资产收益管理制度的对策

一、优化政府在自然资源资产收益管理中的原则和路径

全民所有的自然资源看起来属于所有人，但其本质上就是不属于任何人的财产，在自然资源的管理中，应当做到公法上的行政管理权与私

法上的经营管理权分开，即作为国家对自然资源的监督权和作为自然资源所有权人对自然资源资产的经营管理分开。除此之外，还需要对自然资源资产的收益管理制度加强监管，避免国家同时是经营者又是监管者，出现权力异化的现象，政治国家同样可以看作是一个具有自我利益追求的经济理性人。此外，政府还需要采取措施避免集体行动的误区，一般而言，个人对较远未来的预期收益评价会低于近期的预期收益。[1]

集体行动是由无数个体行动组成的，任何行为都是个人作出的，集体行动也是个人共同行为的结果，也属于社会过程的一部分。且集体无法被具体量化，对集体的认识也是通过集体行动赋予意义的。但对集体行为进行分析时往往只关注集体这一对象，而忽略个人作为集体的组成部分在集体行动中的作用。

政府在代表公众选择的过程中需考虑公共选择理论，首先，要明确个人在集体中的行为并不仅仅追求自我利益的最大化，更重要的是追求公共利益。公共选择将“经济人理论”从经济领域推到政治领域，通过经济学上的演绎法和数学模型等研究政治行为，使政治理论科学化，政治行为有因可循，路径可探。其次，公共选择理论研究中需要将集体主义分析和个人主义分析结合起来，公共决策应当是建立在个人决策上的，在个人行为和社会选择之间架起一座桥梁。公共政策一般是以社会问题和公共利益为导向的政策，而个人行为更多地注重经济问题和自我利益。在集体决策中若适当地给予个人一些权益，更有助于激励个人对自然资源的保护。例如，在森林资源的利用与保护中，若适当地给予使用者一些林权，森林资源资产的使用者（如林农）会更愿意承担一些监督职责。例如，若给予林农一部分林木的采伐权，会有助于使用者维护森林资源，注重对森林资源资产经营的持续性。我国早些年在四川省茂县永和乡道财村，引入“社区林业”这一概念，管理者与当地村民磋商，在村规民约的基础上，村民自我约束禁止在天然林内采伐林木，在

[1] 参见［美］埃莉诺·奥斯特罗姆：《公共事物的治理之道：集体行动制度的演进》，余逊达、陈旭东译，上海译文出版社2012年版，第41页。

减少政府保护成本的同时也提高了对天然林的保护效果，成为我国在自主治理方面的典型案例。在一定的条件下，自然资源资产可以成为公共池塘资源，由自然资源资产的使用者对其进行自主管理，不仅降低了公共管理成本，还实现了资源性资产的可持续经营。

对自然资源的开发利用其实是对资源的“占用”过程，在自然资源资产的治理中，为了避免陷入“公地悲剧”，一个强有力的“政府”是必要的。国家既可以通过经济手段（税费），也可以通过行政手段（行政监督或者行政许可制度）来实现“公权”对“私权”的限制。作为自然资源资产的代管人政府，实质上是通过建立自然资源资产管理体制，进而实现相应的资源收益。对自然资源收益资产进行管理，在收益管理中应当尽量避免出现地方博弈。故自然资源资产收益管理制度中所有者、管理者和监督者应做到各司其职，实现自然资源资产的高效配置和有序流转。在保障自然资源资产收益时还可以借鉴美国建立保险计划来防范自然灾害的侵蚀。保险计划应当分门别类，对于农作物这种生长易受自然环境影响的种类，应当根据其特性建立专门的农作物保险计划。

在自然资源资产的收益管理中，首先，应该根据生态一体化理念，将自然资源资产当作一个整体加以考虑，要以一种全局观看待其中央和地方的自然资源收益以及开发中可能会遇到的环境问题。其次，应当做到坚持政府主导，多方参与的原则，突出自然资源保护的重要性，发挥政府在自然资源资产规划、开发、利用、管理、监督和保护等方面的主体作用。建立健全政府、企业、社会组织和公众参与的自然资源资产收益管理长效机制。而对于跨行政区域的自然资源资产在进行收益管理时还需要注重对跨行政区域的自然资源资产的管理主体进行整合，对收益管理涉及的公私部门进行整合精简，探索建立区域公共治理合作机构管理跨行政区域的自然资源资产收益。

二、构筑多元化的产权模式

我国自然资源共同所有的形式包括国家所有和集体所有，环境与自然资源也往往被看作公共物品。这些物有着特殊性，不为私人所享有，即使私人可以对其使用，也不能排除其他人对其使用。例如，世界上大部分国家关于水权的设置，美国认为水市场上可交易的是水权，而不是水的所有权，水这种自然资源的所有权属于各州及其人民，不可被私有。法律规定市场主体有权使用水资源，但是无所有权，这里的水权实质上是一种使用权，政府有义务保障水的使用管理符合社会利益，保障人们的基本水权，但是不排除他人对水的使用需求。

自然资源资产作为一种国家所有的公共资源进入市场交易获得收益，需以产权制度为基础，否则自然资源就无法作为一项资源在市场中由市场定价和规制，就会陷入过多的行政干预中。产权制度是构建自然资源资产收益制度的前提，首先必须加强产权管理，完善产权登记，逐步推进自然资源确权登记，为自然资源资产的流转奠定基础。其次要明确各项自然资源权利，在交易中坚持物权法定原则，自然资源国家所有的本质也是指国家对自然资源的管理权，其本质上是全民所有，国家只是作为全民所有自然资源的受托人，人民与国家是一种“政治信托”的关系，在自然资源资产的问题上，国家和民众之间其实是一种以自然资源资产为载体的公共信托关系，国家是基于全民为自然资源资产的最终受益人角度进行考虑的，所有自然资源资产的交易和收益的利益都应当属于全民。

自然资源的公共信托涉及三点要素：一是信托财产利益，二是政府义务，三是公共利益。基于此，公众和国家建立这种信托关系的目的是全民可以据此将自然资源交付给受托的国家管理，全民可以无差别地享有自然资源所有权，并共同分享其收益权。故国家对于自然资源的收益享有排他性的独占，而民众对其收益只能平等地享有。并且在资源产权的建立中，为避免公共池塘的后果，政府决定将部分控制权让与私人资源使用者，使用者拥有更多的控制权就意味着拥有更多的产权，一般而言，若政府保留对资源的过多控制，在削弱私有产权的同时，可能也会使自然资源资产的市场价格失之偏颇。总之，政府应当进一步完善土地、矿产、水、森林等自然资源资产使用权的交易制度，避免出现共有资源的异化现象。明确自然资源资产利用方式，规范利用行为，全面实行自然资源资产有偿使用制度，在资源利用时充分考虑保护原住居民或当地居民的权益，实现各产权主体共享自然资源收益。当自然资源受损时，公共信托人也有权据此获得赔偿，包括生态修复费用、损害期间自然资源及使用的损失以及评估费用等。

三、统一资源化管理和资产化管理，兼顾公平和经济

自然资源资产收益管理中出现的生态困境，本质上是一定时空条件下人对自然资源不同价值的需求与自然资源不同价值本身存在的有限性之间的矛盾。自然资源资产的经济性要求是指自然资源资产交易时应当寻求经济效益最大化，而自然资源资产的公平价值指交易是以社会公共利益为出发点的，具体是指政府对提供环境公共物品和经济发展之间义务的平衡，企业在追求利益和环境保护义务之间的选择。

由于自然资源具有资产属性和资源属性，自然资源的资产化管理和资源化管理并不能做到有效分离，若想打破生态困境，需要资源化管理和资产化管理并存，资源化管理是为了保护其生态价值得到实现，而资产化管理则是为了经济价值的实现。具体而言，资源化管理需要政府代替市场，通过行政手段直接管理，并根据一系列对自然资源资产的研究作出判断和预测，制订计划和改革，对资源的开发和保护等管理进行统筹，既考虑社会经济的客观需要，又考虑公共利益和生态价值实现的公平和全方位的增长，一般多采用目标管理、总量控制。而同时又通过资产化管理将自然资源当作资产，以产权制度为基础，市场对其价值进行经营和收益。这也是由自然资源权利主体的多样性确定的，资源化管理多是从所有权人的角度出发，而资产化管理则是从使用权人的角度出发，不同的主体意味着管理制度的不同，价值的侧重点不同，合理划分资源化管理和资产化管理的界限，有助于打破生态困境，公平兼顾经济价值、生态价值和社会价值。

除了发挥政府的功能外，还可以通过激励市场主体自主能动性减少环境损害，加大环保投资成本，可以将 EPC 模式（合同能源管理，Energy Performance Contracting）推广到其他自然资源资产领域，EPC 模式也是一种政府鼓励企业之间对能源进行管理，并通过分享节能收益回收投资和获取利润的模式这种市场化模式可以节能以及获取收

益，即在使用能源收益的同时也监督其节能。但是由于EPC模式的双方节能服务公司和使用能源的公司其本质都是企业，除了双方信息不对称之外，还可能存在企业之间互相沟通，更关注能源使用的收益，而不是节能。政府可以采取激励等措施督促双方加强沟通，行使各自的权利义务。

四、全方位调整收益分配格局

1. 创新自然资源资产收益分配理论

为了保障自然资源流转顺畅、权能完整，应当落实自然资源的所有权权能，完善自然资源产权交易的一二级市场，建立自然资源相关各方合理利益的分配机制。我国早在2012年的《政府工作报告》和党的十八大中就正式提出“公共资源出让收益的全民共享机制”。建立公共资源出让收益的全民共享机制，在于公共资源的所有权相关的产权制度设置问题。国家所有权的确立是公共产权制度的基础，但是不能代替产权制度在市场上进行交易。政府主导的资源定价可能会对市场主体带来不公平性，难以确保定价符合市场交易规则。从收益的角度来说，自然资源资产收益需要进入市场，如果不进入市场则无谓收益管理，那么就无谓收益分配。协调发展理论贯穿整个自然资源的收益分配过程，不仅需要协调外部关系，即央地分配关系，还需要协调内部关系，即自然资源三个主体的收益分配关系。全民收益共享并不仅仅是最后收益后的分配环节，应该是全过程的，包括全民对开发利用的机会平等。因为自然资源的开发利用必定伴随保护，其对技术和资金都有一定的要求，市场主体在满足上述要求外，可自由地通过市场机制来获取自然资源的使用权，使所有者人获得收益，而自然资源所有者获得的收益后通过预算机制等再分配方式实现全民共享。

此外，参考俄罗斯自然资源资产收益管理制度，在国家将部分种类自然资源资产转让给个人或单位使用时，可以定期收取产权利益，而不是一次性缴纳。建立灵活的收益制度必须严格按照自然资源分级行使的特点，建立中央直管、地方分管所对应的自然资源资产收益的分配机制和共享机制。自然资源的收益在中央和地方应当建立良好的“利益共享机制”，对于中央和地方的收益分配的比例应当严格规定，并且合理分配，可以通过提高地方的分配比例来拉动地方政府的积极性，同时在收益中列出环境修复专项基金，该基金的收入来源应当包括本地范围内所有自然资源资产的收益，其中矿山环境治理恢复基金[1]等修复类基金也应当纳入其中，该基金应当由地方所有并对本地范围内所有自然资源的修复和保护负责。

2. 实现自然资源资产收益的全民共享

收益分配制度中重要的一项为收益的最终共享或使用问题，应当明确自然资源资产的收益是为公共服务，确保自然资源全民所有者权益实现，阻止政府、企业和个人以私人利益侵占公共利益，并导致资源资产收益分配不公的现象出现。首先，需要梳理出现自然资源资产各类收益的定位，使收益权、所有权和监督权权利分立。其次，对于公益性自然资源资产的使用和收益应当严格限制于公益的目的。公民还可以通过监督自然资源资产收益的分配保障公共资源收益归全民享有，在政府中建立“自然资源资产收益预算”，将全民所有自然资源资产的收益统一纳入预算中，个人并不能直接地享有其收益，但可以通过完善公共资源的收益分配机制，健全自然资源资产的有偿使用制度和生态环境修复机制，并确保出让收益主要用于公共服务，使自然资源资产收益被完整地归还给全体人民。

具体而言，国家可以通过建立专门基金来帮助当地居民共享本地自然资源资产的收益，如美国阿拉斯加州的永久基金，该基金本质是经阿拉斯加州居民投票同意设立的永久信托基金，每年阿拉斯加州自然资源资产所有收入的25%都应当纳入该项基金中，每个居民都有权获得分红，且若没有大多数居民的同意，该项基金不得用于投资或消费，该项基金受州政府所有的公司管理。

基金除了帮助资源所在地居民共享资产收益外，还可以起到调节价

[1] 矿产资源开采后矿山企业首先需要建立矿山环境治理恢复基金，按照销售收入的一定比例计提，纳入企业成本；其次该企业还应当将基金账户在银行中单列出来，该项基金由企业自主安排使用，根据实际损坏情况，专项用于矿山地质环境的修复和治理，且该项基金的提取、使用情况还需列入矿业权人勘查开采信息公示系统，接受公众监督。

格的功能，我国可以依据《价格法》第27条[1]将自然资源资产收益按比例纳入价格稳定基金，以此来调节自然资源资产收益。由于不同种类自然资源资产的价格和波动各不相同，故应该按照自然资源资产的种类来设立不同的价格稳定基金，如在石油特别收益金的基础上建立石油价格稳定基金、矿产价格稳定基金等。在明晰自然资源产权收益和开发收益划分比例的前提下，确定不同资源的合理价格范围，若高于该范围，则按比例征收其收益，等到资源价格低于价格范围时，且资源资产的低价已经影响到行业或地区经济的情况下，启动该项基金，对部门和企业进行补贴，稳定生产生活，保证地区经济的稳定发展。

3. 完善生态补偿机制

在自然资源资产收益管理中，在收益之后，还应当关注自然资源资产本身的情况，考虑人与自然的和谐发展，根据生态系统的服务价值和经济价值、考虑到社会成本和私人成本、保护成本和持续收益，运用政府和市场手段，调节相关者之间利益关系。广义的生态补偿主要是通过对损害环境的行为进行收费对保护行为进行补偿。狭义的生态补偿是指谁受益谁补偿。这种制度回应了生态投资者的合理回报需求，也激励使用者在开发自然资源时考虑到生态成本。我国也一直在探索完善生态补偿制度，以森林资源的生态补偿为例，2004年财政部、原国家林业局于当年出台《中央森林生态效益补偿基金管理办法》（财农〔2004〕169号，已废止）其中第1条规定财政部建立中央森林生态效益补偿基金。后于2007年修订，制定了《中央财政森林生态效益补偿基金管理办法》（财农〔2007〕7号，已废止），其中第1条规定，各级政府按照事权划分建立森林生态效益补偿基金，中央财政建立中央财政森林生态效益补偿基金。后经历一系列的修订现为《林业草原生态保护恢复资金管理办法》（财资环〔2022〕170号），将生态补偿基金改为林业草原生态保护恢复资金，将原先的基金改为财政转移支付资金的形式。但是本质上都是由中央预算安排，专门用于林业草原生态保护恢复。

---

〔1〕该条规定："政府可以建立重要商品储备制度，设立价格调节基金，调控价格，稳定市场。"

生态补偿主要是由义务主体和权利主体补偿。补偿资金的来源主要由政府财政收入、市场投资以及民间公益构成。政府可以在自然资源资产收益中确定一部分用以生态保护和补偿，使用者在受益之后也应当对自然资源资产进行补偿。健全生态保护补偿机制，发挥政府和市场的作用，采取纵向生态补偿和横向生态补偿相结合的模式，划分重点区域和重要区域，级别对级别的补偿、多方主体参与的模式有助于平衡资源利用和环境保护，调整收益分配，确定生态补偿，也有助于保障自然资源资产经济的高质量发展。

五、强化自然资源资产收益的法制化管理

1. 逐步探索建立统一的“自然资源资产收益管理法”

现阶段对国家环境责任的完善，首先要体现自然资源与环境控制的综合性和一体化原则。考虑到我国目前在自然资源法领域存在严重的立法分散的情形，而且立法层级低，立法内容封闭等问题，先应当对各种条例和法律进行更新、整合，出台统一法律，明确统一责任。

建立统一的“自然资源资产收益管理法”需要从完善资源性资产的产权法律体系、资产出让和交易、收益分配、监管条例和责任承担五个方面出发。首先，就自然资源财产权利体系而言，相关法律法规已经对自然资源资产的权属有了一定的涉及，但是并不意味着完全的资源性资产物权化已经形成。对此，需要构建以法律的形式确认一个多元化的完善的法律体系，实现产权交易法定目标。其次，就自然资源资产的出让和交易而言，需要从法律的途径对交易方式予以确定，根据自然资源的特性采取不同的法定的交易手段，并在此过程中明晰各方主体的职责。再次，就收益分配而言，需要从法定的角度确定收益的公共共享机制，以及各权利主体的利益分配比例，中央和地方的权限等。复次，对于监管条例而言，需要依法捋清相关管理部门的监管工作，做到监督主体独立。最后，在设置具体责任承担方式上，应当采取科学的标准，避免处罚过轻或过重，明确各自责任适用的界限，建立统一的责任承担限度原则。

2. 推动司法问责制

完善的法治化管理，还需要推动司法问责制，完善行政公益诉讼，

参考公民诉讼制度，扩大起诉主体。美国的公民诉讼制度是指公民不仅可以对违法排污的企业提起民事公益诉讼，还可以对未履行法定义务的主管机关提起行政公益诉讼，督促环保机构履行其法定义务。因为检察机关毕竟不是当地居民，并不能第一时间了解到当地自然资源破坏的现状，其起诉会具有延迟性，不利于环境保护。

3. 完善政府信息公开制度

法律责任的完善还需完善政府信息公开制度，对自然资源的使用需要全民监督，全民作为主体，虽然是抽象化的概念，其本身并不能直接参与到资源管理中，但是政府在做与自然资源相关的决策时应当充分地尽可能地考虑到资源所在地居民的利益，确保公民在自然资源收益管理中发挥重要作用。建立各部门的协作机制，统筹自然资源收益管理，设立资源使用方案，由自然资源部牵头，其他部门参与，从法律上明确各部门的职责和监管范围。除此之外，还需要整合各职能部门中的相关重叠功能。例如，生态环境部和水利部都存在监测站，但是侧重点不一样，有时可能存在发布的数据也不一样的情况，需要整合到一起，针对需要监测的内容发布一个统一的数据，便于管理和监测自然资源的使用。

第八章　自然资源资产离任审计制度研究

第一节　自然资源资产离任审计基本理论

一、概念解释

（一）领导干部

根据《领导干部自然资源资产离任审计规定（试行）》的相关内容可以看出，离任审计制度，在文本表述上为地方各级党委和政府主要领导干部。在具体实践中，乡镇级人民政府领导干部同样也是该区域内对自然资源的利用享有决策权的人，乡镇干部是否要受到该规定的调整是明确责任主体的重要一环。查阅相关法律法规和政策可发现，《党政领导干部生态环境损害责任追究办法（试行）》[1]对生态环境损害追责的主体规定中，乡镇党政成员同样受该办法的调整和执行。

除了有实施细则的政策支持，《宪法》和《村民

---

〔1〕《党政领导干部生态环境损害责任追究办法（试行）》第2条规定："本办法适用于县级以上地方各级党委和政府及其有关工作部门的领导成员，中央和国家机关有关工作部门领导成员；上列工作部门的有关机构领导人员"；第16条规定："乡（镇、街道）党政领导成员的生态环境损害责任追究，参照本办法有关规定执行。"

委员会组织法》、《城市居民委员会组织法》等法律中，对领导干部的界定范畴进行了延伸。《宪法》规定，村委会和居委会等基层群众自治组织，在法律规定的范围内同样享有自治权。从党领导全局的角度和自然资源全民所有的角度来看，乡镇领导作为受托管人，作为自然资源利用的“最后一公里”也应受到约束。同时，在《村民委员会组织法》《城市居民委员会组织法》中，涉及村委会成员的经济责任审计工作，由县级农业部门、财政部门或者乡、民族乡、镇政府部门负责组织，审计结果应当公布。自然资源资产离任审计与离任经济审计有相同的要求，因此，对自然资源资产的利用也应受到离任审计这一制度的约束。综合上述法律法规和相关规定可看出，在自然资源资产离任审计这一制度语境下，领导干部的范围应为包括乡镇领导干部及以上。

（二）审计视角下的自然资源界定

自然资源的解释在不同的语境下范围不同，在《领导干部自然资源资产离任审计规定（试行）》的范畴下，应将自然资源解释为可评估、可检测、可利用的自然资源。结合制度中需要对自然资源进行审计的要求，行政区域内暂时不可被开发利用、测量评估的自然资源不应列入审计内容。列入审计内容的自然资源，主要有以下十大类：土地、淡水、海洋、矿产、森林、草地、能源、物种、气候和旅游资源等。其中，土地资源是人类生存的根基。人类生活离不开淡水，而淡水只占地球总水量的约2.5%，并且其中大多是以冰的形式存在于南北两极和格陵兰，水资源已成为当今世界发展中最为尖锐的问题之一。海洋资源，是保证人类可持续发展的重要财富。在保持生态平衡前提下，可满足300亿人口的全部蛋白质需要。海洋矿物资源约有6000亿吨，远远超过陆地储量；海洋大陆架石油可采储量约2500亿吨。海底矿床含有巨量的金、银、铜、铁、锌等，可供人类使用数千年。[1]矿产资源，矿物是不可再

---

〔1〕 参见周毅：《人口、资源、环境、经济、社会、科技可持续发展研究》，新华出版社2015年版，第61~73页。

生性资源，是工业生产的“食粮”。

以自然资源整体协调为立足点，打破地区经济封锁，实现资源优势互补。打破各地区各部门各自为政的局面，实现自然资源合理配置。人类对资源耗竭式的占有和使用，打破了人与自然的和谐关系，历史的经验开始让人类明白，人口、资源、环境、经济、社会需要达到和谐的动态平衡。

在长期历史进程中，人类的一切活动都离不开自然资源。在新时代，我们需要有新的自然资源价值观。在对某种资源利用时，必须考虑资源配置和综合利用问题。保持自然资源的动态平衡与生态文明发展方向，是自然资源可持续发展的理论基础。

（三）自然资源资产离任审计

2017年6月，中央通过了《领导干部自然资源资产离任审计规定（试行）》，推出了离任审计制度。资产离任审计是一个经济概念，是指对经济管理负责人在其离任时对其任职期内确定项目完成情况的审查，是对该干部任职期内利用自然资源资产状况进行审计、评价。审计中建立生态环境损害终身追责制度，对不负责任的行为与生态环境任意遭受破坏现象起到遏制作用，促进地方政府建立完善相关管理、监督、追究等制度及考核评价体系，以自然资源资产管理与生态保护责任情况为审计重点，促使领导干部在任职期间主动对管辖区域生态保护承担责任。

领导干部自然资源资产离任审计，是一种具有创新价值的管理制度与管理政策，审计机关针对被审计领导任期内的生态环境全方位审计，客观评价履行资源保护责任落实情况，其审计内容可能涉及资源环境管理情况、资产开发与利用情况、资源环境保护情况、涉及资源的资金收支管理情况等。

离任审计要反映领导干部任期内本地区自然资源资产状态，要均衡领导干部的“权”与“责”，并用相应制度落实对破坏的生态环境进行补偿的情况。从法治建设的层面谈离任审计，更强调出台相应的法律法规和离任审计评价标准要具有法律效力。

二、理论基础

（一）中国生态文明法治建设理论

实践告诉我们，社会进步必须走经济与生态“双赢”之路，生态文明是对环保认识的新飞跃。

将生态文明建设理论写入发展战略、发展规划，充分彰显了大国的责任担当。习近平总书记指出：中国在“国家自主贡献”中提出将于2030年左右使二氧化碳排放达到峰值并争取尽早实现，2030年单位国内生产总值二氧化碳排放比2005年下降60%～65%，非化石能源占一次能源消费比重达到20%左右，森林蓄积量比2005年增加45亿立方米左右。[1]要达成这样的世界承诺，需要全社会的共同努力，尊重自然、顺应自然，科学立法，生态立法。对离任领导干部的自然资源资产审计的相关法律制定应该遵守自然生态规律，应该在自然法则许可的范围内编制，以法治精神实行最严格的审计问责激励机制。

开展离任审计，监督领导干部在执政过程中，是否规范开发利用自然资源，是否遵照节约优先、保护优先的方针，是否践行绿色发展，让各地领导干部在任职期内履行职责，从源头上遏制生态环境恶化趋势，形成节约资源和保护环境的发展方向。

法律制度的建立，应以生态规律为准则，法律条文要服从自然规律。以自然法则规范一切生态环境法律程序。生态文明条件下的立法要协调人类开发自然的活动与生态保护之间的关系，实现环境法的生态化，协调生态与经济发展的关系。让生态文明走上正常的法治化轨道。倡导人口与生态相适应，经济与生态相适应。环境基本法在立法目的、立法原则和立法内容诸方面均应体现这一精神。

以生态文明为理念，将离任审计问责机制、激励机制列入生态法律条文，在其他法律条文中补充违背生态文明行为的惩戒依据。与其他基

---

〔1〕 参见《携手构建合作共赢、公平合理的气候变化治理机制——习近平在气候变化巴黎大会开幕式上的讲话》，载《人民日报》2015年12月1日，第2版。

本法一样，成为一个相对独立的法律体系。在尊重自然规律的基础上，实现环境法律的生态化、常规化。

中国传统文化中的“天人合一”“道法自然”的思想，是历朝历代中国人对环境保护的自觉意识，是从哲学层面对人与自然关系的原初认识，是道德层面上的法规与禁令；中华民族始终把生态意识作为传统文化的主流意识。从这个意义上讲，全民守法与全民建设生态文明两者一致。

（二）循环经济法理论

以人类为中心的传统环境法律，以经济利益优先的价值为理念，无法从根本上尊重人与自然和谐关系。生态文明理念与循环经济理念打破人类中心论，以生态为中心，以生态利益优先为准则，循环经济法是在充分尊重自然规则的前提下的新环境自然法，是实施法律条文的相关部门在解决社会矛盾中坚持的基本立场。[1]法律的本位思想是建立在保护人体健康，促进经济发展基础上。循环经济法是以生态利益为主体的法律，从根本上说是属于法律范畴，不属于经济范畴，是以生态经济为导向的生态环境保护法；遵循资源减量原则以及资源再利用原则，遵循相关责任人共同责任原则，体现了生态文明建设法治化思维模式。

现行《环境保护法》虽然意识到了环境保护的必要性，但立法的出发点依旧是以人为本。基本思路没有改变，没有打破人类中心论的思维模式，无法从根本上解决人类无限制的欲望与自然资源有限之间的矛盾。这种传统环境法的价值观，是把人类作为地球万物之首和大自然的统治者，将人类作为权利主体。把大自然和人类生存环境作为被统治者，环境成了为人类权益服务的客体。[2]

以1992年联合国第二次环境发展大会提出可持续发展为标志，人们认识到环境问题不仅是经济问题、技术问题，根本上还应是发展问题，进而强调自然保护与经济开发共生并存。我国虽然大力弘扬和实施

---

〔1〕 参见李昌麒主编：《经济法学》，法律出版社2007年版，第56页。

〔2〕 参见汪劲：《环境法律的理念与价值追求：环境立法目的论》，法律出版社2000年版，第11~13页。

可持续发展，但是环境法的基本制度和法律措施，还是表现出技术能动主义和浅层环境主义的倾向。这种“人类中心主义”、“技术能动主义”和“浅层环境主义”的理念，既反映了我国的国情，也表现出传统环境法的一般特征。现行环境法虽然主观上有保护环境之目的，但在一定程度上存在为了经济利益选择牺牲环境资源和为了经济增长选择漠视环境保护的情况。我们的环境立法目的条款中，立足点是“环境保护与经济社会发展相协调”，却不是立足于更为科学的“经济社会发展与环境保护相协调”。

为进一步强化环境法的实施效果，促进环境保护工作，环境法治建设应当树立“生态利益优先”理念。为实现环境保护，必须把环境保护放在优先位置考虑经济的发展。只有这样，环境法才能变成真正的环境保护法，才能真正推动和保障环境保护事业。

循环经济法是在环境法的基础上发展起来的新兴法律。在我国，与发展循环经济密切相关的法律除了《循环经济促进法》之外，还涉及清洁生产、资源开发利用、能源节约、废物再生利用等领域的法律，这些法律的立法理念和目标都不同程度地体现了循环经济理念。但是，由于现行循环经济法的相当大一部分内容源于环境法律，因此，循环经济法的理念与目标不同程度地打上了环境法理念目标局限性的烙印。[1]

《循环经济促进法》以实现可持续发展为目标，对资源进行生产、流通和消费等各环节的全过程控制，反映了循环经济的内涵和特征，兼顾资源节约、环境保护和经济发展，促进经济发展。但是，这种立法目的仍停留在“提高资源利用效率”的经济目的上。

生态文明理念是迄今为止能够真正协调和处理好人与自然关系的科学理念。生态文明对人类思想观念的影响是根本性的，人类自然观、生态伦理观、经济发展观三者相伴相生。把自然当作人类的伙伴而不是征

---

〔1〕 参见胡静：《环境法的正当性与制度选择》，中国政法大学2007年博士学位论文，第32页。

服和掠夺的对象，不仅关注人类自身的伦理关系而且关注人与自然的伦理关系，不仅关注经济发展而且关注人与自然的共同发展，这些是生态文明区别于工业文明的基本标志，是生态文明的基本理念。

循环经济法顺应生态文明的要求，转变传统环境法理念，以发展循环经济为主要途径实现人与自然的和谐，而不是以防治污染为主要途径实现社会的和谐。在进行离任审计时，要遵循体现生态文明要求的循环经济法理念。[1]打破“经济利益优先”陋习，重视“生态利益优先”。改变“末端治理”被动局面，改为全过程控制为主导。不再自以为是地将人类看成是世界的主宰，物我合一，天人合一，才是王道才是正道。抑制贪婪的欲望，充分认识到资源有价，珍惜自然资源，改变过度消费陋习，实行绿色消费理念。

（三）空间高质量发展理论

党的十九大提出，经济建设结束了过去的高速发展阶段，开始转入高质量发展阶段。所谓高质量发展既是产品的高质量发展，更是空间的高质量发展。[2]领导干部在任期内，要有长远规划。具有空间发展理念，对规划不同地区的经济发展具有切实可行的指导意义。

所谓空间高质量发展，是在有限的空间实现利益最大化，实现经济发展的同时实现可持续发展，是在有限的空间有限的自然资源条件下，维护人、经济、生态环境三者的均衡。在空间高质量发展前提下，尽可能维护每个公民的合法权益，实现财富增长的同时保护自然环境的再生能力。这是建立在科学技术与科学思维基础上的新的生态环境理念。实现空间高质量发展，依旧需要从立法的角度实现法治，才能让这一切的美好设想成为可能的现实。以空间高质量发展为理念，推进人类文明向新的高度迈进，使人类历史的发展进程从农业文明、工业文明阶段自觉进入生态文明阶段。

领导干部在任期内，对本地区的经济发展要有长远的战略意义上的规划，不只是为官一期，只顾眼前，放弃未来。要采取经济均衡发展策

---

〔1〕 参见陶伦康：《循环经济立法探析——基于生态化理念下的思考》，载《天津市政法管理干部学院学报》2007年第4期。

〔2〕 参见杨伟民：《推动空间高质量发展》，清华大学“长安论坛”演讲，2019年3月28日。

略，让本地区经济均衡发展。依据本地区的经济发展能力，人口存续状况，资源承受能力，制定规划较为长远的发展蓝图。如果抛开自然资源的承受能力一味地开发资源、振兴经济，只会贻误子孙后代，给生态带来不可逆转的伤害。全国各地的发展状况不同，不能全国一盘棋。坚持空间高质量发展理念，应考虑地区差异，考虑空间均衡，防止盲目发展。若领导干部缺乏空间均衡概念，指导思想与管理问题上都会出问题，这样的例子比比皆是。

（四）环境控制法律制度化理论

习近平总书记指出："司法是维护社会公平正义的最后一道防线。如果司法这道防线缺乏公信力，社会公正就会受到普遍质疑，社会和谐稳定就难以保障。"[1]对生态环境的最好保护方式是拿起法律的武器，让环境保护的相关法律制度化、常规化、常态化。让生态环境可持续发展在法律的控制下有序进行。在实践中不断积累经验教训，让环境法律真正能称为控制环境恶化、改善生态环境的法律，让环境保护相关法律体系化。

广义的环境法律体系是在宪法关于环境、自然资源、生态的规定下形成的。环境资源法律体系，是包括开发利用、保护、管理生态环境和自然资源的社会关系的法律规范组合而形成的有机统一体。环境资源法治通过司法程序巩固环境管理政策，促进社会和经济的可持续发展。

环境保护法，是对大气、水、海洋等方面的保护、影响及评价的有关法律规范。自然资源法，是为保护自然界存在的一切自然资源制定的法律法规。环境控制法律制度化应该以此为依据，实现法律的严肃性、庄严性、神圣性。离任审计始终要根据相关的法律、规章条例和标准等，规定区域领导干部的行为及其方式，监督相关领导干部是否执行了环境政策，依据法律制度实施管制。法治被列为管制手段的最高一层。

孔子提出："道之以政，齐之以刑，民免而无耻；道之以德，齐之以礼，有耻且格。"[2]孔子的时代，是礼乐文明的时代，倡导礼治，倡

---

〔1〕习近平：《关于〈中共中央关于全面推进依法治国若干重大问题的决定〉的说明》，载中共中央文献研究室编：《十八大以来重要文献选编》（中），中央文献出版社2016年版。

〔2〕《论语·为政》。

导道德的力量，倡导人性的自觉。孔子认为，刑罚不能让人们生出羞耻心，只是避免犯罪。进入法治文明社会，我们倡导一切应该有法可依。单纯地以羞耻心、道德的力量，很难在最大限度上限制规范违规者，很难真正从根本上惩戒带来社会危害的行为。

比如，就环境污染控制而言，可以对污染排放行为直接规定，以及对污染物的数量跟踪控制。环境管制属于管制经济学中社会规制的一部分，主要是利用管制来解决外部性和信息不对称以及由此引起的逆向选择和道德风险等问题。确保在环境自我净化的能力范畴之内，不会造成长久难以消除的恶果，进而提高资源的配置率，实现资源的可持续利用，提升地方政府的领导管理水平。

第二节　自然资源资产离任审计制度现状及问题

2003 年，审计署成立环境审计协调领导小组，负责人带领专家组开展环境资源等领域专业项目的环境审计，逐步开始了环境审计工作，也标志着我国环境审计的职能得到了新的扩展。2011 年审计署印发的《审计署“十二五”审计工作发展规划》进一步提出，要根据我国具体国情不断完善环境审计制度。国务院《关于加强审计工作的意见》[1]也指出，加强对大气、水、固体废物等污染物的控制和环境保护情况的审计，该文件对环境审计工作提出了具体要求。2012 年 11 月，党的十八大首次提出科学合理把生态文明建设有机融入国家“五位一体”战略布局。2013 年党的十八届三中全会后，自然资源资产离任审计这个概念出现在国家顶层设计的蓝图中，频繁出现在大家的视野中。并在当年 11 月发布的中共中央《关于全面深化改革若干重大问题的决定》中出现，[2]同时按照规划要求，要改革生态文明制度体系。首先应逐渐启动离任审计工作。中央的新规改变了生态环境在地方政府绩效评价中的指标和权

〔1〕 国务院《关于加强审计工作的意见》(国发〔2014〕48 号，2014 年 10 月 9 日施行)。

〔2〕 参见程建波、许德芳：《领导干部自然资源资产离任审计实施策略探析》，载《山西广播电视大学学报》2020 年第 3 期。

重，致使各级领导干部着力抓资源消耗、环境破坏、生态效益。2014 年 10 月，中共中央《关于全面推进依法治国若干重大问题的决定》，做了关于构建完善环境资源法律法规体系方面的设计和要求，为绿色发展提供法律制度保障，首次将生态环境保护提升到法治层面。[1] 2015 年，中央指示对自然资源资产离任审计发现的严重问题，要依法追究责任。同年，在中共中央、国务院《关于加快推进生态文明建设的意见》和《生态文明体制改革总体方案》，将领导干部自然资源资产离任审计纳入生态文明绩效考核体系。通过审计，客观评价和科学界定领导干部任职期间的职责履行情况，[2] 执行审计结果。在试点地区，在生态环境损害责任追究上，党和政府将被问责，一岗双责明确，处罚也从劝勉、公开道歉上升到党纪政纪处分、依法承担行政责任、刑事责任。2016 年 12 月，《生态文明建设目标评价考核办法》指出了具体制度设计应明确重点，即抓好第一责任人，推进生态文明社会建设，重点强调将资源环境指标纳入领导干部考核体系。2017 年，中共中央办公厅、国务院办公厅联合印发《领导干部自然资源资产离任审计规定（试行）》，明确了自然资源资产离任审计的审计内容，标志着我国自然资源资产离任审计制度正式实施。[3] 同时，严格要求各地在审计工作中，坚持因地制宜、结合当地特点、从实际出发。在制度设计上，2018 年 3 月公布的《国务院机构改革方案》中，新设立的自然资源部、生态环境部与国家林业和草原局为自然资源资产离任审计奠定了坚实基础。综上所述，国家为了推进领导干部自然资源资产离任审计制度的顺利实施，先后制定了一系列政策文件，采取了一系列措施，但仍存在如下问题急需解决。

一、自然资源资产离任审计法律依据问题

（一）生态环境治理制度性缺陷问题

随着生态文明建设的不断深入，现行的生态保护法律制度滞后于时

---

〔1〕 胡雪艳：《用绿色发展助力生态文明建设》，载《武警工程大学学报》2019 年第 1 期。

〔2〕 参见银晓丹：《水环境污染治理的生态补偿法律制度的完善》，载《辽宁大学学报（哲学社会科学版）》2018 年第 3 期。

〔3〕 参见张薇：《自然资源资产离任审计的实施障碍与对策——兼评〈领导干部自然资源资产离任审计规定（试行）〉》，载《湖南财政经济学院学报》2018 年第 3 期。

代发展的需要。如立法理念和立法指导思想滞后，基本法缺失和配套法律不健全。离任资产审计中涉及的管理手段缺乏必要的法律依据。部分法律规定缺乏适时性。部分环境法修订过程中存在法律条文前后有出入，相关规定不一致，环境责任认定难的现象；部分法律规定过于抽象，可操作性不强，责任界定不明确、定性定责难。

特别是领导干部自然资产离任审计，受领导干部任期、历史地域差异和环境政策变化等因素影响，具有持续性、滞后性特点。因领导干部离任，致使审计结果失去时效性，会出现问题出在现任，责任却在前任的现象。同时，因为自然资源资产审计涉及面广，涉及部门多，自然资源资产产权归属不清晰，一个问题可能会涉及多个行业和部门，加之发生危害结果滞后和相关法律依据的缺失。

环境司法面临的普遍性问题突出表现在四个方面：一是涉及相关责任人追责过程中难以有效取证、诉讼时间容易失效、裁决之后难以依法执行。二是案件鉴定涉及的机构、资质有待规范化，案件鉴定的程序有待完善。三是环境资源管理的各部门与司法部门各自为政，行政手段与司法手段没有有效衔接。大量环境案件无法进入司法程序，最终成为一纸空文。四是人民法院对环境司法保护意识有待增强，对环境案件审判缺乏“雷霆手段”，人民法院对此类案件重视不够，环境案件的立案、管辖以及司法统计有待规范。

依法治国方略是全方位的，生态文明建设应该成为各级领导干部工作的重心。推进生态文明建设，要运用法治思维与法律武器，运用法律手段和法治方式推动人与自然和谐发展。要加快生态文明法治建设，为维护生态文明保驾护航，加强领导干部环境保护法律意识，提高违法成本，加大惩戒力度，建立健全产权法律制度，从根本上推进生态文明建设步伐。

（二）问责机制法律依据的缺失问题

现实生活中，对侵害生态环境、极度浪费自然资源的违法行为往往难以提起公诉，因为缺乏有效的司法监督，导致许多违法行为没有得到应有的惩治，难以真正实现依法行政。因此急需完善行政诉讼制度，优化司法职权配置，助推全方位建设法治政府。

对2006~2016年生态问责相关的重要法规整理可知：国家层面对生态问责从法律层面做了一定的规范。地方针对生态问责也颁布了一些规定，如贵州省、浙江省与福建省等，但是专门的生态问责法规很少。我国生态问责法律法规主要散嵌在相关法律制度之中，还没有形成系统的生态问责法律体系。

随着日益严重的生态问题，涉及生态环境诉讼的案件不断提升，一方面说明生态破坏带来的问题越来越多，另一方面标志着生态环境保护意识的加强。随着生态文明意识的不断强化，民众越来越希望地方政府能够切实担负起环境保护的责任，能够履行自然资源资产管理的重任。民众希望看到一个逐渐好转的生态环境，而不是生态环境肆意地遭受破坏却无可奈何。希望执法部门建立一个长效监管机制，对离任领导干部的自然资源资产的管理形成综合性约束。因此，审计机关与司法部门应联动展开对自然资源资产监管，广大民众参与监督，共同促进自然生态良性循环发展。

在对领导干部的离任审计过程中，因为生态问责没有融合预算管理的全过程、全方位管理理念，审计结果的问责没有立足主体功能区，导致现阶段我国生态问责法律制度体系还不够健全：一是生态问责法律制度没有形成体系，有些规定不够规范，存在法律漏洞。具体执行过程存在争议性问题。二是政府问责弹性很大，就近十年的全国有关环境行政处罚事件来说，没有走司法程序，直接由环保部门处理解决，这样的处罚违背了依法治理的初衷。各级政府生态问责弹性大带来的问题是缺乏环境治理的严肃性、科学性、规范性。三是生态问责的参与度不高。问责形式近十几年来有所变化，问责形式开始走向更为精准更为科学更为多样性的问责方法，多部门联动式问责、追根溯源式问责、社会广泛参与式问责、跨部门跨地区式问责，虽然问责方式有了新发展新突破，但是，效果依旧不明显，还是以政府为主导，其他部门自觉参与度不高。[1]

（三）自然资源资产管理体制问题

实行生态文明建设，需要健全的自然资源资产管理体制与监管体

---

〔1〕 参见石意如：《主体功能区生态预算绩效评价体系研究》，西南财经大学出版社2020年版，第157~198页。

制。目前，还没有真正行之有效的管理体系的突出原因是没有确立自然资源资产的所有权问题以及所有人的权益难以落实。即使建立了监管体制，也存在不合理的现象。监管部门分散，缺乏统一协调。针对前述两方面的问题，中共中央《关于全面深化改革若干重大问题的决定》从自然资源资产所有权和自然资源监管体制方面进行了重点改革。改革内容体现在两个方面：一是将所有者和管理者分开，按照权责范围分别建立独立的所有权人职责体制和监管体制。二是建立自然资源监管体制。由于生态系统的系统性特点，多部门分散管理容易造成顾此失彼，最终导致生态系统的系统性破坏。因此，由一个部门行使监管职责，进行统一保护、统一修复最合理。

资产管理中的所有权问题与所有权边界模糊问题由来已久。给生态保护造成了很多障碍。不扫除这些障碍，容易形成管理的“真空地带”，出现监管缺席。对离任领导干部无法进行正常的资产审计，市场对自然资源资产的配置就成了空话，不利于自然资源的高效利用。所以，在自然资产管理上，要明确归属问题、权责问题，简单来说，就是要明确自然资源资产“归谁有”、“归谁管”和“归谁用”。

（四）自然资源执法监督存在的问题

我国自然资源执法监督是分类监督的，缺乏综合监督，横向权责分散。自然资源是一个有机联系的整体，客观上要求进行综合一体化监督。我国目前按照资源进行分部门监督，机构众多，在具体监督中又缺少合作共享，监督部门之间存在独立性与协调性的矛盾。

一是各部门监督力量自成一体。这将会带来重复监督，监督成本浪费的问题；还可能造成某些环节的监督无人过问，甚至相互推诿扯皮。二是尚未形成常态化的沟通协同机制。各监督力量相互之间共享协同仅停留在重大问题上，没有建立起常态化的共享协同机制，或者协同更大程度上是依靠领导的权威，没有形成制度化协同机制。

我国对于如何进行综合监督和分类监督之间的相互配合制约等问题缺乏明确具体的规定，在一定程度上导致权责分散，部门协同难，执法监督成本高，监督效能低。相关制度不完备，法律依据不充足。首先是自然资源执法监督的法律依据缺位。目前缺乏山水林田湖综合立法，如何实现综合监督缺少法律依据。其次是舆论监督、社会监督参与自然资源执法监督的制度不明确，缺少奖惩机制。虽然国家要求实行信息公开，特别是政务公开，但行政权力运行的透明度不高，无从监督。同时社会监督和舆论监督也存在不良现象，干扰行政权力的正常运行。最后是单行法律不完备，导致执法监督主体不明确，执法查处权难落实。例如，土地资源执法监察的执法权，虽然在土地法中提出有制止权，但没有进一步给出制止权的手段和措施。[1]

现行管理体制导致自然资源执法监督难以到位。一是纵向管理分离导致有些监督主体缺乏必要的独立性。中央曾提出环境保护实行省级以下监察执法垂直管理。但像土地、矿产资源的执法仍然会受到地方政府财政的制约，影响了执法监督工作。二是监督力量不足。基层尤其是县、乡级执法监察任务中，执法监察队伍人数与所承担的任务极不相称。随着执法监察工作任务的加重，不少地方不得不依靠大量借用事业、工勤人员来完成繁重的工作任务。监督问责没有形成链条。责任追究环节部门衔接不到位。公众对监督的期望不仅仅是揭露问题，而且还要处理问题，并且将责任追究到个人。然而，自然资源执法监督仅仅是行政链条中的一环，并不具有责任追求的权力。虽然有约谈、整改这些措施，但这些不具有强制约束力，将问题揭露并公开后，管理链条中的下一环谁应该承接问责不够明确。

二、领导干部自然资源资产离任审计评价体系问题

（一）与生态相悖政绩考核问题

保护与发展的关系存在认识的误区，认为环境保护与经济增长是相互独立甚至对立的关系。考核体系不完善，在错误政绩观引导下，一味追求地区生产总值，监管不到位，法律严重缺位，环境保护法的执行大打折扣，违规违法现象普遍，却得不到应有的惩处，守法正气不畅、违法成本规避，地区生产总值至上的发展方式使少数人得利，受伤害的却

〔1〕 参见徐广才、康慕谊、史亚军：《自然资源适应性管理研究综述》，载《自然资源学报》2013 年第 10 期。

是广大人民群众的共同利益，砸的是子孙后代的饭碗。习近平总书记明确对此种错误行为叫停，“宁要绿水青山，不要金山银山”[1]。

1994年实施分税制改革之后，地方政府为了增加财政收入，采取了“土地财政”和“低商务成本”策略。在现行政绩考核与财税体制的激励下，各级地方政府及官员将发展经济视为首要任务，地方政府为招商引资，进行恶性竞争的现象比比皆是，甚至不惜以低土地价格、低环境成本、低劳动力价格打造所谓“低商务成本”招商引资策略。甚至默许污染企业进入或者降低企业的环保标准，人为降低环境门槛，使近年来中西部地区重大化工污染事故频发，造成不可逆转的生态环境破坏。

因国内生产总值（Gross Domestic Product，GDP）及增长速度、人均GDP及人均财政收入及增长、城乡居民收入及增长、重大项目招商引资情况等在当时备受关注，经济快速发展地区的干部升迁较为迅速，高区域生产总值增长率成为获得快速提拔的优势“资本”。评判各地政府是否干实事、官员是否有能力的标准，也围绕区域生产总值。在此影响下，甚至环保考核、生态示范创建指标等也被染上了浓重的政绩考核色彩。比如，生态示范创建指标里也满眼是区域生产总值或以区域生产总值为分母的各类指标，如单位区域生产总值能耗、水耗、占地以及单位区域生产总值的各类污染物排放量等貌似侧重资源效率、污染强度的指标，实则为变相鼓励将区域生产总值做大。区域生产总值的高速增长很大程度上依赖于资源的粗放利用和“贴现”未来获得，导致工业用地指标的不断突破，电力和燃油短缺此起彼伏，各地产业同构和基础设施重复建设现象严重，环境污染问题层出不穷。[2]

（二）审计项目统筹的规范问题

所谓审计项目统筹，是指审计工作不能打无准备之仗，审计中各个环节都需要按照一定的规章制度有条不紊地推行。目前的规章制度对领导干部离任审计中存在较多乱象。不能依据离任审计自身的特点，存在过度延伸审计边界问题。审计过程中，对不同层面的问题没有区分对

---

[1] 中共中央宣传部编：《习近平总书记系列重要讲话读本（2016年版）》，学习出版社、人民出版社2016年版，第230页。

[2] 参见审计署南京特派办理论研究会课题组、周敦祥、牟遥等：《省级党政主要领导干部经济责任审计创新研究》，载《审计研究》2019年第2期。

待，比如领导干部在执行生态文明方针的决策部署问题，司法部门执法不严的问题，个人出于私利擅自破坏自然资源的违法违规行为。审计过程需要分清审计对象与审计范畴，要熟悉离任审计的相关法律法规。[1]

环境质量责任与经济权力不对称、不匹配。在生态环境保护责任分担上，往往是中央站在了环境正义的制高点，负责环保立法、政策、规章等制定，地方政府承担着环保的具体任务，往往不能与中央真正保持一致。环境管理的重心距离基层、距离环境问题的根源、距离群众的环境需求还有差距。

离任审计方法上存在两个不充分。一是审计现场踏勘不充分。基层审计现场踏勘重点不突出，不是根据业务台账、数据报表的关联资料，查找疑点，确定重点，而是根据被审计单位意见，带到哪里踏勘哪里，或是随机选取地点踏勘；并且踏勘范围过小，缺乏专业设备和专业力量支撑。二是新技术方法运用不充分，审计主要依靠查阅资料、函证查询、问卷调查、现场勘察等传统审计方法，新技术新手段的运用远远不够。

许多地方在经济责任审计做到了兼顾自然资源资产离任审计，但主要工作重心还是在财政财务收支方面，对自然资源资产和生态环境审计方面重视不够，由于人员力量不足、统筹不到位等原因，离任审计项目规划统筹不科学。比如，有些地区自然资源资产的审计浮于农村环境整治、林木资源存量情况，只关注环境的整治及保护情况，忽视了资源自然增长情况、开采开发消耗情况，未能在整体资源资产布局的基础上，对基层自然资源资产基础数据进行分割，未能结合各区域资产特点、资源储藏情况有侧重地开展自然资源资产审计。难以对领导辖区的自然资源资产与经济项目进行关联界定，不利于相应责任的落实。

（三）审计评价标准的界定问题

自然资源资产的审计复杂而敏感，生态环境评估的标准也难有定论。对出现的问题，难以对其责任进行区分界定。这样的审计结果自然难有说服力。自然资源的损害在某种程度上可能是极度的开发利用造成的，也可能是自然灾害造成的。这些不确定性因素的存在，直接影响到

〔1〕 参见蔡春：《审计理论结构研究》，西南财经大学出版社1994年版，第105页。

对领导干部的问责。有些地方通过制定自然资源资产负债表试图解决审计过程中出现的难以定性的问题，但是收效甚微，因为负债表的制定本身就是一个复杂的工程。

审计评价标准、评价办法急需细化，加快构建评价指标体系刻不容缓，并努力提升评价的公正性、科学性和权威性。领导干部的任期较短，而生态环境的损害恶果往往需要一定时期才能充分暴露，这便造成对领导干部的损害自然环境应该承担的责任不能及时追责甚至无法追责的现象。

审计对象的广泛和复杂，使对离任干部自然资源资产的审计工作难度很大，因此要对审计对象的各个方面进行全面、细致的分析，尽可能地拓宽审计范围，保证结果的客观、可靠。寻找主要的数据和资料并加以分析，确定合适的评价指标。正确计量实际费用和虚拟费用，直接环境效益、间接环境效益和其他环境效益。用评判标准对结果进行分析，然后提出审计结论和建议。[1]

我国有关环境审计的法律法规不够全面和完善，使在进行离任干部自然资源资产的审计时只能依赖现有的会计资料，一方面审计结果不完整，另一方面还可能违反可持续发展原则。要注意评价指标的选择是否合适，只有选择恰当的评价准则，才能为审计提供可靠的依据，才能提高审计的质量。如果只是评价某个项目对环境的短期影响，或者只进行片面评价，都将会让审计的结果缺少科学性。

三、领导干部自然资源资产离任审计实施技术问题

（一）审计技术力量不充足问题

环境审计是一项艰巨的任务，对离任领导干部审计涉及的环境问题具有复杂性、长期性、多变性，边界难以确定，波及的范围广泛，内容复杂，任务艰巨。对具有符合环境审计工作的人员业务能力与业务素质的要求也极高，需要业务人员同时具有资源环境审计能力、熟练的财务

---

〔1〕 参见陈彬彬：《镇街党政主要领导干部自然资源资产离任审计的困难及对策建议》，载《审计月刊》2019 年第 10 期。

水准，同时熟悉相关法律法规文件与条文。除了这些软知识储备之外，还需要审计人员具备较强的计算机操作能力、大数据分析能力。可以说，环境资源审计工作者几乎是全能型的人才。现在的环境资源审计人员在知识结构与政策法规的熟练程度上远达不到离任干部环境审计的要求。

所以，在审计专业队伍建设上存在机构力量不够的问题，离任审计，已经从探索试点阶段步入常态化审计阶段，因此建立一支专业离任审计队伍迫在眉睫。地市州一级审计机关普遍建立健全了专门的机构，充实了一定的专业力量，但基层审计机关普遍存在缺机构、少人员的问题，没有专门的审计组织管理机构，没有专门的人员参与日常协调、组织、研究工作。审计人员多数从各业务科（股）室抽调，且人员不够稳定，每年都会发生变动，不利于工作的有序推进。[1]

审计专业队伍建设上还存在审计人员自身的专业能力问题。当前，审计干部自身的综合素质远远未能达到自然资源资产审计要求，一般采取向相关部门抽调人员方式，但抽调的审计人员存在的诸多问题，难以达到科学审计的目的。且审计发现的很多问题，使最后的责任划分或整改责任都落到这些部门头上，不可避免地影响相关部门配合审计工作的积极性。[2]对自然资源资产的审计离不开自然科学、环境保护方面的专业人才，目前审计系统内部专业技术力量不足，开展自然资源资产和生态环境审计的技术力量要受各资源管理职能部门牵制，难以主动发现自然资源资产违规案件线索。

（二）审计数据收集不全面问题

在对离任领导干部自然资源资产审计工作中发现，存档中涉及资源资产的相关数据陈旧、遗漏、缺失问题严重，与现实的差距很大，没有科学的参照系，难以进行现实的比对，也因此难以得出可靠有说服力的审计结果。有些数据的生成与领导干部的任期存在偏差现象，不同行政

〔1〕 参见孟丽荣、史静娴：《领导干部自然资源资产离任审计数据分析平台构建探讨》，载《商业经济》2019年第11期。

〔2〕 参见蔡春、蔡利：《国家审计理论研究的新发展——基于国家治理视角的初步思考》，载《审计与经济研究》2012年第2期。

部门的数据甚至出现不一致的情况，使数据难以成为审计标准的数据支撑，使审计人员对审计结果难以判断，对离任干部的环境测评难以定性。

统计部门自然资源资产负债表编制滞后，审计数据收集不全面。审计组不能掌握区域内生态保护红线、环境质量底线、资源利用上线的详细情况，以及自然资源资产存量指标、消耗指标、使用效率等多方面数据，只能绕过统计部门分别与各资产管理职能部门使用存量数据，造成了审计部门自编自审的情况。因而使自然资源职能管理部门分类管理，数据分散，又因数据采集的口径不同、专业技术强，审计部门采集相关数据完整性、准确率不高。[1]

受基础资料的制约，自然资源资产审计一直处于初探阶段，局限于对部分资源职能管理部门自然资源资产和生态环境相关基础数据资料口径的审查。由于部分资源资产管理职能部门对自然资源变化情况缺乏实时动态管理，基层统计数据上报滞后，审计人员很难对环境准入负面清单编制的合理性，资源的增长、损耗变化与其变化衍生的效益、影响，开发利用临界值情况进行分析评判。所以，应该尽快建立修正完善数据共享平台，支持配合审计机关展开离任审计，为审计人员提供可靠的技术支撑。地方政府应加强对本地区的离任审计工作的指导与监督，将环境审计工作上升至关系社稷民生的大事高度。

（三）通用审计取证不充分问题

审计取证单是由审计人员编制的一种审计证明材料，是需要交给材料提供者签名或盖章的一种对外审计文书，直接影响审计机关的审计质量、效率和形象。而目前通用的审计取证单在自然资源资产审计实务中，经常发生采集要素不齐、图文分离的情况，无法满足自然资源资产审计既有采集、分析数据量大的需求，以及反映信息量大、图文并茂的需求。设计一份要素齐全、直观的审计取证单显得十分必要。

《国家审计准则》第94条中规定，“审计人员取得证明被审计单位

[1] 参见李妍、朱建民：《生态城市规划下绿色发展竞争力评价指标体系构建与实证研究》，载《中央财经大学学报》2017年第12期。

存在违反国家规定的财政收支、财务收支行为以及其他重要审计事项的审计证据材料，应当由提供证据的有关人员、单位签名或者盖章”。从上述审计准则的规定来看，审计取证单通常在两种情况下可以使用：一是审计事项较为复杂，审计证据不够直观，审计人员无法直接通过审计证据得出审计结论；二是审计证据数量较大，要求被审计单位在证据材料上签字或盖章，带来较大的审核工作量。

随着自然资源审计深入开展，我们发现自然资源审计广泛涉及专业部门的“山水林田湖草沙”图像、矢量数据以及其他部门格式化数据、非格式化数据等大数据环境。并且在自然资源审计实务中，存在审计（调查）事项摘要不能完全用文字说明自然资源审计中涉及的地面构筑物、地理位置、违规问题、图文分离、要素不齐等情况，因此，通过对通用审计取证单适当改造，将满足审计（调查）事项摘要在审计取证单上予以全面反映，一方面有利于对审计有关事项的查证结果与被审计单位沟通，另一方面有利于其他审计人员、复核人员、审理人员更清晰快捷地了解审计事项的查证过程和结论。

第三节　完善自然资源资产离任审计制度对策

一、建立健全自然资源资产离任审计法律体系

（一）完善自然资源资产审计管理体制

针对离任审计过程中出现的诸多问题，首先需要解决相关的规章制度。建立国家自然资源资产产权归属规范、运用管制制度、生态空间规划制度、生态空间开发管制范畴、自然资源节约集约制度，健全自然资源资产管理体制。具体从以下几个方面进行：

第一，建立生态空间规划制度、生态空间开发管制范畴。处理好工业化与城市化带来的废水、废气及固体垃圾，只有这样才能真正实现工业文明与城市文明。治理废水、废气、固体垃圾必须坚持产业化与企业化的路径，通过技术创新而消除污染，单纯的行政性“关停并转”的强制方式只能解决一时一事的问题，只有走产业化、企业化、技术化的路

子，才能真正解决问题。

第二，健全自然资源资产管理体制，大力推进自然生态环境修复。近些年来因为盲目追求经济发展，使自然生态环境遭受巨大破坏，因而要建成美丽中国，就必须尽快修复自然生态环境。对于那些影响整个中国生态环境的区域，必须禁止开发，对于重点区域要以国家公园的形式加以严格保护。应该建立国家自然资源资产的集中管理体制，防止某些地方政府及企业或个人，因为局部利益而对自然生态的破坏。对于自然生态环境有关的区域的政府业绩评价体系要取消区域生产总值这个指标，而且国家要以预算形式对这些地方的财政收支予以支持和帮助，使自然生态环境保护真正落到实处。正因如此，国家组建自然资源部正是顺应了历史发展趋势，必将有利于生态自然资源的修复与保护。

第三，建立自然资源节约集约制度，大力推进农村与农业改革。农村与农业实际上已成为中国生态环境保护的薄弱环节，也是恶性污染事件的高发区，因而必须推进农村与农业改革。农村与农业改革包括对农业的化肥及农药的使用要有严格的标准，对农村生活的“上下水系统”及垃圾处理要有新举措，对非农的污染严重的农村工业体系要进行真正的“关停并转”，促进农村工业体系的升级换代。当然，美丽乡村的实现，最终要使农民富、农村强，因为美丽乡村最终是以经济实力为后盾的。

总之，按照权责范围分别建立独立的所有权人职责体制和监管体制。一是将所有者和管理者分开。二是根据生态系统的系统性特点，建立统一的自然资源监管体制，由一个部门行使监管职责，对山水林田湖进行统一保护、统一修复。

（二）强化地方政府任期责任激励机制

坚持生态发展理念，促进经济良性发展，必须在行政管制手段之外，加强运用经济刺激与奖励机制，落实各相关部门环境保护责任。如果只有反面的抑制性和惩罚性的管制措施，没有正面的激励性和引导性的激励机制，离任审计结果很难真正有效落实，某种程度上难以引起领导干部对生态保护的真正重视。强化领导干部的循环经济理念，使其具有长远眼光，不能为官一任，一走了之，要让他们在任期内体会到重视生态文明带来的好处。让地方的循环经济发展具有可持续性。相比单纯的惩戒机制，激励机制在循环经济领域发挥着更为积极的作用。

法律法规的制定基础是以人为本，对企业实施有针对性的激励机制，有利于领导干部在任期内对自然资源资产实施有效保护。就我国而言，有关循环经济发展的激励机制一直存在，但实际作用发挥难以尽如人意。为了充分发挥激励机制作用，国务院及有关主管部门按照《循环经济促进法》和其他相关立法中有关激励措施的法律规定，通过制定行政法规、部门规章或者规范性文件的形式，将有关激励措施明细化、具体化，做到切实可行。比如，财政部门应联合有关部门，及时出台有关专项资金扶持政策和科技创新的扶持政策；税务部门应会同有关部门尽快出台有关税收优惠政策；宏观经济调控部门应及早制定有关循环经济发展的优先投资领域名录；金融部门应及时出台有关的金融支持政策；政府采购部门应抓紧制定有关绿色采购的具体规章制度。

通过设置有效的激励机制，促使企业更加积极主动地从事有利于发展循环经济的活动。企业主动承担保护环境保护绿色生命，是循环经济持续发展的动力。[1]这既符合社会发展循环经济的公共利益要求，也符合企业提升自身竞争优势和社会责任形象的要求。

循环经济立法和相关配套立法对各个方面激励机制的落实，必然会对企业承担发展循环经济的责任产生积极影响，促使企业自觉遵守环境法规，主动承担倡导性责任。同时，这样的激励机制可以延伸到领导干部日常工作中。对有意识主动保护自然资源资产的领导干部，同样可以给予不同程度不同层面的激励机制，“要创造必要的机制，让绿色发展成为发展的机会，而不要成为成本”。[2]

（三）建立健全离任干部责任追究机制

应对生态文明经济时代广泛存在的社会化风险，应当以生态文明理念为指导，积极建立责任社会化机制，有效化解循环经济发展过程中可能产生的环境风险。

---

〔1〕 参见李岩：《循环经济背景下企业环境责任的变迁》，载《环境经济》2008年第9期。

〔2〕 朱宁宁：《全国人大常委会分组审议环境保护法执法检查报告 委员指出要以更大力度推进环境综合治理》，载《法制日报》2016年11月4日，第2版。

所谓循环经济法律责任社会化机制，即针对经济发展过程中环境事故，应确定为一种社会损害，关涉自然资源的所有人权益，可以通过法律手段，遵循相关的法律规定，追究责任人的法律责任，使其承担消化因违反环境法行为造成的社会损害，让生态环境得到有效恢复。通过将风险负担分散化和责任承担社会化，实现对生态环境的社会保护。

由于循环经济风险主要是环境风险，所以，循环经济法律责任社会化机制在本质上属于环境事故损害赔偿责任社会化机制的组成部分。循环经济法律责任社会化机制是由发展循环经济过程中所可能导致的环境责任本身所具有的当事人的不平等性、损害后果的复杂性、侵害对象的复杂性、加害行为的正当性和责任承担的有限性等特点决定的。只有将损害责任社会化，分散风险，实现对受害人的充分救济，才能达到保护生态环境与人类健康的目的，才能建设真正的生态文明。

综合目前理论界的观点和实务界的实践，循环经济法律责任社会化机制主要包括三种：责任保险、责任基金和行政给付。其中，责任保险是以保险公司为运营核心，通过市场调节机制，实现分散循环经济发展中加害主体风险责任的目的。其首要功能是增加作为风险规避者的责任人的风险抵御能力，使其事先降低风险、事后及时修复拥有最起码的资金保障，然后才是为受害者提供充分救济。从实践来看，我国目前在发生环境责任事故后，最常用的手段是行政给付。从长远来看，这一状况必须改变。

构建适合我国国情的循环经济法律责任社会化机制，可以从以下几个方面着手：一是建立环境损害社会保险制度，这一制度具有覆盖面广、理赔力度大、灵活性强的特点。将涉事人员纳入整个追究责任体制中，督促他们履行义务，将损失减到最低限度。二是建立责任基金制度，在基金责任适用方面，应当先由区域性或者行业性的责任基金进行赔偿，尚不足完全偿付的，再由全国性或者综合性的责任基金予以弥补。三是积极发展社会保障制度，成立公益性的社会保障制度，能够增加受害者的救济选择，优化和完善我国的循环经济法律责任社会化机制。四是依法追究机制与其他法律制度的衔接。加强环境法、民法、诉讼程序法、行政法乃至刑法的衔接，尽可能在现有的法律框架内特别是在环境污染损害赔偿的法律框架内，完成对环境追责机制法律责任社会化制度的构建，确保在循环经济活动中受损者的权益能够得到及时的救济，确保受损的生态环境得到有效保护，从而为离任干部责任追究创造一个和谐的外部环境。

要做到各方协调合作，共同治理环境，特别是政府部门，在具体的工作中，如何对领导干部进行自然资源资产离任审计，是对离任干部实行监管、问责的关键所在，更是政府部门主导作用的关键所在。开展离任审计，合理运用审计结果，才能真正形成社会各方共同参与环境治理体系。

二、构建自然资源资产离任审计评价监督制度体系

（一）完善自然资源执法监督体系

自然资源执法监督是指国家行政机关依法对自然资源法律、政策、规划、标准和制度等的执行情况进行监督检查、调查和处理自然资源违法行为的活动，并通过督察、建议、问责等，对自然资源开发利用的特定环节、过程进行监督，使其结果能达到预期的目标，增强政府决策执行力。考虑到我国自然资源所有权特点以及自然资源管理特点，自然资源执法监督的内涵和特征如下所述：

一是从权力性质来看，自然资源执法监督是一种监督权，是行政管理的重要组成部分，按照一定的规则或标准监督各种行为主体的自然资源开发、利用活动。

二是从监督对象来看，自然资源执法监督的对象不仅包括市场社会主体，还包括自然资源所有权主体和自然资源管理主体，即各种主体是否按照国家制定的法律、政策、标准规则来开发、利用自然资源，行政管理部门的履职尽责情况。〔1〕

三是自然资源执法监督是一项系统工程，不仅包括经济惩罚、行政处罚，还包括行政问责。需要整体发挥监督力量整体合力，发挥从中央到地方各级领导干部的积极性，建立与纪委、人大、审计、司法等监督

〔1〕 参见陈念平：《资源范式的证伪与重建》，载《资源科学》2001年第4期。

部门的有效协同机制，积极引入社会参与自然资源执法监督，构建闭合的监督链条。

要不断加强自然资源执法监督力量。首先，环境执法监督体制垂直管理，水利部全面推进“河长制”，在相关制度上严守生态保护红线的监测监管。其次，部门之间建立相互沟通协调机制。再次，拓宽社会参与渠道，初步形成自然资源执法监督共治局面。又次，设置土地和矿产违法举报邮箱，由专门的部门和机构处理群众来电、来信，通过门户网站定期公布处理情况，开设部长信箱。复次，推进政府信息公开。如自然资源部通过各级自然资源管理部门网站进行政府信息公开，如三公经费、财政预决算、土地招拍挂信息、采矿权探矿权交易信息等，通过透明、阳光政府建设，接受社会公众的监督。最后，积极拓宽参与途径，设立社会监督员机制。如自然资源部与农民签订基本农田保护责任书，设立土地执法监察信息员，设立社会督察员。

（二）完善自然资源执法管理体制

在整体性治理理论下，通过四个关系、三个维度来整合优化自然资源执法管理力量，提高自然资源管理能力。提出自然资源审计过程中的整体性治理理论，前提是运用现代信息技术打破部门各自为政的陋习。

四个关系是中央和地方的关系、地方层级关系、部门协同关系、政府和社会参与的关系。中央和地方关系的实质是保障中央自然资源政策在地方有效执行。中央对地方的管制，从中央层面来看，目前各部门分门类的管制力量，有国家土地督察、环保中心等。地方层级关系主要是省级自然资源管理部门对下级资源管理部门的管制，主要包括督查工作、业务监督和执法监察。自上而下的部门协同合作，共同形成行之有效的管理体系，增强管理合力和实效。社会参与就是自然资源执法监督体系开放问题，通过信息公开让社会有序、便捷地参与到自然资源管理监督中，建立及时反馈和处理机制，实现社会监督与政府管制的有机结合。

三个维度是过程论、关系论、目标论。过程论，就是将自然资源执法管理的体系理解为一个“过程体系”，对自然资源过程发现的关键问题加以对策研究。过程论，一方面可以找出管理的薄弱环节，另一方面找出需要加强的环节，此外，还要找出最能发挥部门协同作用的环节，以及最有效引入社会监督的环节。关系论，就是将自然资源执法管制的体系理解为一个“关系体系”，它预设的是自然资源执法管制主体之间如何协调关系，发挥合力的问题。可以从以下几个方面完善。

1. 制定自然资源综合管理法，明确自然资源执法监督机构的法律地位。在立法上，除了单门类的资源立法，一些国家还考虑到资源的整体性、可持续性，尝试进行综合性立法。例如，1990 年新西兰的《自然资源管理法》，1991 年瑞典的《自然资源管理法》；或者立足于土地这一空间载体的综合管制，如美国的《联邦土地政策管理法》，荷兰的《物质利用综合法》。应加快制定自然资源综合管理法，明确各门类自然资源执法监督主体的法律地位、监督内容、相互关系等。[1]

2. 整合优化自然资源执法监督力量，自然资源执法监督有资源保护方面的监督、有资产管理方面的监督。中共中央《关于全面深化改革若干重大问题的决定》明确提出：“完善自然资源监管体制，统一行使所有国土空间用途管制职责。”自然资源作为一个整体，不仅具有经济要素，还有社会和生态价值，应该按照综合监督和分类监督相结合的原则，探索设立一个综合的自然资源执法监督机构，明确各门类资源监督主体的监督内容。同时针对不同的监督客体使用不同的监督手段。

3. 加强中央监督机构能力建设，构建自然资源垂直管理机构的相对独立性，在政策层面，地方保持与中央的高度一致。让领导干部离任审计结果具有法律的连续性与权威性，具有公信力与执行力。实行国家关于离任审计的督察制度，按照区域代表国务院进行审计督查，环保部门实行省级以下的垂直管理，加大自然资源执法监督垂直管理，强化管理部门主体的独立性。

（三）完善自然资源审计执法机制

自然资源资产的离任审计，从法理层面，需要制定严格审计执法机制，保障审计过程顺利进行，保障审计结果的科学有效性。可以从以下几个方面完善。

---

[1] 参见赵静：《自然资源的属性与收益分配》，载《法制与社会》2011 年第 10 期。

1. 完善内部信息共享和沟通协调机制

自然资源离任审计执法监督，能够从多个来源常态化获取监督反馈，形成一个信息十分丰富的反馈系统。若要整合、消化和深化运用这些信息，提高行政效能，强化监管能力，切实解决问题，需要建立面向其他监督主体、开放多元和有效的监督信息共享传递机制。探索建立统一的监督情报信息库，实现信息整合，指定专人专司进行信息调查和识别，对部门化、碎片化的信息进行整合管理，严谨细致地分析、整理、比较、鉴别和提炼，建立一份详尽的监督需求清单。以需求清单为基础，征求公众意见，确定监督重点。作为监督工作的共享信息，加强监督检查和督导整改的有效性。[1]

2. 完善上下联动机制

合理设置各级自然资源执法监督机构的职责，实现上下级自然资源执法监督职能的有机结合和互补，如巡察制度、直查制度、统计制度等。

3. 完善监督部门协同联动机制

探索建立案件线索通报制度。畅通各种监督制度之间的信息沟通渠道，一方面，可筹建违纪违法案件线索信息库，与党内监督、人大监督、行政监督、司法监督等建立案件线索共享共联机制，实行每周一交流，每月一通报。另一方面，可就重点监督对象，召开专门的案件线索通报会议，将有关重点部门、重点资金、重要资源的案件线索进行汇总、通报，发挥监督合力，促进案件线索的查处落实。

三、探究自然资源资产离任审计的技术对策

（一）加强资源审计队伍建设

自然资源资产审计员的业务要求很高，既要懂财务、懂生态科学、懂法律知识，懂测量技术，又要具有自然资源资产的产权划分以及价值量确定等方面的知识。在审计过程中，为了减少重复审计，将环境责任

〔1〕参见李四能：《地方领导干部自然资源资产离任审计难点与对策研究》，载《中共福建省委党校（福建行政学院）学报》2020 年第 2 期。

审计与经济责任审计同步推进，同时反映领导干部经济管理能力与生态环境责任履行情况。要节约审计资源，切实缓解任务重与人力资源不足的矛盾。可以在人力资源调配上打通新的渠道，采取购买社会服务等方式，建立咨询库、成立专家咨询小组，充实审计力量，缓解专业力量匮乏的窘境。具体如下：

一是建立审计数据信息共享平台，节省审计人员的劳动负荷。二是加强环境审计人员的专项培训，提升环境审计人员的业务水平。三是构建专家团队，制定可操作性的离任审计指导性规范性手册。达到有效培训与自我成长同步进行的目的。四是切实推行审计评价标准体系，打破行业壁垒，加强审计过程的监督，避免无效审计，避免浪费人力物力，切实提升审计质量与审计的公信力。

（二）探索提升审计效率方法

一些地方为实现生态环境领域审计监督与司法监督的无缝对接，设立了生态司法与审计衔接机制，将发现的问题及时移送对方依法依规处理。建立健全政府主导，共同研究解决自然资源资产审计中遇到的负债表编制不完善、数据提取难、数据缺失、失真的问题，加强审计与相关职能部门将重要文件资料、重要会议精神、重要行政许可、重要制度措施、重大案情查处以及基础数据等信息资料与审计部门的共享；审计部门及时将上级的审计计划安排、审计查处的普遍问题、外地整改的经验和措施等信息资料反馈有关职能部门。

构建审计成果运用平台。按照“谁负责，谁整改”的原则创新审计技术。加大审计干部队伍培训力度，如在林业资源、矿山资源审计中，充分运用林业部门小班数据、资源部门地籍数据、遥感影像数据等地理信息开展数据叠加比对分析，及时报送审理。在审计现场，完成所有审计事项，审计结束报送法规审理部门，资料清单包括审计实施程序方面的审计实施方案、调查了解、审计结论方面的审计报告征求意见稿、审计证据方面的各个单项取证单、审计工作底稿等相关资料，确保对方反馈意见回复后，能及时报送法规部门审理。

按照“互联网+”思想，继续完善已有的监管技术体系，进一步推动数据汇聚与集成，进一步加强以数据开放和信息公开为基础的万众监督、随机抽查、部门协同、信用约束等方面的监管机制和技术体系，进一步加强自然资源开发利用的监管并向生态文明空间的监管扩展，在土地矿产资源监督方面，依托全天候、全覆盖遥感监测，年度变更调查和自然资源综合监管平台，加强对土地、矿产和地质环境的信息化监测体系建设，尤其要进一步强化对耕地、基本农田保护、土地开发利用、矿产资源开发的监测，强化对资源开发利用的综合分析能力，为及时处置自然资源的不合理利用和调整管理政策提供参考。加大信息公开公示力度，拓宽公众监督渠道，提高公众监督自然资源开发利用的能力。建立自然资源诚信体系，加强对相关权利人履约的约束能力，提高权利人履约的自觉程度。完善自然资源动态巡查系统，提高资源开发利用精细化管理能力，完善比对核查系统和实地检查信息系统，提升土地督察和执法监察信息化的支撑能力。

（三）准确把握审计主要内容

现阶段对离任干部自然资源资产审计，主要以环境合规性审计和环境财务审计为主，审计重点以环保资金管理情况、环保措施的执行情况、环保工程的运营情况为内容。仅仅审计这些内容，远不能涵盖自然资源资产涉及的众多领域，应该拓展审计内容，起码需要在环境管理体系的构建方面以及环境责任履行情况进行审计，在综合审计的情况下得出相对科学的环境绩效审计结论。

1. 环境管理系统审计。环境管理系统审计主要是审计监督环境管理系统是否建立和健全，是否科学和有效。这包括四个方面：一是审计环境管理系统建立情况；二是审查有关政策和措施、规章和制度是否健全；三是审查政策和措施、规章和制度是否得到执行；四是审查政策和措施、规章和制度的有效性、合理性，是否达到环境管理的目标。运用审计和评价环境管理方法，改进环境管理中的薄弱环节，对评估环境管理的风险加以防范，促进环境管理制度的健全、环境管理相关政策措施和规章制度的完善，促使部门之间更好地组织协调、分工合作，发挥环境管理系统对环境的管理和控制作用。

2. 环境责任履行审计。环境责任履行审计主要是审计监督各地区、各部门、企业、领导干部履行环境保护责任的情况。主要包括：审查环境保护责任人是否采取有效的措施、建立有效的制度，决策管理是否科学有效履行环境保护责任，领导干部任期内是否切实完成环境保护任务，是否实现了环境保护目标。通过审计，以提升责任人的环境保护意识，增强其履行环境保护的责任感，纠正为追求经济增长而污染环境、浪费资源的短视行为。[1]

3. 施行环境绩效审计。审计环境保护资金管理使用的合理性问题，主要为审计评价资金使用的经济性、有效性、效率性问题，审计评价环保资金的投入与产出的效益问题。通过审计促进资金的合理化使用，杜绝任性浪费的现象，将环境绩效作为离任审计的重要评价标准。促进科学有效审计，让自然资源资产审计成为离任领导干部在任期内始终不敢越雷池一步的长效约束机制。构建环境管理的有效机制，最大限度地防范环境损害风险，将环境绩效审计运用于离任干部自然资源资产审计过程中，通过数据评价，审查领导干部任期内以及离任后的环境责任履职情况。

第四节　自然资源资产离任审计实践案例

一、自然资源资产离任审计评价结果

（一）以浙江省三市为例研究水资源离任审计评价

对比2015年至2020年，浙江省杭州市、宁波市和温州市三个城市水资源离任审计评价，杭州市这十年的起伏最大，且总体评价水平偏低。通过观察，主要原因为杭州市用水量为三市之首，另外水利工程投资以及农业节水方面投入资金和技术较少。简言之，压力指标和相应指标较低。同时，杭州市的年均水资源总量、人均水资源量丰富，水资源资产供需方面相较其他两个城市更有余。温州市政府每年着力

---

〔1〕 参见王玮：《自然资源资产产权制度十问》，载《中国环境报》2013年11月29日，第3版。

水利工程投资建设，节水量以及水质达标率为浙江省第一。宁波市年审计变化最平稳，但水资源总量起伏大，状态指标类是拉低该市总评的关键。[1]

杭州市2020年水资源资产状况稳定向好发展，但需要解决的问题仍然颇多。对水资源资产离任审计的影响程度较高的主要是总用水量、工业用水量、农田灌溉公顷用水量和水利工程投资，这一审计结果对领导干部评价起关键作用。杭州市在经济增长为浙江省之首的同时并没有很好提高水资源的消耗效率，工业用水、农业用水等方面均有较大的浪费现象。杭州市政府对水利工程建设的投资力度虽逐年加大，但仍不及宁波市和温州市，与后两者差距较大。

杭州市政府应加大对水利建设资金的投入力度，将关注点集中在水资源利用率的提高和水功能区水质的改善上。同时继续加强对工业企业的技术扶持与普及，降低工业产值的用水能耗。

宁波市2020年水资源资产状况有所改善，但需要改善的形势仍然严峻。对水资源资产离任审计的影响程度较高的主要是水资源利用率、人均耗用量和水库蓄水量，这一审计结果对领导干部评价起关键作用。宁波市在追求经济增长的同时也考虑了水资源的消耗问题，然而宁波市水资源资产总量偏少，人均水资源量较少和人均用水量较多的矛盾没有得到解决。政府对水利工程建设的投资虽逐年增长，但投入金额有待提高。

宁波市政府应加大对水利建设资金的投入力度，将关注点集中在水资源利用率的提高和水库蓄水能力的提升上。同时继续加强对工业企业的监管，防止对水资源环境的污染。

温州市2020年水资源受自然环境影响较大，对水资源资产离任审计结果的影响程度主要为水资源增长率、产水系数和水资源利用率，由于全年水资源总量不足引起的一系列相关问题，进而导致总体评价较差。温州市人均用水量最少，居民节水意识较强，但水资源利用率的提

---

〔1〕 参见黄溶冰：《基于PSR模型的自然资源资产离任审计研究》，载《会计研究》2016年第7期。

升还需学习宁波市。温州市政府对水利建设资金的投入力度为浙江省之首，并在“五水共治”工程上严格推进，取得不俗成绩。另外，温州市随着水资源利用率的提高，2020 年节水工作效果显著。水资源状况在很大程度上影响经济社会的发展，节约用水一直以来也是人们最关心的话题之一，因此当前形势要求积极开展水资源资产审计。

（二）以 Q 市为例研究海洋资源离任审计评价

海洋资源资产包括海洋中所有的资源，包括海洋生物、海洋化学元素、海洋矿产，以及波涛、潮汐所产生的能量，还包括贮存的热能、海水的浓度差、压力差等。还可以延伸至海洋对人类生产生活、娱乐等提供帮助的空间和资源。[1]构建海洋资源资产领导干部离任审计评价指标体系，不仅能提高全社会保护海洋资源的意识，树立海洋资源新理念，还能落实科学发展观、促进人与自然和谐发展，合理开发利用和保护人类赖以生存的海洋资源，实现可持续发展。

自然资源资产离任审计，按照法律法规，对海洋资源保护责任实施情况进行勘察和评估。根据任职时间，可以分为离任海洋资源资产经济责任审计和任职中自然资源资产经济责任审计。海洋资源资产离任审计是针对主要领导干部在任时实行海洋资源资产经济状况的监督管理。通过海洋资源资产离任审计，准确地评价领导干部在海洋资源资产监督和维护上是否合规，查明相应问题，与此同时落实相关惩罚措施。

领导干部履行自然资源资产离任审计的双重效果：一是事前预警，二是事后追责，[2]以利于自然资源资产所有权制度的发展和完善，推进建设生态文明，不断增强国家统治效果，把国家向现代化程度推进。

履行自然资源资产离任审计，一是延伸了经济责任审计的范围，二是架构了海洋环境审计体系。通过审计有效地防止各级领导干部为了达到政绩要求，不断破坏自然环境的行为，为领导干部的选举提供有力证据。因此，应从产权保护的视角对自然资源资产离任审计展开探究，将自然资源资产绩效评价应用于自然资源资产离任审计中的新方法，建立

〔1〕参见陈献东：《开展领导干部自然资源资产离任审计的若干思考》，载《审计研究》2014 年第 5 期。

〔2〕林忠华：《领导干部自然资源资产离任审计探讨》，载《审计研究》2014 年第 5 期。

具体的评价指标。[1]

依据海洋资源资产领导干部离任审计评价方法，对Q市市长海洋资源资产的综合管理与保护情况进行评价。结果表明Q市市长在任期间经济效益压力与海洋资源环境承载压力有所减轻，海洋资源资产与环境状态有所改善，环境投资有所加强，制度与公众满意程度有所改善，Q市市长对海洋资源资产的保护与利用综合状态优良，但仍然存在某些海洋资源问题形势严峻，未得到明显改善的情况。在建立的准则中，要素资源在较大程度上影响自然资源资产离任审计的经济效益压力、资源环境保护及制度响应，对领导干部评价起关键作用。[2]

根据评价结果可知，Q市市长在任期间在追求经济增长的同时，充分考虑了能源消耗问题，然而Q市水资源资产短缺及农业用水消耗率高的问题仍然没有得到解决，政府对自然资源资产专项资金的投入相对较低，空气优良质量有待提高。

同时Q市市长还充分考虑了海洋资源保护与利用的问题，然而单位工业增加值工业废水排放量虽得到一定改善，但是并不显著，排放量仍然有待减少，公众对海洋环境的满意程度有待提升。

二、自然资源资产离任审计实践启示

（一）离任审计关于水资源审计的启示

首先，研究水资源资产负债表。以水资源分布表为基础，探索编制水资源资产负债表。关于水资源资产负债表中各项目的填写做进一步研究，该表的完善和推广使用有利于日后水资源资产离任审计数据的收集和对比分析。依据可持续发展观设计评价指标体系。将指标分为三级：压力、状态和响应，再根据浙江省水资源资产管理的具体情况，细分至三级指标，为指标分配权重。采用熵权法确定指标的权重，汇总形成审计结论。将指标体系运用于浙江省宁波市、杭州市和温州市。对各市水

[1] 参见陈波：《论产权保护导向的自然资源资产离任审计》，载《审计与经济研究》2015年第5期。

[2] 参见钱水祥：《领导干部自然资源资产离任审计研究》，载《浙江社会科学》2016年第3期。

资源资产的管理进行评分，对比分析其近十年各指标得分的变化提出水资源方面工作的建议。[1]

其次，水环境离任审计是一个持续的过程，群众会追求更高的环境目标，届时将细分出更多符合实际需要的指标，运用更先进的评分方法。尤其是评价体系的使用者——审计部门和水资源部门，应在实践中与时俱进，不断完善评价体系。

再次，在生态文明建设中，水资源资产离任审计的重要性与日俱增，迫切需要一套系统完整又符合我国国情的指标评价体系来指导审计工作的展开。通过水资源资产的审计评价体系的研究能同时完善水资源管理相关工作数据的规整，也可以对同时开展的土地资源、森林资源和矿产资源等审计在审计流程方面起到借鉴作用。

最后，水资源审计指标体系的构建需要各方积极深入研究，在实践中总结经验。同时，相关职能部门要协助推动审计工作的顺利开展，加快相关细则和标准的制定，早日建成“美丽中国”。

（二）离任审计关于海洋资源审计的启示

构建离任审计评价模型，合理确定评价指标权重，不仅有利于提高评价的质量，还可以最大限度地削减实施评价的成本，增强可操作性与实施效果。当下，层次分析模型、模糊综合评价模型与环境优值评价模型在海洋资源审计评价过程中具有广泛的运用价值。其对于对象模糊难以确定的内容，具有一定的参考价值，但是缺点也是较为明显的，因为其难以定义评价指标的上下限。

所以在具体审计过程中，综合考虑层次分析与环境优值评价模型。[2]

海洋资源资产离任审计是审计制度的重大创新，也是社会主义生态文明建设的重要推动力。基于离任审计的审计目标、审计主体与审计范围、审计内容、审计方式方法和自然资源资产等方面的深度研究与实

---

〔1〕 参见杨小杰、朱广财、陈昌华主编：《中国西部县域绿色发展与精准扶贫研究》，西南财经大学出版社2019年版，第102页。

〔2〕 参见程乃胜：《国家审计全覆盖视域中的我国审计法律制度之完善》，载《法学评论》2016年第4期。

践总结，得出一系列行之有效的实践方案。基于 PSR 模型的海洋资源离任审计评价指标体系，由一级指标、二级指标、三级指标共三个层次构成[1]，按照有效性、普遍性、易操作性的原则选取评价指标。指标选取完成后依据层次分析法来确定指标权重，在给指标打分时结合领导干部当地海洋资源资产现状按照期初打分法确定各项指标分值，最后确定领导干部在任期间综合得分，具有一定的可行性与客观性。案例分析表明，将构建的海洋资源领导干部离任审计评价指标体系评价结果符合客观实际，与理论结果一致，具有较强的客观性与可操作性。

〔1〕 See Criscuolo C. & Menon C., *Environmental Policies and Risk Finance in the Green Sector: Cross – country Evidence*, 83 Energy Policy 38 (2015).

第九章　自然资源损害救济制度

第一节　自然资源损害的法学界定

一、自然资源损害的定义

从各国的立法内容来看，各国法律对“自然资源损害”目前并没有统一的界定，存在不同的称谓，归纳起来，主要有“自然资源损害”、“环境侵害”、“生态损害”、“纯生态损害”、“环境损害”和“对环境的损害”等。其中，“生态损害”主要用于欧洲的立法，而在美国这类损害被称为“对自然资源的损害”或“自然资源损害”。

1. 环境损害

“环境损害”这一名称用法主要出现在欧盟国家的法律文件中，如瑞典1986年《环境损害赔偿法》，德国1990年《环境责任法》，芬兰1994年《环境损害赔偿法》等，但这些文件未对环境损害进行直接的定义，直到2004年3月10日欧盟通过了一项《预防和补救环境损害的环境责任指令》。该指令第2条第2款对环境损害按环境要素进行了分类定义，指出环境损害包括：对达到和维持的受保护物种和自然栖息地的良好保育状态所造成的显著不利影响；水体损害和土地损害等。并在第2款将“损害”进一步明确为对自然资源的重大不利变化，或者可能直接或间接出现的对自然资源的重大损害。[1]欧盟各成员方贯彻落实该指令，环境损害这一用法在欧盟各成员方的立法中得到广泛应用。

2. 生态损害

近年来，“生态损害”一词在我国学界出现频率较高，很多学者将对环境本身造成的损害称为“生态损害”。例如，竺效教授将“生态损害”的学理概念界定为：人为的活动已经造成或者可能造成人类生存和发展所必须依赖的生态环境的任何组成部分或者任何多个部分相互作用而构成的整体的物理、化学、生物性能的任何重大退化。[2]

3. 自然资源损害

自然资源损害的概念最常用于美国自然资源损害的法律制度中。美国1977年《清洁水法》（Clean Water Act，CWA）、1980年《环境反应、赔偿和责任综合法》（Comprehensive Environmental Response Compensation and Liability Act，CERCLA）和1990年《石油污染法》（Oil Pollution Act，OPA）均使用“自然资源”和“自然资源损害”的概念。“自然资源”是指“美国联邦、任何州、地方政府、印第安部落，或任何外国政府拥有、受托管理、附属或除此之外控制的土地、鱼类、野生动物、植物群和动物群、空气、水、地表水、饮用水供应系统和其他此类资源”。“自然资源损害”被定义为“自然资源的损害、毁灭、损失或使用的损失。”[3]

综上所述，环境损害包括环境污染和生态破坏；自然资源损害可以认定为是对自然环境所造成的损害；生态损害是指自然资源的生态价值或生态功能的损害。三者之间的关系具体见图9－1。

---

〔1〕 参见竺效：《论我国“生态损害”的立法定义模式》，载《浙江学刊》2007年第3期。

〔2〕 参见竺效：《生态损害的社会化填补法理研究》，法律出版社2007年版，第60页。

〔3〕 张湘兰、徐国平：《船舶油污自然资源损害赔偿：法律制度障碍的跨越》，载武汉大学国际法研究所主办：《武大国际法评论》第2卷，武汉大学出版社2004年版，第36～63页。

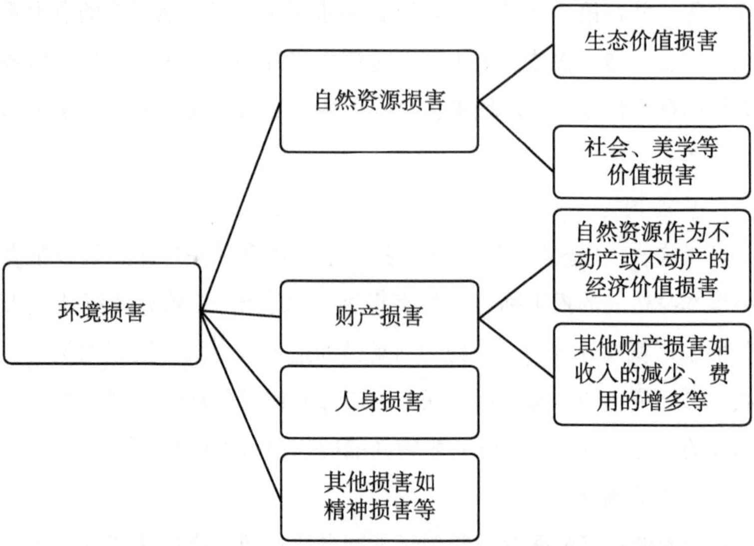

图9-1　环境损害、自然资源损害与生态损害之间的关系

二、自然资源损害的内涵

自然资源损害是指由于环境侵害行为造成自然资源本身的重大不利变化，包括自然环境的改变、恶化、部分或全部被毁坏、功能的丧失等。[1]这种功能不仅包括经济意义上的功能，还包括生态、社会和美学等价值上的功能。

第二节　我国自然资源损害法律救济的实践及不足

我国《宪法》条文中对生态环境和自然资源分别作出了规定，[2]这

〔1〕参见冯汝：《自然资源损害之名称辨析及其内涵界定》，载《科技与法律》2013年第2期。

〔2〕《宪法》第26条第1款规定："国家保护和改善生活环境和生态环境，防治污染和其他公害。"第9条规定："矿藏、水流、森林、山岭、草原、荒地、滩涂等自然资源，都属于国家所有，即全民所有；由法律规定属于集体所有的森林和山岭、草原、荒地、滩涂除外。国家保障自然资源的合理利用，保护珍贵的动物和植物。禁止任何组织或者个人用任何手段侵占或者破坏自然资源。"

说明我国法律明确二者之间存在差异。但遗憾的是,《环境保护法》并未遵循《宪法》的要求对生态环境、自然资源进行区分,[1]也未针对生态环境损害、自然资源损害之不同情形提供相应的司法救济路径。[2]傅贤国教授指出“我国当下的‘生态环境损害赔偿诉讼’(可称为广义生态环境损害赔偿诉讼)这一概念系在未对生态环境、自然资源进行区分的基础上提出的”。[3]因此,本书在介绍我国自然资源损害法律救济的实践的时候,将着重介绍我国的生态环境损害赔偿制度。

一、我国自然资源损害法律救济的实践

1. 中央层面

2015 年,党的十八届三中全会明确提出设立“生态环境损害赔偿制度”。2015 年 12 月,中共中央办公厅、国务院办公厅印发《生态环境损害赔偿制度改革试点方案》(已废止),该试点方案规定,在吉林、江苏、山东、湖南、重庆、贵州、云南 7 个省市先行开展试点工作。

经过 2 年的试点探索后,2017 年 12 月,中共中央办公厅、国务院办公厅印发《生态环境损害赔偿制度改革方案》(以下简称《生态环境损害赔偿改革方案》)。[4]该改革方案还明确了生态环境损害的赔偿范围、赔偿权利人,并作出了开展赔偿磋商的规定。

2017 年 12 月,最高人民法院颁布《关于审理海洋自然资源与生态环境损害赔偿纠纷案件若干问题的规定》(以下简称《生态环境损害赔偿纠纷若干规定》)。[5]《生态环境损害赔偿纠纷若干规定》明确了海洋

---

〔1〕《环境保护法》第 58 条回应《民事诉讼法》第 58 条,针对污染环境、破坏生态的情形规定了环境民事公益诉讼这一司法救济路径,并规定了可作为适格原告提起环境民事公益诉讼的社会组织的识别标准,但未同时针对自然资源损害提供相应的司法救济路径。

〔2〕参见傅贤国:《我国生态环境损害赔偿诉讼之性质再界定》,载《贵州大学学报(社会科学版)》2020 年第 5 期。

〔3〕傅贤国:《我国生态环境损害赔偿诉讼之性质再界定》,载《贵州大学学报(社会科学版)》2020 年第 5 期。

〔4〕中共中央办公厅、国务院办公厅《生态环境损害赔偿制度改革方案》(2018 年 1 月 1 日施行)。

〔5〕最高人民法院《关于审理海洋自然资源与生态环境损害赔偿纠纷案件若干问题的规定》(法释〔2017〕23 号,2018 年 1 月 15 日施行)。

自然资源与生态环境损失赔偿范围，为解决生态环境损害赔偿诉讼所面临的实践问题提供了基本遵循。

2019 年 6 月，最高人民法院发布了《关于审理生态环境损害赔偿案件的若干规定（试行）》（以下简称《生态环境损害赔偿若干规定》，已修改），该规定明确了“因与造成生态环境损害的自然人、法人或者其他组织经磋商未达成一致或者无法进行磋商的，可以作为原告提起生态环境损害赔偿诉讼”[1]的情形。

2020 年 5 月 28 日公布《民法典》，《民法典》侵权责任编专章规定了环境污染和生态破坏责任，并对生态环境损害赔偿的形式和范围作出了创造性的列举（见表 9－1）。

表 9－1　自然资源损害救济相关法律规定梳理

法律法规名称	内容	性质
中共中央办公厅、国务院办公厅印发《生态环境损害赔偿改革方案》（2018 年 1 月 1 日施行）	本方案所称生态环境损害，是指因污染环境、破坏生态造成大气、地表水、地下水、土壤、森林等环境要素和植物、动物、微生物等生物要素的不利改变，以及上述要素构成的生态系统功能退化。 以下情形不适用本方案：（1）涉及人身伤害、个人和集体财产损失要求赔偿的，适用侵权责任法等法律规定；（2）涉及海洋生态环境损害赔偿的，适用海洋环境保护法等法律及相关规定。 工作内容：（1）明确赔偿范围。（2）确定赔偿义务人。（3）明确赔偿权利人。（4）开展赔偿磋商。（5）完善赔偿诉讼规则。（6）加强生态环境修复与损害赔偿的执行和监督。（7）规范生态环境损害鉴定评估。（8）加强生态环境损害赔偿资金管理。	党内法规

[1] 最高人民法院《关于审理生态环境损害赔偿案件的若干规定（试行）》（法释〔2019〕8 号，2019 年 6 月 5 日施行，2020 年 12 月 23 日修正）。

续表

法律法规名称	内容	性质
最高人民法院《生态环境损害赔偿纠纷若干规定》(2018年1月15日施行)	第7条 海洋自然资源与生态环境损失赔偿范围包括: (1)预防措施费用,即为减轻或者防止海洋环境污染、生态恶化、自然资源减少所采取合理应急处置措施而发生的费用; (2)恢复费用,即采取或者将要采取措施恢复或者部分恢复受损害海洋自然资源与生态环境功能所需费用; (3)恢复期间损失,即受损害的海洋自然资源与生态环境功能部分或者完全恢复前的海洋自然资源损失、生态环境服务功能损失; (4)调查评估费用,即调查、勘查、监测污染区域和评估污染等损害风险与实际损害所发生的费用。	司法解释
最高人民法院《生态环境损害赔偿若干规定》(2021年1月1日施行)	第11条 被告违反国家规定造成生态环境损害的,人民法院应当根据原告的诉讼请求以及具体案情,合理判决被告承担修复生态环境、赔偿损失、停止侵害、排除妨碍、消除危险、赔礼道歉等民事责任。 第12条第1款 受损生态环境能够修复的,人民法院应当依法判决被告承担修复责任,并同时确定被告不履行修复义务时应承担的生态环境修复费用。 第13条 受损生态环境无法修复或者无法完全修复,原告请求被告赔偿生态环境功能永久性损害造成的损失的,人民法院根据具体案情予以判决。 第19条第1款 实际支出应急处置费用的机关提起诉讼主张该费用的,人民法院应予受理,但人民法院已经受理就同一损害生态环境行为提起的生态环境损害赔偿诉讼案件且该案原告已经主张应急处置费用的除外。 第20条第1款 经磋商达成生态环境损害赔偿协议的,当事人可以向人民法院申请司法确认。	

续表

法律法规名称	内容	性质
《海洋环境保护法》(2017 年 11 月 5 日施行)	第 89 条　造成海洋环境污染损害的责任者，应当排除危害，并赔偿损失；完全由于第三者的故意或者过失，造成海洋环境污染损害的，由第三者排除危害，并承担赔偿责任。 对破坏海洋生态、海洋水产资源、海洋保护区，给国家造成重大损失的，由依照本法规定行使海洋环境监督管理权的部门代表国家对责任者提出损害赔偿要求。	法律
《民法典》(2021 年 1 月 1 日施行)	第 1234 条　违反国家规定造成生态环境损害，生态环境能够修复的，国家规定的机关或者法律规定的组织有权请求侵权人在合理期限内承担修复责任。侵权人在期限内未修复的，国家规定的机关或者法律规定的组织可以自行或者委托他人进行修复，所需费用由侵权人负担。 第 1235 条　违反国家规定造成生态环境损害的，国家规定的机关或者法律规定的组织有权请求侵权人赔偿下列损失和费用：(1) 生态环境受到损害至修复完成期间服务功能丧失导致的损失；(2) 生态环境功能永久性损害造成的损失；(3) 生态环境损害调查、鉴定评估等费用；(4) 清除污染、恢复生态环境费用；(5) 防止损害的发生和扩大所支出的合理费用。	法律

2. 地方层面

(1) 浙江省生态环境损害赔偿制度

2018 年 5 月，浙江省发布了《浙江省生态环境损害赔偿制度改革实施方案》并陆续发布了配套的资金管理、磋商管理、鉴定评估和修复管理办法，形成了生态环境损害赔偿的“1+4”制度体系。[1]2018 年，浙江省共办理生态损害赔偿案件 29 件，办结 25 件，4 件待生态环境损害

〔1〕参见章一丹、谢娟、徐灏龙等：《浙江省生态环境损害赔偿制度体系解读与探讨》，载《环境与发展》2020 年第 10 期。

鉴定意见出具后签订赔偿协议；在25件办结案件中，原地修复2件，替代修复23件，累计赔偿金额106,649万元，资金全部进入各市、县生态环境损害赔偿资金专户。从2018年的数据中可以看出，浙江省在生态环境损害赔偿方面取得了卓有成效的进步。

（2）山东省生态环境损害赔偿制度

2018年6月，中共山东省委办公厅、山东省人民政府办公厅关于印发《山东省生态环境损害赔偿制度改革实施方案》。通过开展生态环境损害赔偿制度改革，进一步明确生态环境损害赔偿范围、赔偿义务人、赔偿权利人和损害赔偿解决途径等，形成相应的鉴定评估管理与技术体系、资金保障及运行机制。[1]

（3）江苏省生态环境损害赔偿制度

2018年8月，中共江苏省委办公厅、江苏省人民政府办公厅关于印发《生态环境损害赔偿制度改革实施方案》。该方案明确了江苏省生态环境损害赔偿制度改革的具体工作：一是明确赔偿范围及相关主体；二是健全规章制度及管理体系，包括开展赔偿磋商、完善赔偿诉讼规则、加强赔偿资金管理、建立监督机制和推进信息公开；三是加强鉴定评估规范管理，包括规定生态损害鉴定评估和推进司法鉴定评估机构建设；四是开展生态环境损害赔偿案例实践，包括开展损害赔偿、开展探索性研究、开展环境修复和鼓励公众参与。[2]为促进该方案的细化和落地，省政府办公厅发布了《江苏省生态环境损害事件报告办法（试行）》、《江苏省生态环境损害鉴定评估管理办法（试行）》、《江苏省生态环境损害赔偿磋商办法（试行）》、《江苏省生态环境损害赔偿起诉规则（试行）》、《江苏省生态环境损害赔偿资金管理办法（试行）》、《江苏省生态环境损害修复管理办法（试行）》和《江苏省生态环境损害赔偿信息公开办法（试行）》等文件，连同省高级人民法院关于生态环境损害赔偿诉讼案件的审理指南，构成了独具江苏特色的生态环境损

---

〔1〕中共山东省委办公厅、山东省人民政府办公厅《关于印发〈山东省生态环境损害赔偿制度改革实施方案〉的通知》（鲁办发〔2018〕28号，2018年6月20日施行）。

〔2〕中共江苏省委办公厅、江苏省人民政府办公厅《关于印发〈江苏省生态环境损害赔偿制度改革实施方案〉的通知》（苏办发〔2018〕38号，2018年8月30日施行）。

害赔偿“1+7+1”制度体系。这使该方案在操作环节有了抓手，也为以后制定相关法律法规探索了实践经验。[1]2018年，江苏省新增案例50起。其中，由政府相关部门主导签署赔偿协议的44起、启动磋商的6起。案例实践数量位居全国前列。

二、我国自然资源损害法律救济的不足

1. 提起损害赔偿的主体待考量

政府部门作为提起生态环境损害赔偿诉讼的主体之一，其可行性仍存疑。有学者认为，此类诉讼原告主体的设定使环境公共利益事务衍生出两套机制类似、功能重叠的法律程序，[2]将造成行政权与司法权的“错位”。相反，有学者立足于行政与司法资源优化配置来消解“错位”质疑，从利益衡量的角度说明赋予行政机关原告主体资格是理性“归位”。[3]

2. 受案范围不明确

《生态环境损害赔偿若干规定》第1条[4]即对生态环境损害赔偿案件的受案范围作出了兜底性的规定：发生其他严重影响生态环境后果的情形。这一个条款使生态环境损害赔偿诉讼的受案范围向外扩张，覆盖了《生态环境损害赔偿改革方案》中规定的实施方案，可能会导致各地法院适用的模糊，无法准确界定生态环境损害赔偿诉讼的受案范围，最终发生立案难的情形。

3. 生态环境损害赔偿诉讼与环境公益诉讼之间关系不明确

在实践中，对于生态环境损害赔偿诉讼与环境公益诉讼之间的衔

---

〔1〕 参见贺震：《生态环境损害赔偿制度改革的江苏实践》，载《群众》2019年第6期。

〔2〕 参见王明远：《论我国环境公益诉讼的发展方向：基于行政权与司法权关系理论的分析》，载《中国法学》2016年第1期。

〔3〕 参见梅宏、胡勇：《论行政机关提起生态环境损害赔偿诉讼的正当性与可行性》，载《重庆大学学报（社会科学版）》2017年第5期。

〔4〕 《生态环境损害赔偿若干规定》第1条规定，具有下列情形之一，省级、市地级人民政府及其指定的相关部门、机构，或者受国务院委托行使全民所有自然资源资产所有权的部门，因与造成生态环境损害的自然人、法人或者其他组织经磋商未达成一致或者无法进行磋商的，可以作为原告提起生态环境损害赔偿诉讼：（1）发生较大、重大、特别重大突发环境事件的；（2）在国家和省级主体功能区规划中划定的重点生态功能区、禁止开发区发生环境污染、生态破坏事件的；（3）发生其他严重影响生态环境后果的。前款规定的市地级人民政府包括设区的市，自治州、盟、地区，不设区的地级市，直辖市的区、县人民政府。

接，法院在审理时存在“先后审理”与“合并审理”的不同做法。生态环境损害赔偿诉讼与环境公益诉讼存在许多共同点。根据《民事诉讼法》第55条第1款的规定，当事人的诉讼标的同一或者同一种类，可以作为共同诉讼合并审理。《生态环境损害赔偿若干规定》对于此两种诉讼之间的关系没有给出明确的规定，两种诉讼之间的关系亟待明确。

4. 损害赔偿指导原则模糊

生态环境损害发生的情况多是由行为人的环境利用行为导致的，如使原本生态系统功能被破坏、自然资源被损害，但不是对自然资源的完全毁损。我国现行的生态环境损害赔偿的相关法律法规，采取了政府机关介入的方式，向造成自然资源损害、生态环境破坏的行为主体主张金钱赔偿、恢复原状。金钱赔偿只对受损自然资源的价值进行评估，折合为金钱要求破坏行为人给付，给付的多少取决于自然资源的破坏程度。生态环境的“回复”需要专业的技术人员和科学技术进行实践，普通的赔偿义务人没有能力进行“回复”，通常的做法只能是经过专业的评估机构对生态修复费用进行评估，制定修复方案，由义务人承担相应的金钱给付。[1]在实践中，生态损害赔偿的修复费用往往是巨大的，侵权主体往往难以承担。然而生态环境的损害是长期的污染造成的，对该地块或者区域的污染可能也历经了几任责任人，而当生态损害爆发的时候，对污染主体的追索十分有限，这就可能会导致不公平的现象发生。因此，明确生态环境损害赔偿的指导原则，多方位寻找环境损害赔偿的方式就显得十分重要。

第三节 美国自然资源损害法律救济的立法

我国生态文明建设不断迈向新的高度，生态环境美好成为人民追求的主题之一。习近平总书记强调：“我们既要绿水青山，也要金山银山。

〔1〕 参见王宏巍、郭祥：《东北地区生态环境损害赔偿制度的困境与出路》，载《黑龙江省政法管理干部学院学报》2020年第4期。

宁要绿水青山，不要金山银山，而且绿水青山就是金山银山。我们绝不能以牺牲生态环境为代价换取经济的一时发展。”〔1〕通过对国外自然资源损害法律救济制度的借鉴，有助于厘清我国的救济路径，使自然资源损害问题明朗化，助力生态文明建设。美国自然资源损害赔偿制度的发展与环境法发展的路径一致，都经历了从普通法到制定法的发展过程。美国自然资源损害赔偿制度的理论基础是公共信托理论，相关规定主要体现在三个制定法中：《清洁水法》《环境反应、赔偿和责任综合法》《石油污染法》。

一、《清洁水法》中的自然资源损害赔偿责任

1972 年美国颁布《清洁水法》，目的是“恢复和保持国家水域的化学、物理和生物的完整性”。该法主要规范的是向水体排放危险污染物或者泄漏油类而造成的自然资源发生损害的情形。海岸警备队所属部的部长对于违法泄漏的主体有权进行处罚，此外，联邦环保局还可以对造成危险污染物、油类倾倒、泄漏的主体提起诉讼，要求法院支持其诉讼主张向污染主体索取民事赔偿。《清洁水法》中规定的责任主体是指排放危险物质或者泄漏油类污染物的船舶或其他设施的所有者、营运人或者是具体负责人。

针对排放危险物质和泄漏油类等，《清洁水法》不仅规定了责任主体应当承担行政责任，还作出了承担民事责任的规定。民事法律责任承担包括三种类型，一是“有限责任”，二是“完全责任”，三是适用于无正当理由拒绝履行环境治理义务的“惩罚性责任”。〔2〕该法律还规定了公民可以提起诉讼请求责任人承担相应的民事责任和行政责任。

二、《环境反应、赔偿和责任综合法》中的自然资源损害赔偿责任

《环境反应、赔偿和责任综合法》规定了责任主体应当承担的责任

---

〔1〕《习近平的“两山论”，让世界读懂“美丽中国”》，载新华网，http：//www. xinhuanet. com/politics/leaders/2020 -06/05/c_1126080329. htm。

〔2〕 参见刘晓华：《美国自然资源损害赔偿制度及对我国的启示》，载《法律适用》2020年第7期。

范围，主要包括四方面内容：（1）美国联邦政府、州或印第安部落在不违反国家应急计划的情况下所发生的所有清理及环境恢复措施成本。（2）任何人根据国家应急计划而发生的其他必要响应成本。（3）自然资源的损害、破坏或丧失对自然资源的使用造成的损害，包括对损害评估的合理费用。（4）任何健康评估和实施的健康影响研究成本。以上各种成本包括一定的利息。[1]

《环境反应、赔偿和责任综合法》中的"自然资源"一词是指土地、鱼类、野生动物、生物群、空气、地下水、饮用水供应以及其他由联邦政府、州或者地方政府、外国政府、印第安部落或印第安部落的任何成员所有、管理、托管、属于或以其他方式控制的资源。该法对自然资源损害赔偿的规定更为全面。

三、《石油污染法》中的自然资源损害赔偿责任

《石油污染法》适用于任何物体向水体或海岸排放或威胁排放石油的行为。该法详细规定了各类设施引起自然资源损害时的责任主体：船舶的所有者、营运人或因遗赠而受领船舶的人；临岸设施的所有者或营运人；海上设施所在地的承租人或许可证持有人。该法对自然资源损害的定义是：对自然资源的损害或者丧失对自然资源的使用。

《石油污染法》适用的自然资源损害评估的细则是由内政部制定的，该细则被用来知道自然资源损害的测量和评估。内政部制定的规则中，自然资源损害的评估分为四个阶段：预评估阶段、评估计划阶段、评估阶段和评估后阶段。

第四节　我国自然资源损害法律救济的完善路径

一、明确提起损害赔偿的主体

《生态环境损害赔偿若干规定》中提出行政机关是提起自然资源损

---

〔1〕 参见刘晓华：《美国自然资源损害赔偿制度及对我国的启示》，载《法律适用》2020年第7期。

害法律救济的主体，对其他的起诉主体没有过多涉及。首先，需要明确行政机关提起生态环境损害赔偿诉讼在法理上的依据，行政机关作为起诉主体学理上的支撑源于公共信托原则，行政机关代表国家行使环境保护的权利，可以采取措施制止公民环境相关权利的侵害，排除已经发生的环境损害，以及预防未来可能发生的重大风险。其次，完善赔偿磋商的程序，磋商不成的情况下，若有关行政机关和检察机关没有及时提起生态环境损害赔偿诉讼，符合条件的社会团体可以向法院提起诉讼。

二、明确案件受案范围

针对《生态环境损害赔偿若干规定》的兜底性条款应该作出适当限缩，将因破坏生态、污染环境构成刑事犯罪的情形排除在生态环境损害赔偿诉讼的受案范围之外。尽管此种情形也会侵害生态环境，但检察机关有权提起公诉并提出附带民事诉讼或者检察公益诉讼以救济生态环境损害，若再由各地政府提起生态环境损害赔偿诉讼，可能导致司法资源的浪费，加大当事人的诉累。[1]

三、厘清生态环境损害赔偿诉讼与环境公益诉讼之间的关系

为更好发挥损害赔偿诉讼制度的优越性，保护生态环境，应当厘清生态环境损害赔偿诉讼和环境公益诉讼之间的关系。首先，当发生自然资源损害的情形时，行政机关应当主动与环境污染主体进行协商，提出合理的环境修复方案，磋商不成时，再进入诉讼程序；其次，如果出现政府机关不作为的情况，符合条件的社会团体、检察机关可以直接提起环境民事公益诉讼；最后，需要协调好生态环境损害赔偿诉讼与环境公益诉讼之间的关系，同时提起这两类诉讼的，可以根据《民事诉讼法》第 55 条的规定对这两类诉讼合并审理。如果是先后提起两类诉讼的情况，无须对两类诉讼进行重复审理，只需要待其中一类诉讼审理完毕后，依据诉讼请求覆盖原则就未被覆盖的部分进行另一类诉讼的审理。

---

〔1〕 参见殷爱民：《生态环境损害赔偿诉讼的制度困境与优化路径》，载《洛阳理工学院学报（社会科学版）》2020 年第 5 期。

四、明确损害赔偿的指导原则

提起损害赔偿诉讼的最终目的应该是恢复自然资源被破坏前的状态，保证自然资源可持续的利用和生态环境的美好状态。因此，在确定管辖原则时，应当完善以生态环境损害发生地优先、被告住所地为补充的地域管辖原则。此外，鉴于自然资源损害修复费用巨大的问题，应该完善多元化的生态环境损害赔偿的承担责任方式，由赔偿义务人承担赔偿金，相关鉴定评估机构拟定修复方案；无法确定赔偿义务人时，或者情况紧急复杂，环境损害突发状况下，应该由政府代为履行环境修复工作；探索社会化的责任分担机制。[1]最后，从预防角度出发，设立生态环境损害赔偿基金和成立环境损害赔偿责任保险也是必要的。

---

〔1〕 参见王宏巍、郭祥：《东北地区生态环境损害赔偿制度的困境与出路》，载《黑龙江省政法管理干部学院学报》2020 年第 4 期。

参考文献

一、著作及译著类

1. 王文革主编:《公众共用物的法律保护》，法律出版社 2016 年版。

2. 徐忠麟:《基于社会资本理论的中国环境法治考察》，中国社会科学出版社 2016 年版。

3. 郑石桥、胡本源、陈建国、李宇立编著:《离任审计》，中国时代经济出版社 2003 年版。

4. 王文革、李妍辉、黄润源等:《环境法经济政策和法律》，中国法制出版社 2015 年版。

5. 潘家华:《中国的环境治理与生态建设》，中国社会科学出版社 2015 年版。

6. 李昌麒主编:《经济法学》，中国政法大学出版社 2007 年版。

7. 汪劲:《环境法律的理念与价值追求:环境立法目的论》，法律出版社 2000 年版。

8. 杨小杰、朱广财、陈昌华主编:《中国西部县域绿色发展与精准扶贫研究》，西南财经大学出版社 2019 年版。

9. 石意如:《主体功能区生态预算绩效评价体系研究》，西南财经大学出版社 2020 年版。

10. 蔡春：《审计理论结构研究》，西南财经大学出版社 1994 年版。

11. 周毅：《人口、资源、环境、经济、社会、科技可持续发展研究》，新华出版社 2015 年版。

12. 王天义、刘清江：《我国可持续发展的自然资源价格理论研究》，中国经济出版社 2016 年版。

13. 夏慧琳：《自然资源资产收益分配：理论演绎、机理分析与路径选择》，东北财经大学出版社 2018 年版。

14. ［瑞士］瓦尔特·施塔尔：《绩效经济》，诸大建、朱远等译，上海世纪出版集团 2009 年版。

15. ［美］阿兰·兰德尔：《资源经济学：从经济角度对自然资源和环境政策的探讨》，施以飞译，商务印书馆 1989 年版。

16. ［美］汤姆·泰坦伯格：《自然资源经济学》，高岚等译，人民邮电出版社 2012 年版。

17. ［英］艾琳·麦克哈格、［新西兰］巴里·巴顿、［澳］阿德里安·布拉德布鲁克、［澳］李·戈登：《能源与自然资源中的财产和法律》，胡德胜、魏铁军等译，北京大学出版社 2014 年版。

18. ［美］埃莉诺·奥斯特罗姆：《公共事物的治理之道：集体行动制度的演进》，余逊达、陈旭东译，上海译文出版社 2012 年版。

19. ［美］Y. 巴泽尔：《产权的经济分析》，费方域、段毅才译，上海人民出版社 1997 年版。

二、杂志类

1. 李忠夏：《“国家所有”的宪法规范分析——以“国有财产”和“自然资源国家所有”的类型分析为例》，载《交大法学》2015 年第 2 期。

2. 李忠夏：《宪法上的“国家所有权”：一场美丽的误会》，载《清华法学》2015 年第 5 期。

3. 涂四益：《我国宪法之“公共财产”的前生今世——从李忠夏的〈宪法上的“国家所有权”：一场美丽的误会〉说起》，载《清华法学》2015 年第 5 期。

4. 张牧遥：《国有自然资源使用权分类新论》，载《内蒙古社会科学（汉文版）》2017 年第 1 期。

5. 郭云峰、郭洁：《公产法定：国有自然资源资产分类调整的民法思考》，载《中国人口·资源与环境》2020 年第 4 期。

6. 王伟：《自然资源类型统一分类指标研究》，载《中国矿业》2018 年第 6 期。

7. 王文玉：《自然资源统一确权登记的自然资源分类问题初探》，载《国土资源》2018 年第 9 期。

8. 蔡英杰：《自然资源统一管理背景下的土地用途分类初探》，载《低碳世界》2019 年第 6 期。

9. 陈长成、邓木林、朱江：《面向国土空间规划的自然资源分类》，载《国土与自然资源研究》2019 年第 5 期。

10. 张文驹：《自然资源一级分类》，载《中国国土资源经济》2019 年第 1 期。

11. 邓锋：《自然资源综合分类面临的问题及其完善建议》，载《中国土地》2020 年第 5 期。

12. 陈惠明、冯志祥、鲍桂叶：《基于国土空间与自然物的自然资源调查分类制定——结合江苏的探索实践》，载《中国土地》2020 年第 9 期。

13. 陈国光、张晓东、张洁、湛龙：《自然资源分类体系探讨》，载《华东地质》2020 年第 3 期。

14. 侯宇：《美国公共信托理论的形成与发展》，载《中外法学》2009 年第 4 期。

15. 程雪阳：《中国宪法上国家所有的规范含义》，载《法学研究》2015 年第 4 期。

16. 巩固：《自然资源国家所有权公权说》，载《法学研究》2013 年第 4 期。

17. 巩固：《自然资源国家所有权公权说再论》，载《法学研究》2015 年第 2 期。

18. 马俊驹：《国家所有权的基本理论和立法结构探讨》，载《中国法学》2011 年第 4 期。

19. 徐祥民：《自然资源国家所有权之国家所有制说》，载《法学研究》2013 年第 4 期。

20. 张力：《国家所有权遁入私法：路径与实质》，载《法学研究》2016 年第 4 期。

21. 王涌：《自然资源国家所有权三层结构说》，载《法学研究》2013 年第 4 期。

22. 税兵：《自然资源国家所有权双阶构造说》，载《法学研究》2013 年第 4 期。

23. 陈曦：《中国自然资源资产收益分配研究》，载《中央财经大学学报》2019 年第 5 期。

24. 郭晓虹、麻昌华：《论自然资源国家所有的实质》，载《南京社会科学》2019 年第 5 期。

25. 叶榅平：《自然资源国家所有权主体的理论诠释与制度建构》，载《法学评论》2017 年第 5 期。

26. 李松森、夏慧琳：《自然资源资产管理体制：理论引申与路径实现》，载《东北财经大学学报》2017 年第 4 期。

27. 王克稳：《论自然资源国家所有权的法律创设》，载《苏州大学学报（法学版）》2014 年第 3 期。

28. 方福前：《“经济人”范式在公共选择理论中的得失》，载《经济学家》2001 年第 1 期。

29. 刘登森：《布坎南“经济人”思想研究》，载《南通大学学报（社会科学版）》2018 年第 4 期。

30. 李沛莉、张金伟：《生态危机中的人性反思和生态经济人的理论构建》，载《生态经济》2018 年第 9 期。

31. 胡卫萍：《罗马法视角的文化资源的产权归属》，载《重庆大学学报（社会科学版）》2015 年第 6 期。

32. 陈振明：《政治与经济的整合研究——公共选择理论的方法论及其启示》，载《厦门大学学报（哲学社会科学版）》2003 年第 2 期。

33. 蔡守秋、潘凤湘：《论公众共用物的法律起源》，载《河北法学》2016 年第 10 期。

34. 曾维和：《当代西方“整体政府”改革：组织创新及方法》，载《上海交通大学学报（哲学社会科学版）》2008 年第 5 期。

35. 范振林：《自然资源产权制度改革研究》，载《中国矿业》2014 年 S2 期。

36. 刘尚希、樊轶侠：《公共资源产权收益形成与分配机制研究》，载《中央财经大学学报》2015 年第 3 期。

37. 赵辉：《基于资源租金的资源收益分配机制分析》，载《资源与产业》2014 年第 3 期。

38. 王社坤、焦琰：《国家公园全民公益性理念的立法实现》，载《东南大学学报（哲学社会科学版）》2021 年第 4 期。

39. 傅允生：《资源约束、利润转移与不经济增长——中国经济高增长中的资源问题》，载《经济理论与经济管理》2005 年第 9 期。

40. 陈海嵩：《国家环境保护义务的溯源与展开》，载《法学研究》2014 年第 3 期。

41. 罗丽、邓海峰：《日本资源物权制度的种类、特色与启示》，载《法学杂志》2010 年第 1 期。

42. 林英梅、庞昌伟：《俄罗斯生态治理的对策与措施》，载《当代世界》2017 年第 3 期。

43. 苏铁娜、王海平：《俄罗斯自然资源管理体制及其启示》，载《中国国土资源经济》2016 年第 5 期。

44. 吴真：《试论公共信托原则》，载《社会科学战线》2008 年第 7 期。

45. 刘尚希、吉富星：《公共产权制度：公共资源收益全民共享的基本条件》，载《中共中央党校学报》2014 年第 5 期。

46. 刘桂环、王夏晖、文一惠、谢婧、张逸凡、华妍妍、朱媛媛、郝春旭：《近 20 年我国生态补偿研究进展与实践模式》，载《中国环境管理》2021 年第 5 期。

47. 谢晨、张坤、王佳男：《奥斯特罗姆的公共池塘治理理论及其对我国林业改革的启示》，载《林业经济》2017 年第 5 期。

48. 徐超、高燕、张超等：《探讨矿业权出让收益制度——以山东省为例》，载《地质论评》2021 年 S1 期。

49. 潘正伟：《摸清自然资源“家底”——广西自然资源资产产权制度改革侧记》，载《南方国土资源》2021 年第 11 期。

50. 童佳瑛：《基层开展领导干部自然资源资产离任审计的问题与对策研究——以宁波市鄞州区为例》，载《审计研究》2021 年第 6 期。

51. 孙玥璠、刘雯娜、张永冀等：《领导干部自然资源资产离任审计与企业环境责任履行》，载《审计研究》2021 年第 5 期。

52. 郭鹏飞：《领导干部自然资源资产离任审计的重点——基于总体评价视角》，载《中国人口·资源与环境》2020 年第 10 期。

53. 徐忠麟、陈玉：《论领导干部自然资源资产离任审计制度的完善》，载《江西理工大学学报》2019 年第 2 期。

54. 李四能：《地方领导干部自然资源资产离任审计难点与对策研究》，载《中共福建省委党校（福建行政学院）学报》2020 年第 2 期。

55. 薛芬、李欣：《自然资源资产离任审计实施框架研究——以创新驱动发展为导向》，载《审计与经济研究》2016 年第 6 期。

56. 蔡春、谢赞春、陈晓媛：《探索效益审计与环境审计发展的新路子》，载《会计之友》2007 年第 10 期。

57. 许亚绒：《自然资源资产离任审计立法探讨》，载《行政事业资产与财务》2018 年第 11 期。

58. 陶伦康：《循环经济立法探析——基于生态化理念下的思考》，载《天津市政法管理干部学院学报》2007 年第 4 期。

59. 陈彬彬：《镇街党政主要领导干部自然资源资产离任审计的困难及对策建议》，载《审计月刊》2019 年第 10 期。

60. 孟丽荣、史静娴：《领导干部自然资源资产离任审计数据分析平台构建探讨》，载《商业经济》2019 年第 11 期。

61. 蔡春、蔡利：《国家审计理论研究的新发展——基于国家治理视角的初步思考》，载《审计与经济研究》2012 年第 2 期。

62. 李四能：《自然资源资产视域问题研究》，载《经济问题》2015 年第 10 期。

63. 程乃胜：《国家审计全覆盖视域中的我国审计法律制度之完善》，载《法学评论》2016 年第 4 期。

64. 黄溶冰：《基于 PSR 框架的自然资源资产离任审计研究》，载《会计研究》2016 年第 7 期。

65. 邹志红、孙靖南、任广平：《模糊评价因子的熵权法赋权及其在水质评价中的应用》，载《环境科学学报》2005 年第 4 期。

66. 潘俊强、方敏：《“绿色审计”：守护绿水青山》，载《浙江人大》2018 年第 4 期。

67. 李妍、朱建民：《生态城市规划下绿色发展竞争力评价指标体系构建与实证研究》，载《中央财经大学学报》2017 年第 12 期。

68. 常纪文：《党政同责、一岗双责、失职追责：环境保护的重大体制、制度和机制创新——〈党政领导干部生态环境损害责任追究办法（试行）〉之解读》，载《环境保护》2015 年第 21 期。

69. 李岩：《循环经济背景下企业环境责任的变迁》，载《环境经济》2008 年第 9 期。

70. 审计署南京特派办理论研究会课题组、周敦祥、牟遥等：《省级党政主要领导干部经济责任审计创新研究》，载《审计研究》2019 年第 2 期。

71. 陈静、陈丽萍、郭志京：《自然资源资产国家所有权实现方式探讨》，载《中国土地》2020 年第 1 期。

72. 马永欢、吴初国、黄宝荣、苏利阳、林慧、曹庭语：《构建全民所有自然资源资产管理体制新格局》，载《中国软科学》2018 年第 11 期。

三、报纸类

1. 王尔德：《建议对自然资源按公益性和经营性资产分类管理》，载《21 世纪经济报道》2014 年 9 月 23 日，第 2 版。

2. 赵娜：《自然资源产权制度建设有待破题》，载《中国环境报》2014 年 11 月 25 日，第 6 版。

3. 谷树忠、谢美娥：《论自然资源资产的内涵、属性与分类》，载

《中国经济时报》2015 年 7 月 31 日，第 14 版。

4. 王凤春：《分类施策，实现自然资源统一管理》，载《中国国土资源报》2017 年 12 月 14 日，第 5 版。

5. 宁晶：《将分类指南贯穿自然资源全生命周期管理》，载《中国自然资源报》2020 年 12 月 11 日，第 1 版。

6. 习近平：《抓好各项改革协同发挥改革整体效应 朝着全面深化改革总目标聚焦发力》，载《人民日报》2017 年 6 月 27 日，第 1 版。

7. 朱宁宁：《全国人大常委会分组审议环境保护法执法检查报告 委员指出要以更大力度推进环境综合治理》，载《法制日报》2016 年 11 月 4 日，第 2 版。

8. 王玮：《自然资源资产产权制度十问》，载《中国环境报》2013 年 11 月 29 日，第 3 版。

9. 习近平：《深化合作伙伴关系 共建亚洲美好家园——在新加坡国立大学的演讲》，载《人民日报》2015 年 11 月 8 日，第 2 版。

四、外文论文类

1. Joseph L. Sax, *The Public Trust Doctrine in Natural Resource Law: Effective Judicial Intervention*, 68 Michigan Law Review 471 (1970).

2. H. Scott Gordon, *The Economic Theory of a Common - Property Resource: The Fishery*, 53 Bulletin of Mathematical Biology 231 (1991).

3. Corbett A. Grainger and Christopher J. Costello, *Capitalizing Property Rights Insecurity in Natural Resource Assets*, 67 Journal of Environmental Economics and Management 224 (2014).

4. Hongbin Li Li Anzhou, *Political Turnover and Economic Performance: The Incentive Role of Personal Control in China*, 189 Journal of Public Economics 1743 (2005).

5. Criscuolo C. & Menon C. , *Environmental Policies and Risk Finance in the Green Sector: Cross - country Evidence*, 83 Energy Policy 38 (2015).

后　记

本书分两个阶段完成：第一阶段，受自然资源部国土整治中心委托，在自然资源部国土整治中心外协项目“全民所有自然资源资产权益实现机制研究”（合同编号 2020－03－10）的资助下，在王文革、杨红、卢为民的共同主持下，完成了本书第一章至第四章的研究，并顺利通过课题验收；第二阶段，在王文革、陈耿钊的共同主持下，针对第一阶段研究中发现的全民所有自然资源资产权益实现所面临的几个关键问题进行了专题研究，完成了本书第五章至第九章的研究。

本书得以出版，感谢国内外各位同人的关心和支持，感谢付出辛勤劳动的冯雨春分社长、张颖责任编辑。

本书研究不深入及疏漏之处，敬请批评指正。